一条の光
屋良朝苗日記・下

妻ヨシに見送られて登庁（屋良朝夫氏提供）

一条の光　屋良朝苗日記・下／目次

佐藤・ニクソン会談

国政参加

コザ騒動

第1次毒ガス移送

全軍労48時間スト

人事刷新

沖縄返還協定調印

第2次毒ガス移送

ニクソン・ショック

通貨確認

下地島空港

返還作業

建議書

強行採決

復帰不安

世替わり

一条の光　屋良朝苗日記・上／目次

凡例

1　琉球新報特集面の連載企画「一条の光　『屋良朝苗日記』に見る復帰」（２０１１年9月9日～２０１２年12月14日、全30回）を一部修正・追加し掲載した。
2　「屋良朝苗日記」（複製）は沖縄県公文書館所蔵。手帳に記された純粋な日記部分と、琉球政府のメモ帳（「琉球政府メモ」と表記）に記された会談録などの行政記録部分に大別される。「琉球政府メモ」は屋良朝苗をはじめ秘書らが記入している。同じ日であっても複数が書き込んでいる場合は分割した。
3　日記部分は原則、原文通りとしたが、明らかな誤字、脱字などは直した。部分的にルビを振り句読点を加えた。ほとんど改行がない場合、文意に即して改行した。冒頭の月日の記述スタイルは統一し、□は判読不能箇所、〈　〉部分で補足した。
4　解説は敬称を省略した。

佐藤・ニクソン会談

72年返還決定に「感無量」
首相の羽田出迎え断念

日記●1969年3月13日～11月29日

私の心境は明鏡止水の様である

1969年3月13日（木）曇

（前略）五時から外務省の千葉北米課長に会う。約一時間位話して帰らる。別にこれという新しい話はなかった。アメリカとの返還交渉は大変大きな外交交渉である。十一月のトップ会話で大づめにもっていく為には、それまでに周囲から包み込んでいく外交を展開していかねばならないと云って居た。（後略）

6月20日（金）雨

（前略）千葉外務省課長来訪。愛知〈外相〉訪米報告があった。記者会見。（後略）

6月22日（日）雨

朝九時から十一時、外務省北米課長、知念副主席を迎え主要の事について懇談する。話の内容は別にNOTE。（後略）

9月19日（金）晴

（前略）二時、千葉課長来訪。愛知ロジャース〈ズ〉会談報告。（後略）

11月19日（水）曇

（前略）いよいよ佐藤[*1]・ニクソン[*2]会談始まる。感無量。アポロ十二号も月着陸。十一時五五分から宇宙〈衛星〉中継で〈日米首脳〉会談。歓迎の場放送を見る。果してどの様な結果が出るか。またどの様な反応があらわれるか。一生一代の十字架ついに我が身にふりかかる日の始り。神よ、県民の為に我を誤たしめ給うなと祈る気持ちで一ぱい。西日本新聞社、写真とりに来る。夜は早くねる積りだったが十分ねつかれず。（中略）寝苦しい一夜を過ごす。

11月20日（木）雨

朝早くサンケイ、時事の記者来訪。首脳会談の結果、ムード的情報あり。七二年返還確実になった様子。建設的に和やかに会談は行われ、〈佐藤栄作〉総理は終始澄み切った心境だった由。

九時記者会見[*3]。続いて局長会議。之《これ》また困難でたまらぬ事ばかり。最

＊1　佐藤栄作（さとう・えいさく）1901～1975年。政治家。山口県生まれ。次兄は岸信介、妻・寛子の伯父は外相・松岡洋右。運輸事務次官を経て1948年に民主自由党に入党。第2次吉田内閣で官房長官。50年自由党幹事長（53年に再び幹事長）。57年自民党に入党。58年から岸内閣蔵相、61年池田内閣通産相、64年から首相（72年まで7年8カ月）。この間「沖縄返還」を実現。74年ノーベル平和賞受賞。

2　リチャード・ニクソン（Richard Milhous Nixon）1913～1994年。政治家。46年共和党下院議員。50年同上院議員を歴任し、52年からアイゼンハワー大統領政権の副大統領。68年の大統領選で当選。72年再選されたが、その選挙戦中に起きた民主と全国委員会本部の盗聴事件（ウォーターゲート事件）のもみ消し工作などの責任を追及され、74年に辞任。

早私の力の限界が来たかの様にみえる。[*4]心がこんなに不安定では仕事も手につかず、今日、明日、明後日いかに切りぬけるか。官公労〈沖縄官公庁労働組合〉スト対策。この身を罰して収拾の道も考える。之も提案して見る。（中略）今日は心が重い。早くねる。

11月21日（金）曇

　昨夜は十分ねた。今朝はいつになく気がさわやか。私が決意したら最早動じることはない。九時から共同声明発表後の談話、県民への訴え等原稿検討。喜屋武〈真栄〉君[*5]、福地〈曠昭〉君[*6]、中村君、大島君集まって討議。いよいよ私の心境は明鏡止水の様である。大事な関頭に立って私の気持ちがかく落ついているのはよい結果が出る前兆だと思う。大島君に成文を託して討議終り、床屋へ行く。身も心も清めて一生一代の明朝の夜明けの声明に向かう積りである。

　一喜一憂なし。心の迷いなし。（中略）二時半、記者会見。三時、与党連絡会議あり。会議後〈新島〉正子さん、看護婦さんをつれてご馳走の夕食（オデン、シャブシャブ）を準備して来訪。血圧一三〇、八〇。注射をしてもらって夕食、懇談し帰らる。（中略）家内と一緒に松川の内《うち》に寄り、

＊3　日米首脳会談を受けた記者会見。屋良は日本政府沖縄事務所から1972年返還で合意したと連絡があったことを明らかにしつつ「気になるのは核、事前協議の弾力的運用、基地の様態がどうなるかなどの問題だ」と述べた。（『琉球新報』1969年11月21日付朝刊）

4　日米首脳会談を終え帰国する佐藤を、屋良が羽田空港で出迎えるかどうか論議されていた。

5　喜屋武真栄（きゃん・しんえい）1912 ～ 1997年。政治家。屋良朝苗と共に戦災校舎復興募金のため全国行脚。1960年沖縄祖国復帰協議会会長、68年沖縄教職員会会長、70年の国政参加選で初当選（参院議員５期）。一貫して反戦平和を訴え「ミスター沖縄」の異名も。

6　福地曠昭（ふくち・ひろあき）1931年、大宜味村喜如嘉生まれ。沖縄教職員会政経部長などを務め、祖国復帰協議会調査研究部長として日本復帰運動をけん引。1989年沖教組委員長。83年県原水協理事長。89年連合沖縄副会長。91年県国際交流財団副理事長、沖縄人権協会理事長、沖縄戦記録フィルム１フィート運動の会代表。

7　愛知揆一（あいち・きいち）1907 ～ 1973年。大蔵官僚から政治家へ転身。通産相、官房長官、外相、蔵相などの主要閣僚を歴任。沖縄返還の交渉を担当。

父母上の写真の前に焼香、祈り出発する。十一時から共済会理事長室で各局長集まり声明文の検討、県民アピールの検討する。

11月22日（土）曇

いよいよ命運を決する瞬間の始り。〈午前〉一時半頃からワシントンからの宇宙〈衛星〉中継始る。[*7] 共同声明は南連事務所から二回にわたって届けらる。一応目を通す。佐藤総理、愛知〈揆一〉外相のコミュニケ、大綱発表（木村）、総理の談話。愛知外相の記者団への説明、そこまでで大体共同声明の内容も明らかとなる。こちらの声明文の内容に食い違う所は無いか話し合う。大丈夫、矛盾なしとの判断で声明文決定。[*8] アピールと共に印刷にうつる。八汐荘へは家内も一緒について来てくれた。

午前五時記者会見。五〇分、声明文、アピール、質問を受ける。それからは分刻みで夕方六時までインタビュー。座談会、対談等続く。昨夜は一睡もしないがよく続いた。七

■ 日米首脳会談前後の動き

1969

11月10日 沖縄返還の財政密約に合意。

11月19-21日 佐藤・ニクソン会談。72年の沖縄返還で合意。
有事の核再持ち込みと繊維製品の輸出自主規制について記載した２通の文書に署名。

11月22日 屋良主席が日米共同声明に対する主席声明発表。「100万県民の多年にわたる成果」と評価する一方「共同声明の内容に満足するものではない」と不満を表明。

11月25日 琉球政府局長会議で屋良主席の上京決定。

帰国する佐藤首相を羽田で迎えるため上京する屋良主席＝1969年11月25日

11月26日 佐藤首相帰国。上京した屋良主席は出迎えに参加せず。
那覇市内の与儀公園で日米共同声明に抗議する県民大会開催。

11月28日 首相官邸で屋良主席、佐藤首相と会見。

時頃帰り、和子さん〈長男の妻〉も来訪。夕食後、宮里悦さん、新島さん、源〈ゆき〉先生、上江洲〈トシ〉さん来訪。ゆっくり懇談。かくて重大な一日を終える。大過なく大事な日を過ごす。やはり私は健康だ。よかったと思う。

11月23日（日）曇

日曜だったが二時から千葉〈一夫・外務省北米一〉課長来訪。知念〈朝功副主席〉[*9]さんと一緒に経過の報告を受ける。あまり質問する時間なし。（後略）

11月25日（火）晴

〈臨時〉局長会議。私の上京決る。与党各派、喜屋武〈復帰協〉会長に連絡する。しかし、私の上京、〈佐藤首相〉一行羽田出迎えは皆反対。殊に出発直前、与党各派六名抗議に見え、復帰協の抗議もやわらかにあった。重苦しい空気で上京。出発前記者会見。私の顔もこわばっていた事と思う。機上でも悩み考え続ける。末次〈一郎〉[*10]氏、加藤〈泰守・総理府〉参事官が迎えてくださる。新里、池原君が世話。赤坂プリンスに泊る。夜はねむれなかった。出迎えについてアスカ〈飛鳥〉田〈横浜〉市長[*11]から要望あり。一晩中私は反側して考え、遂に羽田に行かぬ事に決定。その談話を書き、仲々ねつかれぬ。最も悩んだ一晩だった。

＊8　行政主席声明は「今回の日米共同声明の内容には満足しているものではありません。その第一は『核ぬき、本土並み、七二年返還』ということで、所期の目的が達成されたと説明されているが、核基地の撤去、B 52の取り扱い、その事前協議制の運用などめぐって憂慮される問題を残している」（『琉球新報』1969年11月22日付夕刊）などと指摘している。

9　知念朝功（ちねん・ちょうこう）1914 ～ 1986年。東大法卒。沖縄群島政府法務部長、琉球政府法務局長、弁護士を経て立法院議員。屋良の主席当選後、副主席に就任する。沖縄金融公庫副理事長、オリオンビール会長を歴任。

10　末次一郎（すえつぐ・いちろう）1922 ～ 2001年。佐賀県出身。戦後、引き揚げの促進や戦犯の家族の支援に取り組んだほか、青年海外協力隊創設に尽くした。沖縄返還で民間運動の中心的役割を果たす一方、安全保障問題研究会を主宰。

11月26日（水）晴

九時、吉田〈嗣延・南方同胞援護会事務局長〉氏[*12]来訪。私の立場説明、相談す。〈床次徳二〉総務長官[*13]に会って話をつけると急いで行った。やがて電話で長官と話がついたとの報あり。総理公舎〈官邸〉で迎える案をもったらしい。十一時に長官に会う。長官、大浜〈信泉〉先生[*14]、岩倉副長官、末次氏、加藤氏等と話す。難渋す。殊に大浜先生が不機嫌だった。十二時に終り、私の自主決定とする。既に副主席には私の手記を電話で送り、夕刊に間に合わし今日の抗議大会に間に合わす様にする。三時、総理の羽田着から記者会見をテレビで見る。夜、朝夫君[*15]来訪。大いに助かる。食堂に行ってカクテルを取ってのんで見た。家内に電話する。（後略）

11月27日（木）晴

九時一五分、総務長官、鯨岡〈兵輔〉副長官[*16]、加藤参事官に会う。総理と外務大臣に会ってもらえる様にお世話頼む。渋い顔していたが引き受けてくれた。鯨岡副長官が政党感情むきだしの単細胞ではないかと思う。（中略）四時に木村〈俊夫〉官房副長官[*17]に会う。昨日、羽田に迎え得なかった事をわび、このたびの復帰問題の処理についてのご努力に感謝。総理のいわれた沖縄の生活を豊かにする、豊かな沖縄県づくりに努力する事を話された通り、その実現を要請。予算問題については総理の

＊11　飛鳥田一雄（あすかた・いちお）1915 〜 1990年。1963年に横浜市長に初当選。全国革新自治体運動の中心を担う。後に社会党委員長。

12　吉田嗣延（よしだ・しえん）1910 〜 1989年。総理府南方連絡事務局第二課長などを経て、56年から南方同胞援護会事務局長。沖縄の日本復帰後は沖縄協会専務理事。

13　床次徳二（とこなみ・とくじ）1904 〜 1980年。政治家。第２次佐藤内閣で総理府総務長官。

14　大浜信泉（おおはま・のぶもと）1891 〜 1976年。石垣島登野城出身。法学者。54年から12年間早大総長。南方同胞援護会会長、沖縄問題等懇談会座長。沖縄海洋博協会会長。

15　屋良の長男。

16　鯨岡兵輔（くじらおか・ひょうすけ）1915 〜 2003年。政治家。衆院外務委員長、三木内閣官房副長官などを経て、鈴木内閣の環境庁長官。

特命で大蔵に指示する由話された。その他、前向きに協力しあう様、話しておられた。今日は午前から活動が始まって段々と活路が開けてきた感じあり。（中略）知念副主席、仲村総務局長、宮里松正氏、糸洲君等、私の苦悩を心配し一人応援派遣したいがとの電話。皆が私の苦悩を心配してくれて感謝にたえない。家内へも電話し事情を話し安心させる。礼をつくす意味で行くのが筋だと思った。（後略）

11月28日（金）晴

六時に澄夫帰る。朝夫午後帰る。十時から特連局長に会いに行く。そこで加藤参事官等の世話で二時二十分から外務大臣に、四時半から総理大臣に会見決る。南援〈南方同胞援護会〉へ行って昼食をとり、そこで仲吉〈良光〉*[18]老人、比嘉良篤氏、*[19]瀬長良直氏、*[20]神山〈政良〉*[21]会長方に会う。

愛知外相、気持良く会ってくださる。分りやすくよい話を聞いた。私も云うべき事は云った。総理大臣も気持良く会って下さった。*[22]総務長官、木村副長官、鯨岡副長官、特連局長立ち会い。宮城企画局長と二人で会う。大変有意義な会合だった。私も云うべき事を言い、感謝すべき事を感謝し、頼むべき事を頼み、疑問不安の点は質《ただ》し、対策を聞き、確認すべき

＊17　木村俊夫（きむら・としお）1909 ～ 1983年。政治家。67年官房副長官から官房長官に起用。68年保利茂に官房長官の座を譲り官房副長官。

18　仲吉良光（なかよし・りょうこう）1887 ～ 1974年。ジャーナリスト。首里市長。1946年GHQのマッカーサー最高司令官に沖縄の日本復帰を初陳情。沖縄諸島日本復帰期成会を結成、代表となる。

19　比嘉良篤（ひが・りょうとく）1892 ～ 1975年。実業家。首里出身。三井信託常務、東急取締役。沖縄財団理事長、南方同胞援護会理事、沖縄協会理事。

20　瀬長良直（せなが・りょうちょく）1892 ～ 1977年。実業家。首里出身。三越本店常務。沖縄財団、沖縄県学徒援護会、沖縄協会を通じて在京の困窮学生の援助に尽力。

21　神山政良（かみやま・せいりょう）1882 ～ 1978年。首里出身。沖縄人連盟会長、沖縄協会会長。仲吉良光の沖縄諸島日本復帰期成会の一員としてマッカーサーに沖縄の日本復帰を陳情。

22　佐藤は「屋良主席とも会見。主席は羽田に出迎へた積もりの処、社会党の連中に引きとめられ決しかねて居た処、遂に意を決して顔を出した由」（1969年11月28日付『佐藤榮作日記　第三巻』542ページ）と日記に書いている。

ものはした。愛知さんと四十分。二時二十分から三時。総理は四時四十分より五時半にわたる話であった。終始友好裡に行われた。終って記者会見も何とか切りぬけた。之で完全に目的は達成した。（中略）之で苦悩の上京を無事切りぬけて帰る。筋を完《まっと》うしたと申すべき。

琉球政府メモ

11月28日　4・40～5・30

総理、床次、木村、くじら〈鯨〉岡、山野、主席、企画局長

1、羽田出迎への事情説明し、その了解を求めた。

・全く気にしない。お互い大小だ。歴史的な大事業をするために従来よりもっと緊密な連絡をとってなしとげよう。

・総理は胴々〈堂々〉としてにこにこして流石は総理という感じをうけた。いろいろな立場があるからよく解るといっていた。

2、72年の返かんは間違いない。72年までには核基地を撤去する。自由使用もあり得ない。B52を含めての発進はあり得ない。以上のことを確認する。

3、ベトナム戦の問題で72年の返還が左右されることはない。だけれどベトナム戦争は終っていると思う。それまで戦争は続かないと米国は言った程である。だけれど、万一続いている場合は、現実に基地を使用しているので当然そのことについて協議をせねばなら〈な〉い。その時でも核の持ちこみ、自由発進等は許さないであろう。

・それでも不安は残るのぢゃないか。文面から不安は残るといえば残る。外務大臣は軍事的協力はあり得ないといっているが、ニューアンスは異ると言ったら、木村副長官は中味は同じだと答えた。

4、核基地撤去される時は米国側は県民にはっきりそれを理解できる処置を講ずるであろうと外務大臣は言っていたが、その通りですかと質問したら、その通りだと思う。
5、沖縄の基地の安保の要的価値は復帰すれば、先ず第一に核基地がなくなる。第二に自由使用ができなくなる。第三が段々縮小されることによって段々その価値は低下してゆくであろう。従って沖縄基地はめどがついたから質も変り、性格も変り、縮小され、密度も薄れていくであろう。復帰するまでもなく基地は整理縮小されやすくなる。
6、基地が現状固定してゆく場合に基地から生ずる被害、公害、社会的不安、経済的不安は行政的に処置されて（国の責任において、強く）ゆくであろう。
7、復帰という歴史的な事業を記念するために一番基礎になるような事業をしてもらいたい。たちおくれている産業、経済の基礎、基ばんの整備と社会資本の充実、例えば道路、港湾、水資源の開発等に思い切って財政支出をしてもらいたい。
　総務長官とも数字的に諸計画を話し合いなさいと言った。長官と副長官はそれも考えて今度の予算はやった積りであるといっていたが、主席はそれに更に追加して考えてもらいたいと要望した。

続愛知外務大臣
1、日米両首脳会談では核の取扱いについては苦心したが、ニクソン大統領がもっとも強く返還時の核抜きを確約した。今後目に見えて核撤去の実績があがると思う。撤去の時期はわからない。
2、核については密約とか秘密取決め文書、口頭とも絶対にない。米側も日本の立場をよく知って居《お》り、岸首相とアイゼンハワー大統領の共同声明は生きている。但《ただ》し核の持ち込みについて米側の事前協議の権利まで否定する事は安保条約を改定することにもなり、これはできない。だから米側の主張する権利についてまではふれなかったわけだ。しかし日本は核持込みを（米側が事前協議で主張しても）認めない方針なのでこの点安心してほしい。

3、B52の発進問題についてだが、米国はベトナム戦争を止めようとして居り、現に努力している。だが米国側としては今B52を返かん後の沖縄から発進させないと、はっきり云えない事情もある。共同声明で（その時の情勢に照し合わして事前協議する）と云っているのは、只《ただ》日本側が相談にのってあげようと云う主旨のものだ。事前協議でyesを云う予約もしていない。返かん後の沖縄から発進を認める様なことはない。

4、復帰後の沖縄基地の縮小は充分可能性がある。米軍は返かんする事に決ったので変り身の早さを見せるのではないか。

質〈問〉外相の説明はよく解った。只《ただ》B52の発進とベトナム戦争の関係について疑念がある。

外相　米国内の事情は変化しつつある。また腹の中までは声明には書けないが、全体を読んでもらえば分る。戦闘作戦行動を予想するような事は書けない。政府としては国際緊張の解消が第一の急ムであると考えて居《お》り沖縄については本土の中で本土と一体として考えて居る。

質問　万一の場合、二者択一にならないか。

外相　絶対にそう云う事はない。B52の発進を認める様な事はない。

11月29日（土）晴

八時出発。九時半出発。大任を終えて帰る。峠はこした。しかし大変辛かった。（後略）

解説

「イバラの道」の始まり

宮城　修

沖縄返還交渉は、1969年11月19日から始まる日米首脳会談で最終局面を迎えた。3日間の会談を終え22日、72年の沖縄返還を明記した日米共同声明が読み上げられた。

沖縄返還にあたって日本政府は、核兵器撤去と日米安全保障条約の適用を意味する「核抜き・本土並み」を条件としていた。記者会見で愛知揆一外相は「(核の)有事持ち込み」を認めるという保証を与えたわけではなく、沖縄も事前協議の対象となり基地の「自由発進」はなくなると強調した。

しかし、交渉の舞台裏を記した文書を見ると、この説明は正確でない。実際には、米側は緊急時の核再持ち込み権、在沖基地の自由使用、返還に伴う日本側の財政負

沖縄返還を決めた日米共同声明に対する主席声明を発表する屋良＝1969年11月22日午前5時、八汐荘

担を求め、日本はことごとく譲歩しているからだ。

極秘「合意議事録」

日米首脳会談で、首相佐藤栄作と米大統領ニクソンは極秘「合意議事録」に署名した[*1]。議事録によると、米側は佐藤政権最大の懸案だった沖縄からの核兵器撤去に同意している。ただし、日本や極東有事の際、米側は「日本政府と事前協議を行った上で、核兵器を沖縄に再び持ち込むこと及び、沖縄を通過する権利が認められる必要がある」と要請。日本側は「事前協議が行われた場合、遅滞なくそれらの要求に応える」と返答し、沖縄への核持ち込みについて事前協議で「YES」と言うことを認めた文書だ。

さらに「大統領府と総理大臣官邸にのみ保管し、大統領と総理大臣との間でのみ最高機密として取り扱う」と確認している。いわゆる核密約だ。「核抜き・本土並み」を担保するため、有事の際に核兵器の再搬入を認める内容[*2]になっている。

日米首脳会談で、核の再持ち込みの密約「合意議事録」を交わす直前、財政問題に関する密約も交わしていた。外務省文書によると、返還に伴う米資産買い取りなどの日本の財政負担について、米側がランプ・サム方式（LUMP SUM）で6億5千万《ドル》（当時のレートで約２３４０億円）を要求していた[*3]。これは算出根拠に欠ける、いわゆる「つかみ金」のようなものだ。

米側は合意できなければ日米関係の悪化を招くとして強行姿勢で要求した。最終的に日本は、積算根拠のないこの方式で合意している。当然、算定基準があいまいな支出のため国民に説明できない。このため財政密約として処理することになる。

羽田出迎え中止

日米共同声明を聞いた屋良は、返還決定に「感無量」と日記に書いている。そして11月22日、主席声明を発表。返還決定を評価する一方、共同声明の内容に不満を表明し、県民に次のように呼び掛けた。

「私たちはいよいよきょうから、復帰の道への第一歩を踏み出します。この道は幾多の困難が立ちはだかり、文字通りイバラの道になりましょう」[*4]

屋良は沖縄代表として、帰国する首相や外相を羽田空港で迎えるため、帰国前日の25日、上京した。与党と沖縄県祖国復帰協議会（復帰協）は羽田で首相を出迎えると、沖縄側が共同声明の内容を歓迎している、と誤解を与えかねないと危ぐし、上京に反対した。しかし「県民の疑問や不満をただすためのものである」と押し切った。

東京ではホテルに閉じこもり、羽田に行くかどうか考え抜いた。一睡もせず出した答えは「中止」だった。佐藤らの帰国の模様をホテルのテレビで見ていた。出迎え中止に対する日本政府の反発を受けながらも11月28日、愛知外相、佐藤首相との会見が実現した。会見の模様が日記に書かれている。[*5]

佐藤は屋良に「72年までに核基地を撤去する。自由使用もありえない」と確認した。愛知は「核については密約とか秘密取り決め文書、口頭も絶対にない」と強調している。さらに「日本は核持ち込みを（米側が事前協議で主張しても）認めない方針なのでこの点安心してほしい」と述べた。

佐藤は屋良に対し明らかに日米合意内容と違う説明をしている。

沖縄の将来を決める返還交渉に、最も影響を受ける沖縄側は加われず、かやの外に置かれ続けた。この時に決まった枠組みが50年近く経過した現在まで、沖縄をしばっている。まさに屋良が言う「イバラの道」の始まりだった。

＊

1 本書「開封」30ページ参照。
2 この合意議事録については、対米秘密交渉にかかわった国際政治学者若泉敬が著書で暴露したが、外務省は存在を否定。2009年12月、佐藤栄作の次男佐藤信二元運輸相が、文書を保管していることを明らかにした。(『琉球新報』2009年12月23日付朝刊参照)。
3 本書「開封」28ページ参照。
4 『琉球新報』1969年11月23日付朝刊。
5 『屋良朝苗日記』(沖縄県公文書館が『屋良朝苗日誌』として複製所蔵。以後『屋良日記』と表記)1969年11月28日付、本書「琉球政府メモ」21ページ参照。

「佐藤・ニクソン会談」とびらの写真(13ページ)は、日米首脳会談にのぞむ首相佐藤栄作(左)と米大統領ニクソン＝1969年11月19日、ホワイトハウスのオーバルルーム

——「ランプ・サム」を提案

■1969年10月22日（米国時間）下田大使から米国発外務大臣あて極秘公電／オキナワ返かんに伴う財政問題

22日夕刻バーネットはヨシノを来訪し至急日本政府の首のう部にお伝えいただきたいと大要次の通り述べた。（中略）　返還に伴うあらゆる補償債権を略々推定して一定のLUMP SUMにつき合意し、これをもってあらゆる請求権をカバーするものとする。従って将来予測される請求権が出てきたとしても、これを打ち切ってしまう方式（QUIT CLAIM）である。双方それぞれの特しょくがあるが、米国にとってはあらゆることを考慮するとQUIT CLAIMの方式の方がはるかに処理しやすいことが最近明確になり、実は昨夜ケネディ財務長官とレアード国防長官との間でこのLUMP SUMの額について合意し、直ちに東京に申し入れるべきことを指令した。（当方の質問に対し額はワシントンでは言えないこととなっているが、極秘の含みで6億5千万ドルであるともらした）。

何故《なぜ》このLUMP SUM方式がよいかというと要するにオキナワにあるもろもろの施設や財産を一々評価することははん雑にたえないのみならず、軍は軍であらゆる支払いを要求して来、財務省はまたこれを一々けずったり、はねたりするのに大わらわとなる事態が生ずるからである。（中略）

額の大小は暫くおくとしてもとりあえず気づく大きな難点が2つある。その（1）は

◀外務省文書▶
1969.10.22

LUMP SUM はオキナワに PRICE TAG をつけることであり、これではせっかくの米側の行為も無になってしまう。

（２）はこの額の内容をめぐり国会で野党からあらゆる点につき質問があり、政府はその内訳を説明するのに非常にく労することであると述べたところ、バーネットはその議論は米側にもそのままあてはまるところであるが、あらゆる議論をつくした末やはり LUMP SUM 方式よりほか手がないという結論に達した。

内訳については日本側希望の数字をどのように処理しようと米側はそれを拒否しないであろう。（中略）

何故今ごろになって LUMP SUM の IDEA が出てきたのかと質問したところ、バーネットは LUMP SUM の考えは米側にも以前からあり、また先般のケネディ・フクダ会談の際もケネディの方からいずれ額は提示すると示さしていたはずである。もち論これに対する反対論は内部（殊に軍）にあったが、結局大勢はこれ以外の方法がないということに傾き、今回の提案になった次第である。

ただ、今強調したいのは、もし本件がサトウ総理御来米までにかたづいていない場合には、最小限言えることは今後の日米関係のあらゆる問題にオキナワの財政問題がつきまとうこととなり、これは日米国交を害することははなはだしいということであり、国務省としても深くゆう慮するところである。（後略）

（外務省外交史料館所蔵、ファイル管理番号０６００-２０１０-０００７３）

――核の持ち込み、通過容認

若泉敬氏の著書『他策ナカリシヲ信ゼムト欲ス』（文藝春秋、１９９４年）に掲載された米国国立公文書。

（抄訳　仲本和彦・戦後史研究家）

■１９６９年11月21日発表のニクソン大統領と佐藤首相の共同声明に関する合意議事録（極秘）

（草案）

合衆国大統領

共同声明に述べられているように、沖縄の施政権が実際に日本に返還されるときまでに、沖縄からすべての核兵器を撤去することが米国政府の意図である。それ以後においては、同じく共同声明にあるように、日米安保条約及びこれに関連する諸取り決めが、沖縄に適用されることになる。

しかし、日本を含む極東諸国の防衛のため米国が負っている国際的義務を効果的に遂行するために、きわめて重大な緊急事態が発生した場合には、米国政府は、日本政府と事前協議を行った上で、核兵器を再び沖縄に持ち込むこと及び沖縄を通過する権利が認められる必要がある。その際、米国政府は日本政府からの好意的な返答を期待する。さらに、米国政府は、沖縄に現存する核兵器の貯蔵地、すなわち、嘉手納、那覇、辺野古、並びにナイキ・ハーキュリーズ部隊を、何時でも使用できる状態に維持しておき、極めて重大な緊急事態が発生した場合には使用できるようにしておく必要がある。

日本国総理大臣

日本政府は、大統領が述べた前記の極めて重大な緊急事態が発生した場合の米国政府の必要を理解して、事前協議が行われた場合には、遅滞なくそれらの要求に応える。

大統領と総理大臣は、この合意議事録を二通作成し、一通ずつ大統領府と総理大臣官邸にのみ保管し、大統領と総理大臣との間でのみ最高機密として取り扱うものとする、ということに合意した。

1969年11月21日
ワシントンDCにて
R・N
E・S

国政参加

実態は系列下の始まり 主体性めぐり新たな苦悩

日記● 1970年1月1日～11月27日

復帰への大きな前進、近寄りの証左

1970年1月1日

七時前に起きる。昭洋君の車で松川へ。仏ダン〈壇〉にお焼香。御勤《おつと》めをして庭の手入れをする。大急ぎで御雑煮を一緒にいただき、御トソでいただき一家の幸福を祈って直ぐ〈主席〉公舎に引返す。（中略）願わくば沖縄の為に良き年たれと祈って止まぬ。一昨年は二月から主席公せん始まり長い苦悩が続き十一月に〈主席〉当せん。目的達成。旧年は一月早々から二・四ゼネスト、財政落込みに始り、日々夜に苦悩の連続。かくして激動の後に十一月、復帰のメドがついた事、連年異色のある年であった。

新年は復帰準備の一年の具体的スタートとなるが、更に茨《いばら》の道は続くだろう。

軍雇用者の問題で既に苦情。茨の道は切って落された。しかし私は、信念をもって進んで行く。この沖縄の大転換期にその最高責任的地位に私を置いた事を、私は沖縄の為に天のせつり、神の意

志、仏の心と信ずる。私はこの日の為に沖縄に生れたのではないか。口はばったい事云ってすまないが、私の今までの日々の考え方、歩んできた道、その成果等つぶさに反省して見ると、何か私は神秘的なめぐり合わせを感ずる。いざこの身の存在の意義をまたこの一年の試練で試して見よう。かくして私は、信仰的心境でこの年も我が道を行こう。心ある人たちの協力に期待して私は沖縄丸の梶《かじ》をとって行こう。屋良式の指揮棒を打ち振って行こう。自然よ、神よ、仏よ、大衆よ、私を守り給へと祈りを捧げつつ、いざ行こう。運命の開拓に。沖縄の夜明けの為に。

7月19日（日）

〈前略〉十時半に知念副主席と千葉〈外務省北米一〉課長来訪。副主席より台湾の報告を聞く。〈中略〉千葉課長、復帰準備の件について約一時間参考になる話を聞く。〈後略〉

10月12日（月）晴

九・三〇愛知大臣表敬、約四〇分諸要請を文書にしてつたえる。

10月13日（火）晴

八時、千葉〈北米一〉課長来舎、懇談す。〈後略〉

10月23日[*1]（金）晴

国会議員選挙告示の日。長い間要求し続けてきた国政参加が実現への第一歩。これも復帰への大きな前進、近寄りの証左である。思えば感無量。八時に内を出て家内同伴喜屋武〈真栄〉君、上原〈康助〉君、瀬長〈亀次郎〉さん、[*2]安里〈積千代〉さん[*3]の出陣所を訪問。更に安里さん宅に激励に行き、激励祝辞。それを終えて喜屋武君の出陣式にのぞみ引続き上原氏事務所、安里さん事務所を訪ねる。皆それぞれ出陣していた。願わくば喜屋武君の一位当選、革新三名の当選を祈る。（後略）

10月31日（土）

午前中異常なし。午後帰舎。しばらく休み、二時から革新共闘総決起大会に出席、激励のあいさつ。殆《ほとん》ど教職員ばかりの集りであり、官公労、県労協、全軍労の大きな組織は集り甚《はなは》だ悪し。三〇〇〇人位の集まりであったか。（後略）

11月10日（火）晴

一昨年の今日は選挙〈主席公選〉の日。私にとっても沖縄にとっても記念すべき歴史的の日である。（中略）八時前に与那原で喜屋武君演説会出席。帰りに大里村演説会にも出席する。喜屋武君を中心にして社大党のことをちょっぴり話して申し訳なかった。

11月11日（水）晴

（前略）七時半コザ文化会館、上原氏演説会激励。九時、糸満小学校。

＊1　日記は11月23日付だが、前後の内容から10月23日と判断した。

2　瀬長亀次郎（せなが・かめじろう）1907～2001年。政治家。豊見城村（現豊見城市）生まれ。1945年田井等市助役、うるま新報（現琉球新報）社長を経て49年沖縄人民党書記長に就任、その後同党委員長。52年立法院議員初当選。56年那覇市長に当選するが米国の布令で追放。70年の国政参加選挙で衆院議員当選（７期連続当選）、73年に日本共産党沖縄県委員会委員長、共産党中央委員会幹部会副委員長。

3　安里積千代（あさと・つみちよ）1903～1986年。弁護士、政治家。1950年初代八重山群島政府知事に当選。52年立法院議員当選（６期）。立法院議長。55年沖縄社会大衆（社大）党委員長。施政権返還訴え62年、65年参院全国区に沖縄から立候補し落選。70年初の国政参加選挙で衆院議員に当選、その後民社党入り。76年知事選に立候補し平良幸市と対決し落選、政界引退。

共闘会議喜屋武君演説会。集り悪し。二一時コザ婦人会幹部三〇名来公舎。あいさつする。

11月12日（木）

（前略）四・三〇民政官会見。金武湾の件。六時半出発。山田、恩納、名護。喜屋武君演説会出席。名護、恩納集り良かった。

■ 国政参加選挙実現までの経緯

1961	4月21日	立法院が「琉球住民代表の日本国会参加に関する要請決議」
1967	7月	復帰協の国政参加要請団が上京。オブザーバー方式ではなく「本土並み」の国政参加を要請
1968	10月	日米協議委員会で沖縄の国政参加について正式に合意
1969	11月	日米首脳会談後、帰国した佐藤首相は国政参加の実現に言及
1970	2月13日	立法院、8度目の国政参加要請決議
	4月24日	参院で沖縄住民の国政参加特別措置法可決、成立
	7月	立法院、特別措置法に基づく選挙法案を可決
	10月23日	沖縄で衆参両院議員選挙（国政参加選挙）告示
	11月15日	国政参加選挙実施
	11月24日	沖縄選出国会議員7人が国会初登院
	11月27日	上原康助氏（社会）が沖縄選出議員として初めて代表質問

国会に初登院する県選出国会議員＝1970年11月24日

参院本会議場に着席する稲嶺一郎氏（前列左から3人目）と喜屋武真栄氏（同4人目）＝1970年11月24日

11月13日（金）雨

（前略）七時読谷。安里氏演説会に出席。集り良好。一刻でも安里さんの演説会に出席出来て良かった。

11月15日（日）曇

九時、投票に行く。終って松川へ行き昼食。朝夫君、朝樹と勉強会。午後は帰舎してテレビ対談のまとめをする。七時にＯＨＫに行く。琉貿の宮里さん、琉大の宮里先生と総務長官と二元対談。世論調査の結果について話し合いしたが、アナウンサーの質問とここでの打合わせがかみ合わず、甚《はなは》だ拙《つたな》い対談になって残念。選挙速報、南部は与那原、糸満を残し、全離島開票始る。喜屋武君調子良し。上原氏思ったよりのびる。瀬長氏も同様。只《ただ》安里さんが大番ぐるわせであわてる。第五位位《くらい》に止りひやひやしたまま休む。安里さんを犠牲にするかと思って心配でたまらぬ。自分の時より心配。四時頃から喜屋武君、平敷君、福地君、花城君、糸洲局長あいさつに見える。喜屋武君つかれた様だ。

参議院選挙で革新統一候補の喜屋武真栄氏（左端）の応援で選挙カーの上に立つ屋良（右端）＝1970年11月14日

＊4　西銘順治（にしめ・じゅんじ）1921 ～ 2001年。政治家。与那国村（現与那国町）出身。東大卒後、外務省入り。帰郷し沖縄ヘラルドを創刊。1950年の社大党結党に参加、日本復帰を求める署名運動に奔走。立法院議員（１期）、琉球政府経済局長、計画局長を経て那覇市長（２期）。県知事（３期）、衆院議員（４期）。

5　稲嶺一郎（いなみね・いちろう）1905 ～ 1989年。実業家、政治家。本部町出身。琉球石油（現在のりゅうせき）を創立。参院議員（3期）。日本インドネシア友好団体協議会会長、日本カンボジア協会会長歴任。

6　国場幸昌（こくば・こうしょう）1912 ～ 1989年。政治家。国頭村出身。衆院議員（６期）。沖縄開発政務次官。

11月16日（月）曇

（前略）今日は何もせずに開票速報を見守る。昨夜と余り変らず。安里さんいたる所でのび悩む。気の毒で仕様がない。十二時前にやっと五位で当確が出て少し安心。間もなく当選。御気の毒だが革新三名当選の為に我慢してもらう外なし。私も胸をしめられる思い。

革新共闘の祝賀宣言集会が教育会館であり、出席する。そこを終って西銘〈順治〉[*4]、稲嶺〈一郎〉[*5]、国場〈幸昌〉[*6]、安里、瀬長の選対本部に祝いをのべてまわり、二時から記者会見する。[*7] 時事通信の尾形記者の質問に怒りを発する。外務省安保課長、通産省航空局施設調査団来訪。（中略）上原君本部に祝いのあいさつ。それから教育会館訪問、しばらく視意を表し次に琉球新報ホールで富士テレビ〈現フジテレビ〉により西銘、上原、安里、瀬長氏を交えての本土側、保利〈茂〉総務長官、吉田嗣延氏、神谷先生、二元放送があった。終って帰舎。（後略）

党派超え、一致団結念願

■ 国政参加選挙結果受け 屋良主席談話

（1970年11月16日）

沖縄県民が待望していた国政参加選挙は無事終わり、県民有権者の審判の結果が判明した。有権者の投票率が高かったことは沖縄県民が今回の選挙をみずからの問題としていかに重視したかを証明するものである。

72年に復帰する段取りになっており、諸準備が進められているが、沖縄返還協定の審議をはじめ、復帰に伴う各種の措置の検討など、これからの国会活動はきわめて重大なものになる。沖縄問題はこれで終わったわけではなく、正しい沖縄県、本土と全く変わらない日本国民の回復という具体的で重要な問題の解決は、これからが本番という段階にある。

沖縄県民は25年以上もの間、国民的十字架を背負って苦しみ抜いてきた。復帰によって、その福祉は最優先されなければならない。国政参加に関する法律には県民の声を反映させることが明文化されている。沖縄選出の議員が党派を超えて一致団結し、高い次元に立って県民の幸福のために活躍することを念願する。

11月18日（水）晴

（前略）夜、山野長官[8]より電話。政党の圧力に依《よ》り、教育行政制度が復帰と共に本土法適用を復帰大綱に織り込む事になったとの悪い報《しら》せ[9]。私は調整もされないままに、こんな事をされ〈て〉は不満であり、納得出来ない事と返事する。向うは事後に私に連絡すればよいと考えての事だろう。困った事になった。

11月19日（木）晴

午前中、瀬長、宮城局長、安谷屋君と協議。ただちに加藤局長、吉岡公使に連絡。本土政フ〈府〉へ沖縄の意向を連絡方要請。なお、山中〈貞則〉長官[10]、文部大臣、山野長官、自民沖対委〈員〉長、床次さんに反対の電報打つ。（後略）

11月20日（金）晴

副主席帰任報告あり。宮城局長、瀬長、副主席集り教委法に復帰と共に本土法適用や決定についての談話について検討する。十一時談話発表する。（中略）十二時前に喜屋武君来訪。東大阪市長からの土産を持参さる。これで喜屋武君も国会議員、参議院議員となった。感激し、思えば、私が〈群

＊7　戦後初めて衆参の国会議員選挙が1970年11月15日に行われ、衆院選挙は西銘順治（自民）、瀬長亀次郎（人民）、上原康助（社会）、国場幸昌（自民）、安里積千代（社大）の５氏が当選。参院選挙は喜屋武真栄（革新共闘）、稲嶺一郎（自民）の２氏が当選。屋良は16日午後２時、主席室で談話を発表。

8　山野幸吉（やまの・こうきち）　総理府の特別地域連絡局長、沖縄・北方対策庁長官などを歴任し、沖縄返還作業に携わる。

9　日本政府は、公選制となっている琉球政府の教育委員会制度を、復帰後は廃止し、日本同様に任命制にすると閣議決定。

10　山中貞則（やまなか・さだのり）1921～2004年。政治家。鹿児島県出身。台北第二師範学校卒。同校は1943年、台北第一師範学校と統合し台北師範学校となり、屋良朝苗が教師として赴任。1970年１月、佐藤内閣で総理府総務長官として初入閣、沖縄の復帰対策に取り組んだ。復帰特別措置法制定に尽力。日本復帰の72年５月15日に初代沖縄開発庁長官に就任。沖縄振興特別措置法の制定など沖縄振興発展の推進役に。環境庁発足に伴い、初代長官を兼務。田中内閣で防衛庁長官、中曽根内閣で通産相を歴任。自民党政調会長、党税調会長を務め税調の最高実力者。

島政府〉文教部長から教職員会長に下野してきた時、一緒に行動を共にし、戦災校舎運動以来、行動を共にして、私が初代会長、彼が二代会長。復帰協も、〈沖縄諸島祖国復帰〉期成会時代、初代会長が私、復帰協の二代会長が喜屋武君。二人の歩みを回顧して見て誠に感深いものがある。教職員会というもの〈の〉戦後の存在、その根キョ〈拠〉地である教職員会館、何《いず》れも沖縄の歴史と重大な因縁をもつ事になる。感深し。運命の糸のあやつりの不思議さも痛感する。革新四議員、五時出発。見送り壮行に行く。（後略）

11月25日（水）晴

八・三〇分、吉田氏来訪。一〇、参議運委員長表敬。一〇・三〇参議院傍聴席に入場。十一時開院式。はじめてである。天皇着席直後、開院。沖縄の議員も瀬長氏以外は皆確認出来た。昨日からの雲行きを聞き、今日の院内の空気から何だか議員諸氏、殊《こと》に喜屋武君は苦労するのではないかと心配である。喜屋武君の個室訪問。議員会館で昼食をとり、一時から衆議院で総理の所信表明傍聴。終って〈琉球〉政府事務所で休み琉大学長に会う。三時から山野長官。三・三〇分から山中長官、四時から文部大臣に。何《いず》れも教育委員会制度に対する抗議及〈び〉再考要請。閣議はくつがえせぬとの事。絶望の感深し。総理府で五時から記者会見。[*11] 終って政府事務所で夕食。喜屋武君、福地君に会う。喜屋武君元気なし。九時頃ホテルに帰る。三島由紀夫自殺さわぎ。[*12] ショック。気ちがい沙汰だ。

＊11　屋良は教育委員の任命を一方的に押し付けたと抗議し「白紙撤回」を求めた。これに対し山中長官、坂田大臣は①閣議決定はくつがえせない②教育など根幹的なものは本土の制度と均一にしなければならない③特に義務教育は子供たちのためにも同じ教育環境にすべきだ―と再考の意思のないことを明らかにした。（『琉球新報』1970年11月26日付朝刊）

12　1970年11月25日朝、東京・市谷の陸上自衛隊に民族団体「盾の会」隊長で作家の三島由紀夫ら５人が浸入。三島ら二人が割腹自殺した。

11月26日（木）小雨

九時、参議院沖特対委員会委員長、塚田氏。この人一人教委制の件、共感を表さる。一〇時、衆議院議員船田氏に会う。一〇・二〇、衆議院議運委員長、渡海氏外《ほか》四名の理事に会う。それから国場個室を訪れる。不在。西銘氏在室。三ノ輪代議士も居《お》られた。次は上原氏、瀬長氏、安里氏、稲嶺氏を訪問。流石《さすが》に安里氏、瀬長氏の室は訪問者少く寂しい。事務所に帰り昼食。（中略）二時、南援〈南方同胞援護会〉訪問。吉田氏に会う。四時に山野長官に会う。復帰記念〈国民〉体育大会の話。予算要求額の半分以下。これも不安の種子。記者会見終って事務所で夕食をとり早目に帰る。喜屋武君、福地君からさそいがあったが欠席して休む。方々歩きまわっているが、得る事なし。沖縄の運命を表示している様だ。情なし。

11月27日（金）曇

一〇・三〇、民社党幹部訪問。門司〈亮〉、永末〈英一〉先生外《ほか》。十一時衆議院沖特対委員長池田先生を議員会館の個室を訪れる。一〇・三〇、自民党の田中〈角栄〉*13幹事長、床次氏も同席。国政参加実現に対する御礼。教〈育〉委〈員会〉、制度取扱いの件について両氏に遺憾の意を表明。再考慮を要請。要請書をあげる。しかし、幹事長は沖縄の事については充分責任を以《もっ》てやる決意を強く云い切った。大勢としてはそうだが、しかし各部門については一一《いちいち》ある事だ

＊13　田中角栄（たなか・かくえい）1918～1993年。政治家。郵政大臣、大蔵大臣、自民幹事長、通産大臣、首相を歴任。日中国交正常化を実現、ロッキード事件で受託収賄罪などで起訴、実刑判決。

14　大山朝常（おおやま・ちょうじょう）　1901～1999年。政治家。社大党の結党に参画。1954年に立法院議員当選、58年にコザ市長に当選。米軍政権下の基地の街の首長として、米国施政権下の市政を運営、美里村とコザ市が合併して沖縄市が誕生した74年まで務めた。

ろう。それは調整して行こう。教委制度については希望なし。事務所に戻り昼食。大山〈コザ〉市長[*14]に会って体育大会よさんについて連絡してもらった。大山氏は物の分った方である。一時半、公明党書記長に会う。喜屋武君訪問、不在。福地君に会って二時から上原君の代表質問傍聴に行く。民社党代表質問の後を受けて上原君演だん〈壇〉に上る。

沖縄にとっては歴史的のしゅん〈瞬〉間であった。落ついて立派な態度だった。国会で表現については、私としては意見もあるが、沖縄の声を率直大たんに表明し、訴えてくれたと思っている。せん挙後約十日間、心身のつかれも未まだいえぬのに、その期間に考えを立派にまとめて堂々と質問した。立派だったと思う。上原君に代表質問をさせた社会党にも感謝したい。答べんについては別に云うことはない。あんなものだろう。私としては答ベンの節々を心に止めて実現要求をはかっていく積りだ。[*15]五時から山中長官に会う。ここでは安謝―首里間の道路十六億つけてもらった。一旦事務所へ帰る。大島君、宮城君に連絡。沖縄連の上原、喜屋武氏、激励会に出席。（後略）

＊15　上原は屋良が最も危ぐした教育委員公選制変更について次のように質問した。「教育行政に対する米軍権力のあらゆる介入をはねのけ、祖国と分断された中においても、なお正しい日本国民としての教育を守るために、血のにじむような努力を重ねながら、教育基本法の制定をかちとるとともに、教育委員の公選制度を守り通してきた（中略）制度の一体化を口実に任命制に改悪することは、沖縄県民はもとより、日本国民の名においてもとうてい承服できない」。質問に対し佐藤首相は「教育制度のような基本的な問題については、当然本土と同じでなければならない」と答弁した（1970年11月27日「衆院本会議議事録」）佐藤は上原の質問について「上原君は、沖縄軍労の委員長で当選して来たばかりの人。名調子だが労組は争へぬ。つまらぬイデオロギーの演説をしたので余り出来はよくないが、努力のあとは認められる」と日記（1970年11月27日『佐藤榮作日記　第四巻』212ページ）に書いている。

戦後初の国政参加選挙に当選した（右から）喜屋武、瀬長、上原、安里の革新候補４氏と握手する屋良（手前左）＝1970年11月、革新共闘会議事務所

解説

翻弄された「本土並み」

宮城　修

米国統治下の沖縄で、自治権拡大要求の柱は、主席公選と、日本の衆参両院に県民代表を送り込む国政参加選挙の実現だった。

このうち国政参加は、立法院で１９６１年に、超党派による初の要請決議を可決して以来、同様の決議が70年まで８回に及んだ。屋良は、沖縄の抱える問題を直接日本に訴えるために、主席公選よりも国政参加の方を先に実現してほしいと考えていたほどだった。[*1]

米公使に黙認求める

日本政府は当初、沖縄の施政権を握る米国の意向をくんで、表決権を持った参加に消極的だった。そこで参加させるが表決権を持たない「オブザーバー方式」が浮上した。しかし、あくまで差別なき「本土並み」を訴える沖縄側の声に次第に押されていく。

国政参加に関する外務省文書[*2]が残されている。外務省北米局長の東郷文彦が70年1月28日、駐日米大使館のスナイダー公使に、沖縄代表に日本の国会議員と同様に完全な表決権を与える意向を伝えた。

その際、米側を説得する材料として、復帰準備関係措置が国会で議論される場に沖縄代表を参加させることは「実質的意義もある」と説明した。同時に「沖縄代表に完全な表決権を与えても、その実際上の影響力は問題にならない程小さい」と述べ、米側に黙認するよう求めている。

実現のタイミング

沖縄側に政治的な影響力がないと断言できるのはなぜか。そのヒントは国政参加選挙実施のタイミングにある。68年11月の主席公選で、保守候補の西銘順治に有利になるように、西銘側の要請にこたえる形で、日米協議委員会は、主席選挙直前（68年10月）に、国政参加を基本合意している。日本はその気になれば、いつでも国政参加の特別法を制定することができた。沖縄側は、返還交渉の最終局面を迎える佐藤・ニクソン会談（69年11月）の前までに、国政参加を実現するよう強く求めていた。即時無条件全面返還という、沖縄側の意思を国会論議に反映させるためだ。日本の野党各党も政府を激しく攻撃することが予想された。自民党政府はこのタイミングでの法案策定を見送る。このため沖縄代表が国会で意思表示できないまま、首脳会談が行われた。その結果、基地の自由使用、有事の際に核兵器を再持ち込みする密約、積算根拠がないまま米資産の買い取りを約束する財政密約を交わすことになる。沖縄の求めとは程遠い。

東郷がスナイダーに表決権問題を伝えたのは日米首脳会談終了後だった。沖縄側に完全な表決権を与えたとしても、既に密約を交わしていたため、もはや沖縄側の「影響力は問題にならない」[*3]わけだ。

日米首脳会談直後に屋良と会見した官房副長官木村俊夫は、70年の通常国会で表決権を含めた国政参加を決定することを明かしている。屋良に「米国で確認してきた」[*4]と告げた。最終的に米国は、日本の要請にこたえて表決権問題を黙認する。

革新4人全員当選

1970年11月15日、戦後初めて国政参加特別選挙が実施された。告示日の10月23日、屋良は「長い間要求し続けてきた国政参加が実現への第一歩。これも復帰への大きな前進、近寄りの証左」と日記に書いている。

選挙の結果、衆院議員に西銘順治（自民）、瀬長亀次郎（人民）、上原康助（社会）、国場幸昌（自民）、安里積千代（社大）の5氏が当選した。参院議員に喜屋武真栄（革新統一）、稲嶺一郎（自民）の2氏が当選した。革新陣営が擁立した瀬長、上原、安里、喜屋武の4候補はそろって初当選を果たした。

国政参加選挙は、日本の各政党と沖縄側の系列化が進む結果をもたらした。特に社会党は、日米首脳会談後に実施された総選挙で敗北を喫し、党勢立て直しを迫られていた。沖縄の国政参加選挙は好機であった。全沖縄軍労働組合（全軍労）委員長の上原康助を擁立、沖縄の労働組合幹部に社会党への入党を促した。

1968年の主席公選を機に誕生した革新共闘の枠組みは、政党と一線を画す労働組合が推進力となってきた。しかし、労働組合幹部らが、特定政党に入党することで、共闘内部の結束が崩れることが危ぐされた。立法院で与党第一党の社大党は、どの政党の系列にも属さない「土着政党」だ。日本の各政党の「代理戦争」と言われた国政参加選挙で、優勢とみられていた社大党の安里は、予想外の最下位当選に甘んじた。

教育委員の公選制廃止

国政参加選挙直後の11月20日、佐藤内閣は沖縄の教育委員の公選制を廃止し「本土並み」の任命制にすると閣議決定した。閣議決定前に屋良と一度も意見交換していない。屋良は沖縄・北方対策庁長官山野から電話で知らされた。山野は背景に政党の圧力があったことを伝えた[*5]。「公選制は米軍の強い圧力の中で県民が勝ちとったものであり中教委、市町村教育委員会、PTA連合会、教育長会、それに教職員会も存続を要求しており、任命制反対で沖縄の教育界は一致している[*6]」。屋良は猛烈に反発し再考を求めたが、日本政府は「教育など根本的なものは本土の制度と均一にしなければならない」として押し切った。

国政参加選挙に勝利し、革新陣営は喜びに沸いていた。しかし、屋良は教育委員の公選制廃止という現実に直面したとき、「本土並み」という言葉は方便でしかなく、一方的に返還作業を進める日本政府の姿勢を感じ取ったのかもしれない。

＊
1　屋良朝苗『屋良朝苗回顧録』（朝日新聞社、1977年）188ページ。
2　本書「外務省文書」49ページ参照。
3　同右。
4　「琉球政府メモ」1969年11月27日付。
5　『屋良日記』1970年11月18日付。
6　屋良会見『琉球新報』1970年11月26日付朝刊。

「国政参加」とびらの写真（33ページ）は、初の国政参加選挙のようす＝1970年11月16日

外務省文書

1970.1.28

──日本が米に黙認要請

■極秘・国政参加（東郷局長のスナイダー公使に対する申し入れ）1970年1月28日外務省北米第1課（佐藤）

1月28日、東郷アメリカ局長は在京米国大使館スナイダー公使の来訪を求め、国政参加問題について申し入れを行ったところ右要旨次の通り。（中略）

1、東郷局長より一昨年秋に国政参加問題に関する日米間の合意ができた当時は、当省のみならず法制局も含めて、政府部内の見解としては憲法の解釈上、沖縄住民の代表でも自民党はもちろん、野党議員の間でも沖縄代表に完全な議員としての権限を与えることに反対する意見もあったが、佐藤・ニクソン会談を境に、沖縄代表に完全な議員としての権限を与えるべしという考え方が国家の与野党を通してのコンセンサスとなり、それに伴い、政府内部の法律専門家もあらためて検討の結果、憲法解釈上差し支えなしとの見解をとるに至った旨説明の上、米側が本件問題に関し、今後日本側のとる措置を黙認するよう申し入れた。

東郷局長はさらに（イ）沖縄代表に完全な表決権を与えても、その実際上の影響力は問題にならない程小さいこと（ロ）本土、沖縄双方の立法が成立し、実際に沖縄選出議員が本土国会に参加するのは明年春の国会からとなる見通しのところ、その頃までには本土側の復帰準備関係措置が国会で論議の対象となるようになっていることが予想され、この様な問題の論議に沖縄代表を参加せしめる実質的意義もあること（ハ）沖縄代表を「完全な議員」として参加さしめようという国会側の考えをとめることは政治的に困難であること等を指摘の上、現時点で米側が反対しているため完全な「本土並み」国政参加が実現できないということになっては、収拾がつかぬ結果を招くこととなるので、上記申し入れについての米側の配慮を強く望む旨述べた。

2、それに対し、スナイダー公使より、自分としては今日の時点では本問題に対する米側の従来の立場を指摘するにとどめ、上記申し入れの趣旨をワシントンに取りつぐこととし、もしワシントンから何等かの意見が出れば、それは日本側に伝えることとしたいと述べるとともに、米国政府としては、本件問題の今後の進展に Remain noncommittal の態度をとり、最後まで日本側に対し、何等意見を述べないとの立場をとることが最も適当という判断に落ち着くのではないかと思う旨述べた。（全く非公式な意見として、上記の処理方針で進むことに問題はないと思う旨、及び米側としては日本側の動きを妨害することはないと思う旨付言）

（外務省外交史料館所蔵、ファイル管理番号０１２０−２００１−０２５６１）

コザ騒動

高等弁務官声明に抗議 裁判権移管求める

日記●1970年12月18日〜31日

沖縄の歴史始まって以来の暴動

1970年12月18日（金）晴

〈前略〉十日〈間〉のハワイの旅[*1]はほんとに快適だった。数限りない方々の心からなるもてなしにあずかる。山里氏はハワイタイムスに私の事を立派な文章で紹介してあった。ハワイは沖縄から見ると、ほんとにユートピヤである。人間の楽土と云って良い。沖縄も金さえかければ、すばらしくよくなる可能性はある。それは山には魅力はないから、何と云っても海の景観を生かす以外に方法はないだろう。ハワイ時間夜の十一時頃に東京着く。東京時間十九日の六時頃であった。喜屋武〈真栄〉君、大嶺所長はじめ職員出迎え。荷物の多くはあずけて赤坂東急に宿泊。ハワイの旅館からすると御粗末限りなし。糸洲〈一雄・主税局長〉君も毒ガスの件で上京していた。連絡を受ける。〈後略〉

12月20日（日）晴

六時頃、富川〈清〉総務局長より緊急電話。コザ〈現沖縄市〉で米兵の沖縄の人に対する交通事故が起ってＭＰ〈米陸軍憲兵隊〉や軍と民衆集団大衝突。米人車を焼き払い、軍基地ゲートに乱入、雇用事ム所と学校に放火。一時半から六時現在、衝突は未《いま》だ続いているとの事。*2 一大ショック。糸満の婦人レキ殺事件の無罪裁判等*3 が刺げきになって、何か起らないかと気になって居《い》た所、遂《つい》に来るべきものが来たと一大ショック。糸洲君、砂川君、大嶺所長に集ってもらって緊急帰覇する事にして、ヒ行機の交渉に当らしめる。那ハへの直行便は日航もノースウエストも乗れない。日航機で十二時発大阪へ行き、大阪から沖縄行きを乗りかえる機にありついて十一時出発した。

　澄夫君一家、孫等と今日一日はゆっくり遊ぶ積りだったが、出来なくなってしまった。（中略）孫等と別れて帰任する。大阪で一時間位休んで二時半頃出発。

　羽田でも伊丹でも新聞記者に取りまかれてインタビュー攻め。四時半頃ナハ着。直ちに自動車で政府へ。家内《うち》は内に直行。私は主席室で副主席、総ム局長、新垣〈警察〉本部長から報告を受け、記者会見。

コザ騒動の現場概略図

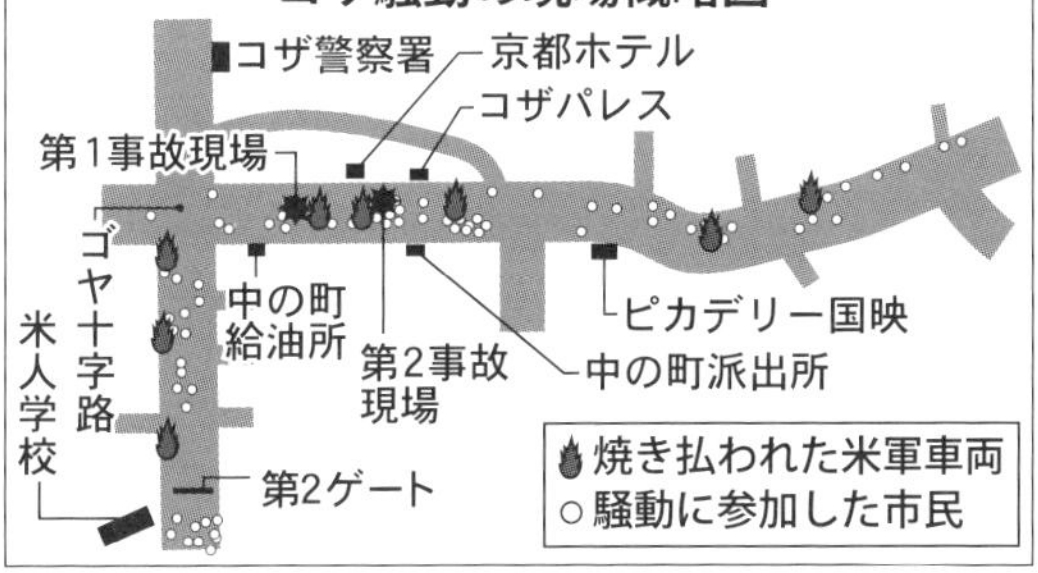

＊1　ハワイ在住の県人の激励と沖縄情勢の報告、ハワイの視察を目的に12月８日に出発。屋良氏が主席就任以来初の海外視察となった。

2　12月20日未明、コザ市（現沖縄市）で数千人の民衆が、路上に駐車してあった米人所有の車両と嘉手納基地内の公舎などに放火。被害車両75台（米軍報告は82台）、負傷者は沖縄住民を含む88人。

3　９月18日夜、糸満町（現糸満市）で、酒酔い運転の米軍人車両が、通行中の女性をはね死亡させた。被告は12月11日の軍事裁判で判決理由も示さぬまま無罪になった。

夜になってからコザの暴動現〈場〉視察。ゴヤ、基地ゲート内には入り、焼打ち、現場事ム所や学校を視察。聞きしにまさる暴動。自動車八〇台以上も焼かれる始末との事。沖縄の歴史始って以来、かつてなかった暴動。私をゲート内案内しているる空軍司令官は、いかにも怒っているかの様な形相に言バ使いだった。私は無言で見てまわり、殆《ほとん》ど発言しなかった。記者会見もせず、車上の人となり、一号線〈現国道58号〉経由で公舎へ帰る。〈後略〉

〈屋良のメモ〉

暴動現場を見て

1、自動車の事故、校舎の炎焼思った以上の破壊行動のあとが見られ、非常に心を痛めている。

2、被害そのものには同情にたえず遺憾に思う。

3、この暴動は時刻が時刻なだけに、また街の中で起っただけに自動車事故を契機に自然発生的に起った事件で組織的計画的な暴動ではなかったと思う。

4、而も軍に依存度の強いコザ市の真中で起った。そこに住む各人の心の中にくすぶる気持即ち軍に対する不

群衆に襲われ炎上する米軍車両、米人乗用車＝1970年12月20日未明、コザ市（現沖縄市）中の町

信感が根になっているのではないかと思う。

5、群衆は盛んに糸満の二の舞を演ずるなと絶叫していたと云う。とすると糸満の裁判事件が今度の暴動に間接的に大きい影響を与えているのではないかと思う。その感情を背景にこの度の自動車事故が契機となり結びつけられて爆発したのではないかと思う。

■ コザ騒動の経過

1970

9月18日 糸満町（現糸満市）で飲酒運転の米兵が主婦をひき殺す

11月8日 コザ市で米兵による演習用手投げ弾投げ込み事件

12月11日 9月に糸満町で発生した主婦をひき殺したやり直し裁判で「無罪」判決

12月13日 那覇市とコザ市で相次いで米兵による強盗（短銃3発乱射）、窃盗、ひき逃げ事件発生

12月19日 美里村（現沖縄市）で復帰協主催の「毒ガス即時完全撤去を要求する県民大会」開催

美里中学校で開催された毒ガス撤去県民大会＝1970年12月19日

屋良主席、ハワイ視察を終え東京着

12月20日 **コザ騒動起こる**

炎上する米人車両＝1970年12月20日

ランパート高等弁務官声明発表

屋良主席、大阪経由で帰任、騒動の現場視察

12月21日 屋良・ランパート会談

米軍、国頭村の楚洲、伊部、安田付近一帯で海兵隊の大規模実弾射撃訓練を実施すると発表

コザ騒動の現場を視察する屋良＝1970年12月20日夜、コザ市（現沖縄市）

騒動は「ジャングルの掟《おきて》」

■ ランパート高等弁務官声明（抜粋）（1970年12月20日）

（前略）このなげかわしい事故は、一人の海軍軍曹の判決が無罪となったことに部分的に起因すると、私は聞いているが、判決の結果を妥当とせず、これを批判することはあり得る。しかし、平和な市民の生命を脅かし、財産を破壊するように、批判を暴動などの手段に訴える口実にはならないのである。このようなことはジャングルの世界でしか通用しない掟《おきて》である。

今回の暴動は沖縄に貯蔵されている化学兵器に対する関心と憤りによっても影響されているのではないかといわれている。もしそうであるならば、これらの騒動は全くその結果において自己敗北を示唆するものである。すべての人々にとって、完全に安全対策にのっとって、アメリカ合衆国も一刻も早くこれらの化学兵器を撤去したいという意図は、沖縄の人と同様強いものである。

150トンにのぼる化学兵器の第一積み出しを完全に安全に行う計画は完了している。これらの完全撤去計画を遅延させる唯一のものは、撤去作業に対する邪魔やサボタージュなどの可能性である。私はこのような脅威が完全になくならない限り撤去作業の開始を承認しないことをここで確言するものである。（後略）

『琉球新報』1970年12月21日付朝刊1面、琉球新報社編『世替わり裏面史』（琉球新報社）参照。

12月21日（月）晴

局長会議。昨日のコザの暴動についての意見交換。一一・三〇～四時、ベンム〈高等弁務官会見。私の立場を話し、ベンム官の言い分を聞く。

昨日のベンム官の声明書の二、三のケ〈カ〉所について私から懇談の形で、県民の怒り、不平、不満、反屈の実情を伝える。

声明書の高姿勢を指摘し、反省を促す。糸満の婦人レキ殺加害者の無罪判決に対する県民の非常な憤りを充分伝え、毒ガス撤去にからませての威圧的声明に強く抗議する。

私は充分云うべき事を云ったと思う。軍雇用者の解雇来年の六月一日までに三〇〇〇人解雇との事。全くやり切れない。*4 又又《またまた》大きな刺激となって全軍労や県労協がゆれ動く事だろう。今年の年末も又、今までにない大事件が起ってしまった。コザの暴動、それに加うるに軍雇用者の大量解雇が発表された。目もあてられぬ。情無し。（後略）

12月23日（水）晴

九・三〇分、人民党瀬長〈亀次郎〉国会議員と仲松〈庸全〉、古堅〈実吉〉氏申し出あり。一一、社会党赤松副委員長来訪。（後略）

12月24日（木）晴

（前略）十時から民政府でヘイズ少将の毒ガス撤去についての説

12月26日	屋良・愛知外相会談
12月29日	屋良・マイヤー駐日米大使会談
12月31日	国頭山中で実施予定の米海兵隊大規模実弾射撃演習は住民の実力阻止行動で中止

〈コザ騒動の経過〉

＊4　高等弁務官スポークスマンは12月21日、在沖米軍基地の縮小と兵力の策編成について、沖縄人雇用員約３千人が解雇されると発表した。（『琉球新報』1970年12月22日付朝刊）

明会。二時間半にわたって説明。質疑応答続く。新しい何物も出ない。（中略）公舎に三時に帰る。副主席、総務局長来訪。会計検査院委員長の再任人事の件相談あり。その時、自民党は仲村栄春氏の住宅公社総裁をキョヒ〈拒否〉したとの悲報に接す。報復人事の目に余る干渉だ。許すべからざる事だ。仲村氏にすまない。どう処遇すべきや。悩みは限りなく続く。心もあわただしく昭洋君の結婚の話し合い、朝夫君の台湾行きの台南の宿の心配、内外共に心労限りなし。家庭のこの状況を後に県内年賀状さえ書けずに上京する。勤めとは云え辛い。家庭、〈琉球〉政府、対米関係、対日関係、何一つとっても苦悩の種子。五時十五分のヒ行機で又上京す。今日は副主席以下、多くの局長、政府職員見送りに見える（中略）多くの方々に見送られて定刻に出発、二時間後には羽田つく。見送りに仲村栄春氏も見えた。私は胸の中はにえくり返る様な憤まんを覚え、彼の様な誠実な人を殺す政党根性に無限の憤りを覚えた。仲村氏に詫びの仕様もない。羽田では報道陣のフラッシュを浴びる。一寸の間記者会見。（後略）

12月25日（金）小雨

八時朝食。〈日本〉経済新聞の「私の履歴書」[*5]を読む。今日のは教育法の日本国民宣言の項で、大変山場だった。之は広く読まれているらしい。八時半、宮城局長、里〈春夫〉部長来訪。打ち合わせ。十時山野長官に一時間位話し、安里積千代代議士の室屋を訪ね、上原、喜屋武、瀬長、国場、西銘氏に会って予算の件協力依頼。一時〜一時二〇分山中長官に。時間が足りず二時十分から再び会って予算の件要請する。それが終って事ム所に行って里君から記念国体の予算について聞き、副主席に連絡。今日は通産局長にもパイロット訓練所の件念を押す。夕食を事務所二階の食堂で取り帰る。ホテルの散髪屋で散髪する一八〇〇円料金

＊5　当時、日本経済新聞に連載中の屋良の「私の履歴書」。

にはぶったまげた。（後略）

12月26日（土）晴

十時南援。会長、副会長、吉田専務に会って予算関係で情報をさぐる。（中略）二・三〇、外ム大臣に会う。[*6] 今日は多くを語らず、二人で話し度《た》いとの事。遂に大臣泣き出され、戸惑いする。真面目に当ってもらっている事に違いない。私は評価する。やはりその職にあたる人の苦悩を見て何とも云えない。（後略）

琉球政府メモ

12月26日

愛知外相

1、非常に深刻沈痛な表情で、全く同感であるので、要望の諸件については、引き続き米側と折衝していく。

2、裁判権

軍裁判から民裁判に移管し、陪審員に沖縄側から加えてやっていく等で改善の方法はあると思う。

3、国頭の射撃場中止については話し合いをすすめている。

4、毒ガス撤去の際、専門技術者、専門家派遣する。それは米側の了解も取りつけてある。

＊6　屋良は①裁判権の早急に移管②毒ガスの完全撤去③基地の縮小計画を要請した。（『琉球新報』1970年12月27日付朝刊参照）

12月27日（日）晴

八時頃まで休む。国場〈幸昌〉議員から電話。間もなく来訪あり。予算関係懇談。里君を呼んで予算の勉強会。宮城君も来て話し合う。十一時頃喜屋武君も来訪。予算関係その他の事について話し合う。（後略）

12月28日（月）晴

昨夜はよくねむれなかった感じ。普通に起きて十時半まで予算資料に目を通し、十一時↓午後一時、マイヤー大使[*7]会見。糸満の問題、コザの問題、毒ガス撤去の問題、軍雇用者の解雇問題、国頭の射撃場の問題等応答二時間に及ぶ。（中略）次官折衝で二〇億くらい復活で当初の要求に甚だ遠い。がっかりする。六〇〇億くらいに乗せる為には只大臣折衝に一る〈一縷〉の望みを託するのみ。宮古からパイロットの件で大騒ぎした電報あり。今度の予算は物すごくピンチに追い込まれていきそうな気がする。破局あるのみか。（後略）

琉球政府メモ

昭和45年12月28日　11：00〜13：00

主席、大嶺、大城

マイヤー大使、ダルトン二等書記官

1、糸満の事件

2、毒ガス撤去事件

＊7　アーミン・H・マイヤー（Armin Henry Meyer）1914〜2006年。1969年から72年まで駐日大使を務め沖縄返還協定の作成に深くかかわった。

3、国頭実弾射撃演習場の件
4、解雇問題
雇用形態（間）
5、準備委員会への沖縄側の提案

1、2、3の要請に対し大使の見解。
1、沖縄での出来事に関しては、米側の責任者はランパート弁務官[*8]であるので、弁務官が主席に話した事を知っている。
2、日米関係という広い観点から、沖縄が日本に復帰するという目的がある。1969年11月、佐藤・ニクソン会談の結果、1972年には復帰する目的は変わらない。二人の首脳者が返還に当って円滑に行われることを期待するとある。共同の目標は、私にとって、それは命令と考えている。
3、主席の指摘のとおり、相互信頼が必要であり、同感である。その目標のためにアメリカ人、沖縄住民の問題について理解することが必要である。
4、主席の具体的な問題、提案に対しては私がコメントすることは、ランパート高等弁務官が云った以上には云えない。ランパート弁務官も一緒に問題解決のために、いろいろな努力を払うことを確信する。例えば、琉警と憲兵隊との相互協定に基づいて事件解決の改善に努力している。（交通の防止策）
5、施政が25カ年間続き、後1年半で終結となることが決定されている事態から、関係者には不安や興奮状態や混乱を起すかもしれない。例えば、コザ市

＊8　ジェームス・B・ランパート（James Benjamin Lampert）1914～1978年。太平洋戦争中、ブーゲンビル、ルソン島攻撃などに参加。戦後、マンハッタン計画（原爆製造計画）行政将校、ベトナム軍事援助顧問団、陸軍士官学校校長、国防副次官補を経て1969年1月から72年5月まで最後の高等弁務官。

の事件等。お願いしたいことは、残る期間、沖縄側の利害、米側の利害になるものを処理し、暴力をさけるのが賢明と考えている。（中略）

質問

・裁判権…わからない。ランパート高等弁務官と話してくれ。
・予定通り撤去するか（ガス）
影響はない。ジョンストン島に移動する以外の計画はない。
・射撃場
コメントできない。
・全軍労
ランパート高等弁務官の管轄にある。現実に即して施設の消滅に伴う解雇者について弁務官は、それ等の福祉面に努力していると思う。（後略）

12月29日（火）晴

（前略）一時半、山中〈貞則・総務〉長官に会う。大臣折衝で予算の多くはついたと云う。総予算六一五億円。去年より七三％位の増。要求額の八二％位。とにかく六〇〇億台を獲得出来たのでまあ良かったと思う。山中総務長官の御力に負う所多し。感謝の外なし。これで決して充分とは云えないが大体こんなものだろうと思う。過去四年の本土政府予算の歩みを見ると二五〇―二二七―三五〇―六一五と変化している。二二七からが就任後の予算である。（中略）一昨日から昨日、今日と夢の様な三日であった。何と心配し何とあせり、何と苦しみ、何と救われ、何と不安をかかえた事だろう。

12月31日（木）晴

七時半に出発。九時二十分頃出発、十二時頃つく。（中略）ヒ行場で高等ベンム官と電話連絡。国頭の実弾演習についての事故及び状況について連絡あり。[*9] 又事件が一つ起きた。何たる因果か。公舎に帰って新垣本部長から二度にわたって報告あり。演習は一応中止したとの事。アメリカ軍は何と無神経な事のみくり返すのだろう。（後略）

＊9　米軍は12月21日、国頭村の山中で大規模な実弾演習を実施すると通告。同村村長を先頭に住民らが実力で阻止闘争し、12月31日に演習中止に追い込まれた。

解説

米国統治の破綻象徴

宮城　修

１９７０年12月20日未明、基地の街コザ市（現沖縄市）で、交通事故処理をきっかけに、数千人の住民が６時間にわたって米軍車両、米民間人乗用車を次々焼き払った。先導者がいたわけではなく自然発生だった。圧倒的な力を持った統治者に対する住民の実力行使は、沖縄戦後史の中でも異例の事態だ。けが人は出たが、一人の死者もなく、車両や建物が対象となった。黒焦げになって路上にひっくり返る車両は、沖縄統治の破綻を象徴していた。

激増する事件事故

事件は起こるべくして起こった。米国統治下の沖縄は、すべてが軍事優先で住民の安全、人権はないがしろにされた。米軍人・軍属による犯罪は、ベトナム戦争がエスカレートする１９６０年代半ばに年間千件を超えた。コザ騒動が発生した70年は９６０件に上った。

琉球警察は、米軍人・軍属の捜査権がない。例えば、交通事故の加害者が公務外で、現行犯逮捕が可能であっても逮捕できない。沖縄側は米軍人に対する裁判権もなかった。米軍法会議で加害者が無罪になるケースも少なくない。立法院は、捜査権・逮捕権・裁判権の沖縄側への移管を求め続けたが、改善されなかった。

コザ騒動の直前の12月11日、酒酔いとスピード違反で糸満町（現糸満市）の女性をひき殺した米兵が米軍法会議で無罪になった。この判決に対する反発が全琉に広がった。加えて毒ガス撤去を求める県民集会が19日午後、事件現場近くの美里村（現沖縄市）で開かれ、反米感情が高まっていた。そして20日未明、コザ市で住民が米兵にはねられる交通事故が発生した。集まった市民に対する威嚇発砲をきっかけに、車両に火が放たれた。

屋良はハワイ視察を終えて19日夕、東京に着いた。翌20日早朝、琉球政府からコザ騒動の緊急連絡を受けた。同日、毒ガス問題で外相愛知揆一や駐日米大使マイヤーと面談予定だったが、取りやめて即帰任した。

「帝王」の凋落

コザ騒動に対し、沖縄統治の最高責任者ランパートは、歴代弁務官同様、強硬策と分断して統治するスタイルを踏襲した。

まず住民の行為を「ジャングルの掟《おきて》」と非難する声明を発表した。*1 騒ぎが収まらなければ、毒ガスの撤去を延期すると脅す。事件発生直後、高等弁務官名でコザ一帯に軍人・軍属と家族の外出を全面禁止する「コ

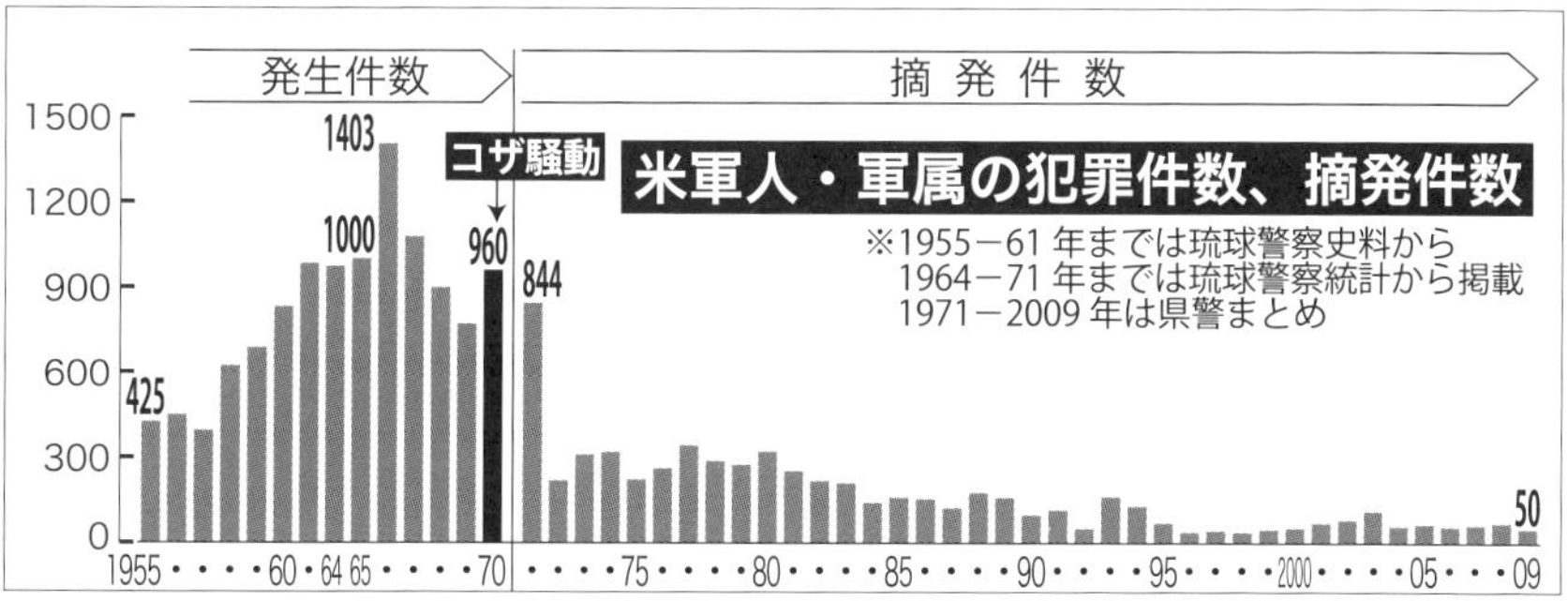

ンディション・グリーン1」を発令した。その後レベルを「コンディション・グリーン」に切り替え、午前0時から午前6時までの外出を事実上禁止した。安全確保を名目としているが、収入の8割を基地に依存するコザ市民にとって経済制裁に等しい。

ここまでは、歴代高等弁務官の手法と同じである。しかし決定的に違う点がある。69年の日米共同声明によって、1年半もすれば沖縄の施政権は日本に返還され、ランパートは去る。「帝王」といわれ絶大な権力を握っていた高等弁務官だが、日米共同声明以後、影響力を失っていく。騒動に関する高圧的なランパート声明は、沖縄の反発を増幅させるだけだった。

21日にランパートと会談した屋良は「ジャングルの掟《おきて》」声明は高姿勢だと指摘し反省を促した。同時に糸満の女性れき殺加害者の無罪判決に対する県民の憤りを伝えている。[*2] これに対しランパートは、事件当日に屋良の不在を残念がった。将来同様の事態が起きたら、一緒にテレビとラジオで呼び掛けようと持ちかけた。公選主席の力に頼らざるをえない心情を吐露したといえる。[*3]

コザ騒動についてランパートは、琉米関係にとって「都合のよくない時代の始まり」[*4]と大使館に報告した。「日本政府による施政権行使が開始され、地位協定が効力を発揮するまで続くだろう」[*5]と事実上統治が破綻している事を認めている。

傍観者

日米両政府とも事態収拾の有効策はなかった。事件直後の12月22日、駐日米大使マイヤーと会談した外相愛知揆一は、事件の背景となった刑事裁判権の沖縄への移管を議題にのせた。米側は議会の承認が必要で、施政権返還までに間に合わないとして拒否した。[*6]

打開策を見いだせないまま愛知は26日、屋良と二人だけで会談した。屋良の日記によると、愛知は涙を流し、沖縄側の要望について米側と折衝していくと約束した。[*7] 一方、28日に屋良と会談したマイヤーは、ランパートに任せていると繰り返し、傍観者の立場をとった。[*8] USCAR法務局は、糸満の女性れき殺事件の判決を検証していた。71年1月に「誤審」だったと結論付けた機密報告書をランパートに提出している。報告書は「判決への批判を高めるだけで生産的でない」として日本政府や琉球政府にこの事実を知らせないよう進言した。結局、日米は軍法会議に沖縄代表をオブザーバー参加させることで、裁判権移管問題の決着を図った。[*9]

このように統治が破綻する中で、軍の論理だけが貫かれていく。コザ騒動翌日の21日、米軍は在日米軍の整理縮小の一環として、横田基地（東京都）のF4戦闘機36機を沖縄に移駐すると発表した。同日、国頭村安田などに広がる森林地帯で大規模実弾射撃訓練を実施することも明らかにした。沖縄の基地負担を増やし、自然を破壊する行動こそ「ジャングルの掟」そのものといえよう。住民はもはや体を張って抵抗せざるを得なくなった。国頭村長を先頭に阻止隊を組織して山中の訓練場に突入した。命がけの行為によって12月31日、訓練を中止に追い込んだ。

＊

1 本書「ランパート高等弁務官声明（抜粋）」56ページ参照。
2 『屋良日記』1979年12月21日付。
3 本書「開封」69ページ参照。
4 1971年1月13日付東京大使館発国務省宛電文「コザ事件の意味」（国務省文書）。
5 同右「コザ事件の意味」。
6 『琉球新報』2012年1月4日付朝刊。
7 『屋良日記』1970年12月26日付。
8 本書「琉球政府メモ」1970年12月28日付60ページ参照。
9 『琉球新報』2012年1月3日付朝刊。

――主席「抑圧感情が爆発」

屋良主席とランパート高等弁務官はコザ騒動の翌日に会見し、今後の対応を協議していた。沖縄県公文書館所蔵資料から一部紹介する。（抄訳　仲本和彦・戦後史研究家）

■1970年12月21日高等弁務官・主席会談録（USCAR渉外局文書・U81100953B）

（前略）弁務官は次のように述べた。

糸満での事件の顛末に対する沖縄の人々の怒りは承知している。しかし民政官とともに何度か指摘したように、弁務官といえども軍法会議の結果に干渉する、あるいは結果を変えることはできない、裁判は米国の制度の厳格な規定にのっとって行われたものである。また、毒ガスに対する沖縄の人々の懸念も承知している。（中略）弁務官は、騒動のいくつかの要因には理解を示しつつも、集団暴力が問題解決の手段ではないことを強調し、次のように述べた。沖縄での暴徒行為は沖縄にいる米兵の怒りを買うものである。弁務官としてはそのような怒りを鎮めるよう、そして米兵と地元との相互理解増進のために、自らの権限で可能な限りのことを行うつもりである。（中略）

琉球警察は現場に着いてからは効果的な働きをしたものの、そこに到着するまでに時間がかかった。むしろ憲兵隊のほうが迅速に現場に到着していた。主席には問題の分析及び将来新たな騒動が起こった場合、琉球警察がより迅速に現場に着けるよう新

たな方法を検討してもらいたい。(中略)
騒動が起きた時、主席が沖縄にいなかったことを残念に思う。というのも、もしも即座にテレビを通じて暴力を止めて秩序を回復するよう住民に求めていれば、事態を沈静化するのに相当な効果を発揮しただろう。将来同じような事件が起きた場合、主席と一緒にテレビとラジオから呼び掛けるつもりである。東京から戻った後に、住民に対して落ち着いて行動し、再び事件を起こさないよう声明を発したことは評価しているが、琉球政府はそのような暴徒行為の勃発を決して許容するものではないとの声明を発表することを検討してほしい。
(中略)主席は次のように述べた。
今回の事件をたいへん遺憾に思う。あのような激しい暴徒行為が発生したことで弁務官がひどく落胆したことは理解できる。しかしながら、騒動は沖縄の人々の抑圧された感情が自然に爆発したものであるという印象を持っている。暴徒は、主導者がおらず、外部からの人もいたものの、大方はコザ市民であった。参加者は最近沖縄で起こっていること、特に糸満事件とその裁判に激しい不満と失望を感じていて、コザで起きた交通事故がその怒りに火を付けた。1963年に米兵によって引き起こされ、後に無罪となった国場君事件のように、糸満事件でも米兵には何の処罰も与えられず、米国政府が沖縄で治外法権を行使しようとしたことが、沖縄の人々の逆鱗に触れた。米琉のよりよい関係作りに一生懸命取り組んでいる弁務官にこの事件の報告をすることをたいへん遺憾に思うし、決して暴力を容認するものではないが、自分には最近の出来事に対する沖縄の人々の強い不満を弁務官に伝える義務がある。

毒ガス移送に対する不安解消と糸満事件に対する何らかの賠償がなされなければ人々の態度や沖縄の状況は改善しない。沖縄の人間は本来、その感情に火を付けるような何か深刻なことが起きない限りおとなしい。ほかに頼るものがなければ、コザで起きたような騒動こそが弱者が感情を表現できる唯一の手段である。弁務官にはこのことを理解してほしい。弁務官の12月20日のテレビとラジオでの声明で、沖縄の人々は、弁務官の態度を「高飛車」で、内容も「不快で挑発的」だとの印象を持った。地元の人々の感情を鎮めるためにあらゆる努力をすべきで、声明などで「火に油を注ぐ」ことは慎むべきである。（後略）

第1次毒ガス移送

混乱収拾で2日間延期
最大のピンチ切り抜ける

日記● 1970年12月7日～1971年1月13日

こんな物騒な物はなぜ必要なのか

琉球政府メモ

昭和45年12月7日

民政官との面談

毒ガス問題について抗議

民政官

1、USA場所決定。日数を要す。ジョンストン島決定。施設―日時を要する。一部出来たので近日中に150屯移し、復帰までには全部撤去という事になった。

2、力を入れている事。安全性確保、安全措置については訓練くりかえす。いかなる細い点もてん検、最大安全方法を講じている事は言明出来る。

3、抗議は上司に報告する。ジョンストン島に1日も早く設備出来次第移す。絶対安全保証明言明出来る。

4、附加したい事

移送日時確定次第、主席、報道関係に計画の詳細を連絡する。従来の立場と違い措置に対し、民主的立場、人道的立場から絶対に承認出来ないと再抗議、撤去を協力に要求。

（後略）

琉球政府メモ

昭和46年1月6日

高等弁務官との会見

1、安全度については既に配布してある化学兵器の移送計画に示されている通りである。

2、移送は10日から12日の間に行う。

3、早く完全撤去、要求の理解につとめ上司につたえる。事前通告は要望通りする。

4、陸上、海上の安全対策、最高度万一の準備を考慮（トラックについている人の任務）。

5、広報活動

地元関係者に説明してもよい。移送の日にはマスクをかけずに輸送現地に行く。主席もついていく。

6、移送道路の変更

危険性全然なし（ヘイズ少将）道路の変更2、3ケ所検討。条件としては坂道でないこと、急カーブがないこと。予定道路提案、検討する。

7、月曜

二組のトラック隊計画通り。月以後において代道路の変更、大量輸送以前に検討。琉政—専門家—結論—莫大な費用、日時を要する。全力を尽くして検討する。新道路↓住宅外↓居住地を通らずに出来れば幸いである。ただちに検討。しかし沿道の住民には絶対に不安なしと断言する。

8、種類　発表を検討

9、10名受け入れる—積込み荷物立ち合い

最終的リスト

10、費用

移送に必要な費用

ジョンストン島の施設

それ以外の経費の負担不能

追加の分—関係者に連絡—協力

（質問）

1、本土、米国の誠意

2、安全規準

3、完全に安全準備を整えてから実施すべきではないか。

1月8日（金）晴

今日は昭洋君の結婚の日。めでたし。願わくばつつがなく式典が行われ、そして将来の幸福に堅実なる一歩をふみ出さんことを神かけて祈る。（中略）最愛の息子の結婚だ。兄等も幸福にやっている同様、昭洋君も幸せにと祈り、今日の日を幸せに優先に過したい。（中略）本土政府派遣毒ガス専門官来訪。三〇分程話し合う。後で記者会見してもらう。総務局長から会見の模様報告あり。安里議員来訪。復帰協仲宗根〈悟〉君、嶺井君外来訪、要請。

コザ事件の被疑者九名たい捕するとの事。又又《またまた》問題はこじれていく。如何に処するや。迷うこ

■ 第１次毒ガス移送の経過

1969

- 7月18日 米紙が沖縄に毒ガス兵器が配備されていると報道

1970

- 12月5日 米国防総省、毒ガス兵器のうちマスタードガス150トンの移送発表

1971

- 1月1日 米軍、第１次移送は１月11日と発表
- 1月6日 屋良主席・ランパート高等弁務官会談
  毒ガス撤去対策本部、美里村と意見交換会
- 1月8日 日本政府と琉球政府による専門家の調査団がそれぞれ来沖
- 1月9日 屋良・ランパート会談
- 1月10日 対策本部が美里村（現沖縄市）で対話集会。美里村、復帰協議、移送阻止を決定。
  中頭地区教職員会が北美小で移送阻止大会。屋良主席、ランパート高等弁務官に移送の２日延期要請
- 1月11日 未明に米国が移送２日延期決定
  屋良主席、革新諸団体と意見交換。対策本部、美里村の各自治体と意見交換

毒ガス移送で記者会見する屋良朝苗主席＝1971年1月11日＝主席室

- 1月13日 移送開始
- 1月14日 毒ガスを積んだ米船ロビンソン号、ジョンストン島へ出航

とばかり。余りにかこく〈過酷〉に問題が多過ぎる。でもたえて行かねば、乗りこえていかねば。民族の十字架だ。長哲夫先生〈東大工学部助教授〉、阿達憲〈2等陸佐〈陸上幕僚監部化学課〉外一人、千葉〈一夫外務省北米一〉課長等。第二陣田村三郎〈東大農学部〉教授、森敏氏、小山内宏氏〈軍事評論家〉等。両組意見の食い違いがなければよいがと祈念する。只祈念する。（中略）ゆうな荘は式場準備完了。オードブルも御土産も上々。しばらく待機。（中略）入場、仲宗根先生のあいさつと進み、予定通り一時間半で終る。あいさつも余興も上々。これで昭洋君も身を固め披露もすまして一安心。

披露宴の始る前にサンキー氏から、明日の十時からランパートが二人で会いたいとの事告げてきた。引受けた。（後略）

1月9日（土）晴

九時、県労協議長外二人要請。十時、高等ベンム〈弁務官〉に会う。十二時過ぎまで。毒ガス撤去について意見の交換。輸送準備完了との事。私の方から琉政の招へい専門家に基地内で現物を見せ点検させる事、要請了解。輸送ルートの変更については検討するとの事で、これ以上進展なし。（中略）

五時、本土政府調査団来訪。[*1] 一時間位報告。安全性を強調。後で記者会見をしてもらう。

九時過ぎに琉政招へい調査団、[*2] 点検調査から帰る。対策協全員集まり調査団の報告を受け質疑応答。その記者会見の中から、又報告の中から毒ガスに関し絶対安全

＊1　団長・田辺博通（沖縄対策庁調整部長）、千葉一夫（外務省北米一課長）、長哲夫（東大工学部助教授）、阿達憲2等陸佐の各氏。

2　田村三郎（東大農学部教授）、森敏（同助手）、小山内宏（軍事評論家）、和気朗（厚生技官）の各氏。

3　琉球放送ラジオで1月10日午前8時45分放送の「琉球政府の窓」の意味か。

という事はあり得ないが、運搬方法によって危険緩和は出来る。例えばトレーラーを道路の中央を通す等等の発言から、移送中止主張とは受け取れず。それで先生方に帰ってもらい、今回に限り移送を認める事にして、その対策を講じた。午前三時、私から政府の決定について発表。更に全県民へのアピールを政府の窓[*3]から送る事に。録音して帰る。四時になる。それから軽い食事をとり五時に休む。

琉球政府メモ

昭和46年1月9日

高等弁務官との会見

（前略）

弁務官

不幸にして移送延期、待機—主席の要請があれば、ワシントンに取りつぐ。それは実現できるだろう。

絶対オフレコ。

②極度に微妙。口外せず

琉政のよんだ専門家は比の種の専門家ではない。本土政府派遣の2人の自衛隊の将校は技術専門家。ヘイズ少将も権威ある専門家である。4人の中には過去において、米国に非友好的な人もいる。彼等が点検の結果、声明すると、力になってくれる声明はしないのではないか。政治的に利用される恐れがある。彼等に点検を許した〈私の〉気持ちを理解してほしい。客観的な結果が出されるかも知れない。将来——ジョンストン島設備完了次第大量移送をする。立会人ー静かに検討。皆にとって承諾出来る立会人を立会わす事が大事な事である。この話〈を主席にするの〉は不本意である。しかし考え如何《いかん》にかかわらず〈主席の〉立場を尊重する。（後略）

1月10日（日）晴

十時半頃までねる。十二時出発。昭彦君京都へ帰る。一時、福地〈曠昭〉、仲吉〈良新〉*4君等見える。教職員も労組も、今や私にとっては何の力にもなってもらえず、私は全く大事な仕事に足をすくわれている形である。

二時に美里〈村〉の話し合いへ。琉政招へいの調査団四人も出席。その手配も悪かったのか。しかし又、日政府派けん調査団を一緒するわけにもいかない。会合は目的は達し得ず、ますます紛きゅうする丈《だけ》である。事態は悪化させるだけで六時頃終る。何等《なんら》施す術もなく、全く御手《おて》あげである。

一応政府に帰り、十時からベンム官に会う。高瀬〈侍郎〉大使*5、ヘイズ少将立ち会い。悲痛の中で二日延期して帰る。記者に追いまわされ、大混乱に陥る。絶対絶命に追い込まれる。午前一時頃から局長会議、合同対策会議。私は先に帰さる。しかし朝、未明又《また》、革丸〈革マル〉学生三〇名位によって基地荒らしあり、又その責も私に来る。はちの巣をついた有様だ。就任以来最大のピンチに見舞わる。

＊4　仲吉良新（なかよし・りょうしん）　1931 ～ 1991年。沖縄官公労を結成し初代委員長。沖縄原水協理事長、県労協議長、自治労副委員長。

5　高瀬侍郎（たかせ・じろう）1906 ～ 1992年。外交官。ビルマ（現ミャンマー）大使を経て68年から日米琉諮問委員会日本政府代表、70年から沖縄復帰準備委員会日本政府代表で沖縄赴任当時「沖縄大使」と呼ばれた。75年に沖縄国際海洋博覧会日本政府代表を務めた。79年から91年まで拓殖大学総長。

昭和46年1月10日　ＰＭ10：50～12：30

弁務官との会見

毒ガス移送２日間延期要請に対して

弁ム官

・ひどく失望している。琉球政府招請の学者の意見をきいて解決されるものと思っていた。毒ガス移送のためにアメリカ合衆国は多大な費用をついやしている。例えば、船は特別なものを用意しなければならないし、そうして安全性を確保するため米本国より25人の専門家が沖縄現地に派遣され、仕事をしている。この重要な責任ある人々の費用、そしてこの人々は不便をかこっている。

（中略）

・避難は必要ないと考えているが、12月20日にテレビで演説[*6]し批判された。今度撤去すると撤去延期ということで批判した。今となって延期してくれとは皮肉ですね。今度の会[*7]に集まっ

美里村民と話し合う屋良＝1971年1月10日

＊6　コザ騒動の際の弁務官声明。混乱が収まらなければ毒ガス撤去を延期すると表明。
　7　琉球政府の対策本部と美里村の話し合い。

た人々は沿道の人々だけですか。あるいは那覇、その他の地域からの人々も一緒でしたか。（中略）

・当日のために本土、外国から多くの記者が来島している。ワシントンが延期を受諾したら批判される。何故《なぜ》なら化学兵器の輸送は沖縄側に要求されて実施されるからである。

若《も》し例えば2日間の延期願いをワシントンが受諾したら声明文を出す。完全に搬出するために2、3日必要で、延期は主席が早急に必要であると要求したから延期すると記者団に言ってよいか。批判の目が向けられるので、主席として2日間の延期の間に主席の責任を果すといってよいか。間違ったことはしたくないし、反ばくされたくもないからである。（中略）

〈ヘイズ少将〉*8

方法如何《いかん》にかかわらず、阻止する人々のなかに真剣に阻止とのことですか、あるいは米国に対していやな気持ちを与えるため、あるいは他人に刺激を与えるためか。本当に反対しているのはわずかの人かもしれん。実際に数が少なければ排除して通れませんか。部落の人々全部と思うか。１０００人位阻止行動に出るんでしたら、毒ガスに対して何も恐怖をもっていないではないか。

（主席怒る。何も理くつだけで割り切れる世の中であるなら、私もこんなに苦悩はせん。そこに私の悩みもある）

私は延期するのに同意しかねます。これまでの話の中から、延期することはあり得ないと思っている。

＊8　原文は発言者を明記していないが、屋良朝苗著『激動八年　屋良朝苗回想録』62～63ページを参考に発言者を補った。

〈弁務官〉

ワシントンに要請するが、返事はしばらくまつ。そして追加して申し上げたいことは、もし延期後に同じ状況になれば、私達の事態はもっと混乱するものと考えている。

1月11日（火）晴

朝から各団体幹部に会う。教職員会幹部、中部教職員会長有銘氏、復帰〈協〉会長、仲宗根氏、社大党議員団、国会議員団、復帰協執行委員、社会党等。

その中から一致した要求は、沿道住民のヒなん〈避難〉を認めてもらいたいとの事であった。一日懊悩《おうのう》の日は続く。夜十時—〈午前〉三時まで夜半の局長会議を開催す。表現の仕方はともかくとして沿道住民をヒなんせしめる事にした。自主的ヒなんとは云っても、交通ヒ等バスの配置等については考える事に、総務局長との間で話し合った。各部落との懇談会は当初私が考えていた様な事は行われなかった様だ。むしろ美里の対話集会の様な説明会であった様だ。（中略）今朝三時過ぎ、ナポレオンを小さいコップ一ぱいのんでねる。よく休めた。

1月12日（水）晴

八時十五分までよく休む。ゆで卵を一つほおばって又、今日のいばらの勤務に出かける。昨夜朝夫夫婦も心配して来ていた。今朝も新聞を見て電話があった。九時までに出勤する。美里、具志川、石川を含めて各市長交え局長会議。各市長方も政府の方針を了承した由である。

今日は天気極めて晴朗。四囲おだやかである。二日間の移送延期は良かった。やはり時をかす事は良い事だ。中部教職員会長からも方針了承と来た由。しかし仕事は明日から始る事だから明日一日が一か八かの山場である。（中略）きっとこんなに騒がれた明日の毒ガス撤去一陣も、無事にすますであろう。天よ御仏よ幸運の神よ、見守っていただきたい。

復帰協も協力決定。教職員会も協力決定、中部教職員会も協力決定、登川部落移送阻止せず協力決定の情報ニウス〈ニュース〉あり。之で明日の移送は成功の見通しがついた。ほんとに二日間の延期が的確に効を奏した。

これには以前から、くわしくは一月九日の私の予想に基づく弁ム官への打診が又的確だった。夜、夜中の会見、実施延期の申し出事前に予想して、申し出で了解を取りつけてあった事が明洞察した行動だったと思う。今日は昨日と変って天気も良し、気分も明朗。安堵したという所である。新垣本部長より北美小に集会をもっている教職員（その中に一〇〇名くらいの急進学生を含む）の状況報告あり。（後略）

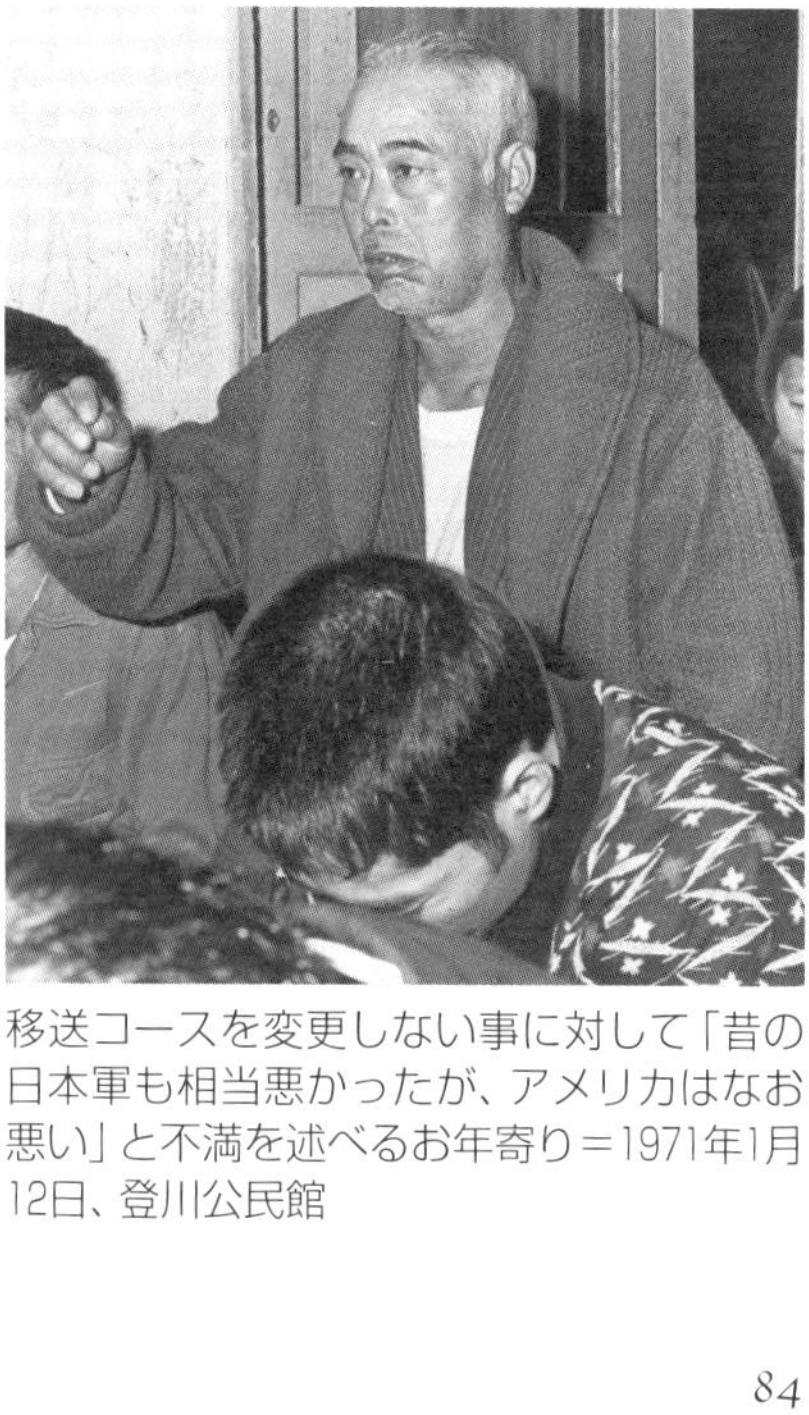

移送コースを変更しない事に対して「昔の日本軍も相当悪かったが、アメリカはなお悪い」と不満を述べるお年寄り＝1971年1月12日、登川公民館

1月13日（木）晴

運命の日。天気日本晴れ。七時半、本部長より状況報告。七・四五分、高等弁務官に情勢報告。先ず無事移送出来る状況を確信し、八時十五分、キャンプヘーグ前本部に出かける。九時十五分頃つく。直ちに沿道視察。天願サン〈浅〉橋まで見てまわる。

時間は刻々過ぎて正十時、移送車は発車したとの情報入る。十二、三分で本部前を通る事になる。先頭者車見え次々と続き、遂に毒ガス搭載のトレーラーが現れてまたたく間に本部前を無事通過。二台目、三台目、四台目、五台目、次々と通過。側面にも後方にも何れも毒、爆発物と物々しく書かれている。こんな物騒な物は平和を希求する世界、人類社会に何故《なぜ》に必要なのか。私は誠に不思議な気持にとらわれた。人類世界のあさましい一面を見せつけられた感じが切であった。

かくて第一陣は天願サン橋に無事ついたとの報に接す。私ははじめから心配は要らぬと思っていた。別に意外とは思わなかった。かくて十二時、第二陣が出る前に記者会見あり。又高等弁務官との会見あり。第二陣正十二時移送車出発の報あり。やがて一台、二台、三台、四台通過。

ここで疑問が起る。騒然。五台と思ったのに四台で終った。どうした事かと物議をかもし、本部は重苦しい空気に包まれた。とにかく新聞記者会見にも苦しいインタビューをし報告を待つ。仲松労働局長から弁務官の言として九台に一五〇屯全部運び出したとの事。

これでは承知しない。私は直ちに天願サン橋に高等弁務官やヘイズ少将に質《ただ》しに行く。すったも

毒ガス移送の間、万一の事故に備え、移送コース沿道住民約５千人が北部に集団避難した＝1971年1月13日、宜野座村漢那公民館（撮影・山城博明）

んだの末、二隊の調査団、米当局との談合によりガス弾を点検して一五〇屯をたしかめる事にした。知念副主席が中心となり和気朗、田村三郎、小山内宏氏外自衛隊から一人、主として副主席と田村先生が点検。重量等異常なしと分り納得す。

この問題に対し私の問題解明の態度に千葉〈一夫・外務省アメリカ局北米一課〉課長が不満らしい態度を示す。あの態度は誠に官僚的、けしからん態度と思う。この様な気持でアメリカに当っては大変ではないか。

一応たしかめたので関係者立ち会い記者会見。ヘイズ少将の説明、副主席の説明、質疑応答あって終る。これで今日の移送は見届けられて帰る。途中東急ホテルで総ム長官にあいさつ。帰って局長会議、副主席からガス弾をたしかめた連絡報告あり。六時からの総ム長官の招宴（那ハ料亭）に各局長と共にのぞむ。（中略）

今度の毒ガス移送について、この二日の延期は非常に当を得た措置であったと思う。之より長びいても不可、短かくても不可。何れにしても私の運命を決するピンチだった。これを切りぬける事が出来た。（中略）私には未だ仕事をさせるべき運と神仏の加護があるものと思う。安心した。今日はゆっくり休むとしよう。しかし家内は風邪をひいている。精神的疲れが出たのだろう。方々から励しの電報、電話あり。殊に比嘉良篤先生から長文の感謝と励しの電報あり。

解説

日米共同、主客転倒の構図

宮城　修

1971年は毒ガス移送問題で明けた。米軍は1月1日、沖縄に貯蔵されていた毒ガスの一部を、1月11日に撤去すると発表した。米紙が初めて報道してから1年半。ようやく撤去が実現することになる。

「この年も気の重い荷物が私を待っている感じ。（中略）昔味わった新年のさわやかさはない」屋良は1月1日の日記にこうつづった。10日前のコザ騒動が象徴するように、米国の沖縄統治は破綻し、社会は混乱していた。公選主席の屋良はのしかかる重圧をひしひしと感じていたようだ。

「プロジェクト112」

毒ガスはジュネーブ協定で使用が禁止されているが、米国は局地戦での使用を想定して1962年から極秘に化学兵器を開発した。化学兵器開発のコードネームは「プロジェクト112」[*1]。沖縄には62年12月1日、化学兵器を扱う第267化学中隊が発足し毒ガスが持ち込まれた。毒ガスは63年5月、64年5月、65年8月に持ち込まれたことが分かっている。マスタードガス、GB（サリン）、VXの3種類1万3千トンが貯蔵された。1億人分の致死量に相当する分量だ。沖縄はまぎれもなくアジア最大の化学兵器備蓄基地だった。化学兵器は知花弾薬庫の「レッド・ハットエリア」に二重の電気フェンスで囲まれた弾薬庫に保管されていた。この弾薬庫は厚いコンクリートでできていた。イヌイットの家イグルーのような形をしていた。武装米兵が四輪駆動車で巡回していた。24時間態勢で軍用犬と米兵も巡回した。

69年7月に貯蔵発覚後、米国は同年中に撤去し、米本国に移送すると発表した。その後、移送先の米国で住民が反対したため、宙に浮く。1年半後の70年12月5日、米国防長官レアードは、ハワイの南西に浮かぶジョンストン島へ移送すると発表した。しかし、ジョンストン島の施設が完成していないため、今回の積み出しはマスタードガス150トン。全量1万3千トンの1・1%にすぎない。屋良は7日、民政官フィアリーに抗議した。*2

移送計画は「レッド・ハット作戦」と呼ばれた。知花弾薬庫から美里、具志川、石川を通って天願桟橋まで運び、船積みする。米軍は安全性を強調し、沿道住民の避難は必要ないと説明した。これに対し、原水爆禁止協議会は、米本国は輸送経路から最低半径8キロ以内の住民は事前避難することになっていると指摘。さらに移送作業者と報道関係者に防毒マスクを配布したため、住民は安全性に強い疑念を抱き、不信感を募らせた。

交渉

琉球政府は毒ガス移送に備えて70年12月17日、日本政府と協議している。日本国内で沖縄のような移送が行われた場合、日本政府は米国が示した移送を認めるか、どういう安全対策をとるかと質問した。日本側が回答を避けたため、琉球政府は手探りで対策をたてるしかなかった。発表から移送まで約10日。時間がない。屋良は、日本政府に調査団派遣を要請。琉球政府も独自に専門家を招き、安全性を確認することにした。

71年1月6日、美里村（現沖縄市）役場で開かれた同村の毒ガス移送安全対策委員会に出席した屋良は、住民に突き上げられた。ランパートは9日、屋良に「（琉球政府調査団の）4人の中には過去において、米国に非友好的な人もいる」[*3]などと不満を表明した。

それでも琉球政府は、両調査団の報告を受けて、最終的に移送計画に同意することにした。しかし住民は納得しない。屋良は10日、琉球政府の全局長、琉球政府調査団とともに美里村の集会に臨んだが、激しく追求され理解を得られなかった。そこで11日の移送は「不可能」と判断、同日深夜ランパートに2日間の延期を申し入れた。

2日延期

ランパートは延期要請をしぶった。そして責任問題を持ち出した。移送責任者のヘイズ（少将）は「1000人位阻止行動に出るんでしたら、毒ガス〈移送〉について何も恐怖をもっていないのではないか。（中略）同意しかねます」と述べた。同席した沖縄大使の高瀬もランパートを支持した。[*4]日米が共同歩調をとり、沖縄に譲歩を迫る構図だ。しかし明らかに主客転倒していた。米国住民の反対に遭って米本国に移送できない毒ガスを、沖縄では沿道住民が同様に反対しても一方的に実施しようとする。毒ガスを持ち込んだのは米軍であり、撤去の責任は米軍にあるはずだ。屋良は憤った。

「あなたたちがそういう態度なら、手を引く」[*5]

ついにランパートは折れた。ワシントンに延期要請があることを伝え、2日間の延期が了承される。屋良は限られた猶予期間中、強硬な中部地区教職員会をはじめ各種団体、政党代表と会い意向を確かめた。避難を希望する住民がいれば協力し、移送時間も変更、次回は移送路の変更を約束し、収拾を図った。

移送当日の13日朝。寝不足のまま屋良は、美里村登川（現沖縄市）のキャンプ・ヘーグに設置された対策本部へ向かった。移送コースと天願桟橋を視察した。沿道住民約5千人は北部に避難し、静まりかえっている。その時の模様は日記[*6]に詳しくつづられている。マスタードガスを積んだ米船ロビンソン号は14日、天願桟橋を離れた。しかし、沖縄にはマスタードガスより致死性の高いサリンが大量に残されたままだった。

＊

1　Summary of Major Events And Problems-United States Army Chemical Corps Fiscal Years 1961-1962 June 1962　米陸軍化学部隊歴史事務所、Organizational History 267th Chemical Company 26 March 1966　第２６７化学中隊司令部作成、米軍の化学兵器開発については、ＮＨＫＢＳ１「プロジェクト１１２　知られざる米軍化学兵器開発」（２０１３年８月13日）参照。

2　『琉球新報』１９７０年12月７日付夕刊。

3　本書「琉球政府メモ」１９７１年１月９日付79ページ参照。

4　本書「琉球政府メモ」１９７１年１月10日付82ページ、「開封」91ページ参照。

5　屋良『屋良朝苗回顧録』１４７ページ。

6　『屋良日記』１９７１年１月13日付。

「第1次毒ガス移送」とびらの写真（73ページ）は、厳戒下、沿道が避難してひっそりした民家の前を通過する毒ガス（マスタードガス）を積んだ米軍トレーラー＝1971年1月13日、美里村（現沖縄市）池原付近（撮影・山城博明）

「安全」繰り返す弁務官

移送延期についての屋良主席とランパート高等弁務官による会談の記録を沖縄県公文書館所蔵資料から一部紹介する。

（抄訳　仲本和彦・戦後史研究家）

■1971年1月10日高等弁務官・主席会談録（オフラハーティ文書・U90007125B）

（前略）屋良は次のように述べた。もし移送が一日、二日延期になれば、住民の空気や感情は緩和し落ち着くだろう。その時間が住民の懸念に対する対策を講じ懸念を和らげる機会となるだろう。それに対して弁務官は次のように述べた。

屋良の発言と移送延期要請に大変失望した。状況を改善する鍵は本土からの専門家の意見を得ることだと思っていたが、今や専門家の意見は住民にとって何の意味も持たない。我々は琉球政府が毒ガス撤去を要求してきたからこそ一次移送のためにできる限りの準備を進めてきた。莫大な費用をかけ、米国からの専門家の招聘を含むさまざまな準備を行ってきた。主席はこれまで何度も説明を受けてきているので理解していると思うが、撤去は全く安全で避難は必要ない。必要なことはむしろ住民が移送道路へ近づかず普段通りの生活をすることだ。（中略）

弁務官は次のように述べた。移送延期は屋良が考えているのとは逆の結果をもたらすように思える。延期は、外部の人間が住民を混乱させ、反対派を組織する時間を与えるものだ。延期した後も反対が続くことが予測できる。また同じような状況に置かれるのではないかと恐れている。ワシントンが延期に同意したとしても、今と同じくらい移送に対する反対が強ければどうするつもりなのか?

屋良は繰り返し時間さえもらえれば状況を救えると思うと述べた。弁務官と高瀬大使は、もし二日延期した後に、住民を説得できずに基本的な状況が変わらない場合、屋良の立場はどうなるかと問い続けた。屋良はついに、自分の立場は非常に厳しく、状況は自分の責任問題に発展するだろうと答えた。(中略)

もしも移送が予定通り1月11日に行われたらどうなるかについて長い時間が割かれた時、屋良は次のように答えた。そうなると、自分の力ではどうしようもない事態になる。実際にどれくらいの人間が移送阻止に動くか予想できない。もしも学生だけなら琉球警察で対処できよう。しかしおそらくは千人以上の住民がある種の活動に参加し、それを少なくとも数千人の外部からの人々が支援することになるだろう。

我々が屋良に対し、移送の妨害行動に参加できるということはすなわち移送が危険ではないということを認めていることになるのではないかと指摘した時、屋良は今の状況は理屈で説明できるようなものではないと激しく反論した。(中略)

会談の最後に弁務官は屋良に対して次のように述べた。移送を遅らせることにとても躊躇している。主席はあらゆる観点から遅らせる理由がないことに理解を示した。しかし、我々は主席からの強い要請や、主席が説明したあらゆる側面、及びマスコミへ発表の内容などを検討した。その結果、弁務官は二日間移送を遅らせるようワシントンに勧告すると述べた。もし二日経っても移送への反対がなくならない場合、我々は将来を深刻なほど複雑にするような、憂慮すべき事態に陥るであろうことを強調した。そして、将来だけでなく今回についても移送を実現できる方法が見つかることを強く要望した。（中略）

会談の間中、高瀬大使は弁務官の立場を強く支持して頼りになる存在だった。（後略）

全軍労48時間スト

労組と業者の板挟みに 山中長官に緊急要請

日記● 1970年1月8日〜1971年2月11日

活路なし。絶体絶命に追い込まれる

1970年1月8日（木）曇、時々雨

（前略）今日から全軍労四八時間ストに突入。不測の事態が起らぬ様に祈り、これを機会に何か前進が見られれば良いがと思う。本土政府に長文の要請電を打つ。（後略）

1月15日（木）雨

（前略）十一時三十分、高等ベンム官と会見。全軍労の件で話し合ったが改善の点、見出せず残念。（中略）全軍労上原氏、友寄氏、仲松局長と話し合いの為に来訪。千葉〈北米一〉課長、[*1]知念副主席懇談。

1月19日（月）晴

今朝0時から全軍労ストに突入す。無力。何の力も出し得ず。申し訳なく又残念至極。（中略）

十一時外務大臣に会いに行く。これも通り一辺の話し合い。外交折衝に依って打開する道は見出せる術もない。千葉課長等やれる丈やったと云うが、通り一辺の連絡で事をすましているのではないか。一国の権威を以って力強く要求しているとは思われない。総務長官も大きい事は云うが、この軍雇用者に関しては何の力にもなり得ない。外務省然り。（後略）

1971年2月2日（火）曇

副主席と懇談、高瀬大使と面談。全軍労の問題について本土政府協力方要請。瀬長浩氏[*2]に会う。（中略）二時前に富川局長、糸洲局長と懇談。全軍労の件と〈毒ガス〉移送コースの件。（中略）七時から励ます会理事会。寒いのに二四名位《くらい》の集まり。話し合いの中に次期知事に立候補の話が出て困ってしまった。最早《もはや》私にはその気持が全然ない。十時頃まで話しは続く。少しばかり盛りの料理と御酒を出す。

2月3日（水）晴

散髪。労働局長、喜友名部長他二名、副主席を交えて対策を話す。名案なし。瀬長浩氏、復帰準備事項をもって来る。瀬長君伸々よくやっている。彼でなければ此《こ》の役はつとまらなかったと思う。昼、公舎へ。石原公安委員長に来てもらって、コザのそうじょう〈騒擾〉事件のと、今度の全軍労ストの件、話し合う。（中略）五時頃、宮里松正氏に来てもらって七時頃まで長時間にわたって懇談す。有意義であった。寒くて早めに寝る。コザの業者、自民党の集り〈コザ市の窮状を打開する懇談会[*3]〉があった。政フ〈府〉

＊1　千葉は全軍労の第二派120時間ストを回避するよう屋良に要請している。

2　瀬長浩（せなが・ひろし）1922 ～ 1997年。琉球政府副主席、復帰対策室長、沖縄銀行頭取などを歴任、行財界のリーダーとして県経済振興に尽力。

からは誰も参加せず。本土政府や軍からも参加していたと云うのに。これ又攻撃の材料となろう。憂いの種子はつきず。

2月4日（土）晴

九時、局長会議。一時半まで続く。（中略）自民党議員団からの訴え、要請があった。全軍労のストの時、第二ゲート前のピケ回避と云う事についてであった。全軍労吉田委員長、友寄書記長、コザ業者代表抗議及〈び〉陳情に来る。仲吉県労協委員長〈議長〉来訪。全軍労問題協力要請についてであった。（中略）四時から与党連絡会。七時まで続く。寒い。入浴、早目に休む。

2月5日（金）晴

相変らず寒い。九時→十時、〈ランパート高等〉弁ム官会見。民政官、政治顧問小林さん一緒だった。全軍労の解雇問題について。十一・一〇記者会見。（中略）弁務官より、〈第2次〉毒ガス、夏中に移送完了。但《ただ》し移送ルートは一回と同じとの事。藤田氏、五時頃、英和文を届ける。（中略）六時半、高瀬大使公邸に招待を受ける。大変な御馳走であった。その途中、大使から私に全軍労の問題で上京を促された。副主席とも話し合いの結果、明日上京決意す。（後略）

2月6日（土）曇

労働局当局と打ちあわせをする。資料等そろえる。毒ガス移送対策会議、一次移送対策

＊3　コザ市ゴヤホールで開催。自民党コザ支部とコザ商工会議所が運営し、全軍労とコザ市内の業者が対話した。

総括する。（中略）予定通り飛行機は出発。一時間四〇分位の時間で八時半頃羽田つく。大嶺所長はじめ一同に迎えられる。今度の上京は富川局長が一緒したので心強い。羽田でも記者会見あり。赤坂東急に案内、十時頃つく。間もなく上原議員が見えて全軍労の問題、対策をねる。持って来た退職手当の比較表真〈間〉違いあり。明日沖縄に問い合わす事にする。十二時頃休む。

2月7日（日）晴

昨夜はよく休む。夜半に眼がさめて何処《どこ》にねているかぼんやりした時刻もあった。九時頃、吉田さ

■ 全軍労48時間ストの経過

1970

- **12月20日** コザ騒動発生
- **12月21日** 日米安保協議委員会で在日米軍1万2千人の整理縮小合意
  これにより「横田基地所属の主力戦闘機F4ファントム36機を71年6月末までに嘉手納に移駐
  在沖米軍、軍雇用員3千人の解雇を発表

1971

- **1月4日** 米空軍、個別に解雇通告
- **1月6日** 海兵隊、1200人余の解雇リスト発表
- **1月13日** 第1次毒ガス移送
- **2月3日** コザ市の窮状を打開する懇談会開催

「何としてもピケだけは避けてほしい」と要望する大山コザ市長＝1971年2月3日

- **2月5日** 屋良主席・ランパート高等弁務官会談
- **2月8日** 屋良主席、全軍労ストの回避に向け山中貞則総務長官、愛知揆一外相と会談
- **2月9日** スト回避に向け屋良主席、全軍労3役と会談
  全軍労、スト決行総決起大会
- **2月10日** 全軍労午前0時から48時間ストに突入

ん来訪。一時間話して十時から議員会館で安里、上原、西銘代議士、喜屋武参議院議員と懇談。用件を話し協力を求める。（中略）長浜真徳氏[*4]を順天堂病院に見舞う。奥様も居《お》られた。私に会って泣いていた。やせている。ほんとに気の毒だ。殊に不治の病と知っているので何と云ってよいか分らない気持。二人手を取って泣く。しばらく話して手を握り合って別れる。（中略）議員団との話の中からもこれと云う決め手になる意見は出て来なかった。明日の大臣との折衝でも余程の事の無い限り何も出ないのではないか。結局やれる丈《だけ》の事はやったと自己に云い聞かすだけの事になるかも知れない。頼りない事ではある。

2月8日（月）晴

十一時半、岡部長官に会う。岡田部長、加藤局長。十二時半から山中〈貞則〉長官に会う。三〇分間、全軍労の問題と毒ガス移送ルート変更の件。記者会見。山中長官、検討を約す。いつもの事乍《なが》ら有《あり》がたい。二時から外務大臣、右同要請。返かん協定についてもふれる。之で一応の日程終り、結果は得られなかったが、訴えは訴え要請はして直ちに羽田に向う。大阪経由那覇帰る。（後略）

2月9日（月）晴

九時、全軍労吉田委員長、友寄書記長に会い、東京折衝の経過報告、自重を促す。山中長官より電話。退職手当の本土との差額5億四千万、特別給付一月から支給九千万。合計六億三千万支出の件。総理、官房長官、大蔵大臣、外務大臣の了解を取りつけたとの事。これでスト回避か、せめて第二ゲートピケ解除か、をとの事。

＊4　長浜真徳（ながはま・しんとく）　1915 ～ 1971年。医師。1955年に発生した幼女暴行殺人死体遺棄事件で被害者を司法解剖、同年獄中の瀬長亀次郎氏の手術を担当。国際大学（後の沖縄国際大学）を創設し理事長、学長。読谷村長浜出身。

直ちに両人に告げ善処要請。副主席、労働局長、富川局長立ち会い。（中略）昼食の為に公舎に行っている所、山中長官から全軍労の様子催促電話。午前中にとの事であった由だが、うっかりしていて申し訳なし。直ちに政府に帰って吉田氏、友寄氏をとらえて聞こうとしたが両人仲々つかまらぬ。気が気でならない。私は立ち通し。タイムスの宮城記者から第二ゲートのピケは回避出来そうとの事。同時に友寄氏から電話。それも希望もせずとの事。之では元も子もなくなる。私からたって友寄氏にせめて第二ゲート前でも回避実現してくれと頼んだ。

午後も三時頃になって友寄氏に連絡。聞いて見ると第二ゲートピケ回避も出来ぬとの事。吉田委員長にも念を押したが最早活路なし。絶対絶命に追いこまれる。仕方なく大臣にその由連絡す。大臣はこれでは進退問題だとはね返ってきた。ショックだった。主席自身現場におもむいて回避させてくれとの事。最後まで頑張って見ようと返事した。なお第二ゲートは軍自体で閉鎖するとの話もある事も告げた。間も無く民政府のバーツ氏から副主席に第二ゲートは閉鎖されるとの事連絡。十日午前二時からストの終るまでとの事。大山市長に連絡。コザ市ではそれを歓迎するとの事。直ちに全軍労の友寄氏に電話したところ、歓迎するとの事。その時、ピケ要員は配置しないかとの事で、配置しないとの事。委員長はパトロール位《くらい》はおくと云っていたが友寄氏は配置せずと断言した。

そこで私は再び山中大臣に電話、その由を伝え、流血の惨事は起らぬと申しあげた。大丈夫かとの事で、大丈夫と申しあげ安心してもらう事にした。後で大山市長にも電話で念を押して居られたとの事。

今朝高瀬大使から電話。自信をもってやれと励まされていたので、夕方私からも御礼と経過について電話しておいた。打つべき手は打った。後は二日無事に終る事を祈るのみ。（中略）大した騒ぎなくストには入る。局長会議も余り緊張はなかった。

下地島村議会、パイロット誘致全会一致で決定との朗報あり。通産局長の労苦を多とする。平安座島海中道路の建設も無事運べる様になった由。又毒ガス移送ルートの調査資料もまとまった由。宮里局長の労を多とする。(後略)

2月10日(水)晴

昨夜から今日にかけてのストは平おんに行われているとの事で安心する。(中略)山中長官にストが無事に進んでいる事を報告す。(後略)

2月11日(木)晴

今日は本土では建国記念日で休日。沖縄は全軍労スト二日目。九時から局長会議。十二時半から二時過ぎまで内でストの経過手記をまとめる。

昨日は第二ゲート前で警察とピケ隊のいざこざがあり、社会党員がけがしている者が出て訴えを受ける。一日の夜の業者の中の暴力者が車の中から組合の人の車に投石、硝子《ガラス》をこわした事件はあった様だが幸に流血の惨事はなかった様だ。今日の〈午〉後、〈新垣徳助警察〉本部長からの報告。昨夜業者(バーテン)二人火炎びん十三本積んではい回〈徘徊《はいかい》〉する者を尋問、捕え今調べ中との事。

毒ガス貯蔵庫へ行く道路に牧港労組青年部〈全軍労牧港青年部〉と学生がばりけーどを張ってあるのを警察が説得して撤去させた。第一ゲートはジョンソン少将が出しゃばってやりにくかったが、こちらも警察の働きによって無事だった。今日は平穏に経過したとの事。三時からしめくくり大会。五時→六時の軍司令部裏までデモとの事。新垣本部長より連絡。五時過ぎに大会終わり、デモに移ったとの事。

コザ第二ゲートは開放。コンディショングリーンは明朝六時に解除されるとの事。山中総務長官に電話報告。高瀬大使に電話報告。朝夫君にも連絡。正子さんにも同様連絡し安心してもらう。(後略)

解説

在日米軍縮小のしわ寄せ

宮城　修

1969年の日米共同声明直後の12月4日、米軍は沖縄の基地労働者2400人を解雇すると発表した。突然の合理化に対し全沖縄軍労働組合（全軍労）は解雇撤回を求めて70年1月8、9の両日、第一波48時間ストライキ、19日から5日間の第二波120時間ストライキを決行した。

1年後の70年12月21日、米軍は再び沖縄の基地労働者3千人を解雇すると発表した。発表の前日、コザ騒動が発生しただけに、その報復ではないかとの憶測が飛び交った。全軍労は雇用対策、生活保障を求めて71年2月10日、第一波48時間ストライキを決行した。[*1]

米軍は、全軍労スト前日の2月9日午後4時から沖縄全域に「コンディション・グリーン」を発令した。軍人と軍属が基地外を車両で通過することは可能だが、歩行や店内へ立ち入ることを禁じる。事実上の外出禁止だ。コザ市一帯に対し午前0時から午前6時まで「コンディション・グリーン」を適用しているが、今回の措置はそれを沖縄全域に広げるものだ。全軍労ストライキが終わるまでこの措置を続けたため、米兵相手の飲食、ホテル業などが打撃を受けた。コザの業者は攻撃の矛先を全軍労に向け始めた。基地への依存を強いられてきた沖縄の内部矛盾が噴き出し、沖縄人同士が対立する深刻な事態となった。

「関東計画」

基地労働者の大量解雇は、合理化に伴う米国の海外基地政策の見直しが影響している。ベトナム戦争の戦費負担で米国の財政は限界にきていた。このため、基地を縮小し日本に応分の防衛責任を負わせようとした。[*2]

在沖米軍が基地従業員の解雇を発表した70年12月21日、在日米軍1万2千人の大幅削減も発表された。さらに72年1月には佐藤・ニクソン合意により「関東計画」と呼ばれる基地の整理統合計画が進められる。関東周辺の米軍基地を主に横田基地に集約し、他の基地は可能な限り縮小する。これにより70年代末までに大幅な基地の整理縮小が実現した。[*3]

しかし沖縄にとっては、米国の財政負担を軽くするため、３千人の基地労働者が解雇される合理化策だ。同時に横田基地のＦ４ファントム戦闘機の嘉手納基地移駐という基地機能の強化、負担増を意味していた。

「首を切るなら基地返せ」

全軍労の第一波48時間ストライキを1週間後に控えた2月3日、コザ市ゴヤホールで「コザ市の窮状を打開する懇談会」が開かれた。沖縄自由民主党コザ支部が呼び掛けた全軍労と市内業者との対話集会だ。ホテル業者代表が次のように述べた。

「米軍、軍属および家族の利用は92％を占めている。昨年12月20日のコザ反米騒動以来、米兵の利用は激減し、破産寸前。これ以上もう耐えられない」
理容業者は「生きる権利は誰も奪うことはできないはずです」と語った。次々とスト回避を求める業者に対し、全軍労委員長の吉田勇が苦境を訴えた。
「好んでストを打つのではない。昨年1年間で2千人の基地労働者が首を切られた。このうちまだ1500人の人たちが失業の身なのだ。そんな中でことし6月までに新たに3千人の解雇を通告してきている。生活保障のない一方的な首切りには闘わざるを得ない」[*4]

全軍労は基地で働く従業員だけを一方的に整理していくやり方に抗議し「首を切るなら基地を返せ」という要求を闘いの方針として打ち出した。[*5]

屋良は全軍労がストを打たざるを得ない状況に理解を示すが、基地依存業者にもストの影響が出るジレンマを痛感していた。

屋良は2月5日、高等弁務官ランパートと会談した。「人員整理の影響について、基地への依存度が大きく、再雇用の機会が限られている沖縄の方が日本本土よりも大きい」[*6]と指摘した。そして、解雇通告されている3千人の大幅削減、通告期間の延長、就労時間短縮の撤回、退職手当などの増額を要求した。だがランパートは譲らず、打開には至らなかった。

こうなったら解雇後の生活不安を緩和する離職者対策を日本政府に要請するしかない。屋良は8日、急きょ東京へ

全軍労の全面ストについて協議する（右から）屋良、吉田勇全軍労委員長、友寄信助書記長、知念朝功副主席（後ろ向き）＝1971年2月9日

向かい総務長官山中貞則に政治的配慮を求めた。

スト前日の9日、屋良は全軍労委員長の吉田、書記長の友寄信助に対し、県民同士が衝突する事態を避けるよう要望した。そのさなかに山中から電話が入った。退職手当の日本との格差5億4千万円、特別給付金9千万円の計6億3千万円を日本政府が支出するという内容だ。この措置により、ストの回避か、もしくは嘉手納基地第2ゲートのピケの回避を説得するよう屋良に求めた。最終的に屋良の説得に委ねられる。緊迫のやりとりが、屋良の日記につづられている。

第一波48時間ストは約4万人が参加した。武装米兵、琉球警察機動隊との小競り合いがあったが、大きな混乱はなかった。そして3月2日から3日にかけて第二波48時間、4月14日から15日にかけて第三波48時間ストを決行した。解雇撤回闘争を通じて全軍労は、基地撤去を求める運動の中心になっていった。

＊
1 全軍労ストについては『全軍労・全駐労沖縄運動史』（全駐労沖縄地区本部、1999年）参照。
2 当時の駐日米大使アーミン・H・マイヤーによると、米国は日本駐留で年間6億ドル以上負担していた。「われわれとしては日本で不必要な金は1ドルも使いたくなかった」（マイヤー『東京回想』）参照。
3 佐道明広『戦後日本の防衛と政治』（吉川弘文館、2003年）232ページ。
4 『琉球新報』1971年2月4日付朝刊。
5 本書 友寄信助氏「あの時」109ページ参照。
6 本書「開封」107ページ参照。

「全軍労48時間スト」とびらの写真（95ページ）は、米軍警備隊と向き合う全軍労組合員。琉球警察が両者の間に入り規制する＝1971年2月10日、那覇軍港前

――「責任を屋良に負わせる」

米当局は全軍労に対する屋良主席の影響力に期待をかけていた。沖縄県公文書館所蔵資料から一部紹介する。（抄訳　仲本和彦・戦後史研究家）

■1971年2月5日高等弁務官・主席会談録（USCAR渉外局文書・U81100943B）

（前略）

2・a　屋良は組合員とコザの商業者との対立に懸念を示し、2月10、11日のストにおける衝突を避けるためにあらゆる手段を講じたいと述べた。また、前回の会談でも言及していたように、人員整理の影響について、基地への依存度が大きく、再雇用の機会が限られている沖縄の方が日本本土よりも大きいと述べた。そして、労働問題を解決しようとしてきた弁務官の努力に感謝しながらも、全軍労の次の5つの要望に関して弁務官の好意的配慮を求めた。（中略）

b　屋良は、2月10、11日のストにおけるコザでの衝突を回避するため、3月5日に予定されている大量解雇を延期することは可能か尋ねた。

弁務官は、残念ながら解雇を延期することはできないとし、第2兵站部隊における560人の採用予定に触れ、全軍労の協力が必要だと述べた。弁務官は、発表された3千人解雇の数を減らすために弁務官が最大限の努力をしていると屋良

開封　一次資料を読む
◀USCAR文書▶　1971.2.5

がマスコミに伝えることに同意した。

3 **コンディション・グリーン**　屋良はコザの商業者がコンディション・グリーン（午前零時から6時までの外出禁止令）を解除するよう要請してきていると述べた。それに対し弁務官は、禁止令がコザの商業者にマイナスの経済効果をもたらすことは承知しており、事件が起こらないという保証が持てるようになれば、好意的配慮を検討すると述べた。しかしそれはあくまで全軍労のストが終わった後であることを強調した。

4 **レッド・ハット発表**　弁務官は、極秘情報と前置きしつつ、沖縄からの毒ガス撤去の予定を早めるという国防長官の発表があると述べた。屋良が「晩夏」の意味を尋ねたところ、弁務官は米国用語では一般的に9月中旬を意味すると答えた。

屋良は次のように述べた。1月13日に使用されたルートに変更がなければ住民から「激しい抵抗」があるだろう。（中略）ルートの最終選択の責任は弁務官にある。

それに対し弁務官は、琉球政府、日本政府、米国政府の三者がそれぞれ役割を担っており、責任のすべてが自分自身にあるとは考えていないと述べた。

屋良は、当然全面的に協力するつもりだが、決定は「上から来なければならない」と述べた。（中略）

5 **コメント**　屋良は会談中ずっと真剣ではあったものの、最後の項目までは感情をむき出しにすることはなく落ち着いていた。しかし、住民が受け入れ可能な毒ガス撤去ルートを選び、工事を完成させるという、問題の緊急性に改めて気づかされた時、屋良はすぐに意思決定の責任を弁務官に負わせようとした。日本政府と手を組んで、その責任を屋良に負わせる努力を我々は続ける。（後略）

解雇者再就職に尽力

全軍労書記長(当時)
友寄信助

1969年の日米共同声明で沖縄の日本復帰が決まると同時に、数千人規模での基地従業員の大量解雇が毎年のように発表された。ここから70年代初めにかけて、全軍労は解雇撤回闘争を組むことになった。

解雇撤回を訴えながら、解雇された労働者の再就職が急務の課題だった。そこに加えて復帰後の基地従業員の身分の問題もあった。本土の基地従業員と比べて沖縄は労働条件、制度ともに低い状態に置かれていた。本土並みの労働条件の改善を求め、日本政府による間接雇用への移行という要求書を作って取り組んだ。屋良革新主席であった琉球政府にも、こうした要求への支援をお願いしていた。

復帰を前にして基地労働者の雇用不安はあった。しかしそれ以上に、わずか1カ月程度の予告で首切りという、余りにも理不尽な米軍のやり方への怒りの方が充満していた。基地はそのまま残し、基地で働く従業員だけを一方的に整理していくやり方は許せない。首を切るなら基地を返せという要求を闘いの方針として打ち出した。

ただでさえ復帰に向けて諸課題を解決しないといけない屋良朝苗主席にとって、そこに重なった基地従業員の大量解雇は大変に頭の痛い問題だった。主席として解雇の撤回、少なくとも解雇人員を削減しなければいけないという立場で、米軍との交渉を直ちにやってもらった。われわれも琉球政府にたびたび要請したが、苦悩に満ちた屋良主席の表情が思い出される。

解雇を完全に撤回させることはできなかったが、闘いによって整理人員の数を減らしていった。そこには屋良主席の尽力は大きかった。解雇者の再就職の問題でも、当時の琉球政府や復帰した後の県庁で、雇用できる者を採用してもらった。また自ら就職の場を作る方法として、解雇者を集めて会社を設立する取り組みがあった。例えば基地内で運転手として勤務した経験を仕事につなげる方法として、タクシー会社の設立があった。当時、タクシー会社の設立は琉球政府の許認可制だった。既存のタクシー業界から新規参入への強い抵抗がある中で、屋良主席が盾になり認可が与えられた。

全軍労がストライキを打つと米軍は軍人を基地外に外出禁止にした。するとその影響が及ぶAサインの業者が全軍労に押し掛けてきて空軍ゲート前のピケはやめさせろと言ってくる。コザ市にも業者が抗議するので大山朝常市長が困って全軍労にお願いに来た。困窮する沖縄人同士を対立させるのが米軍のやり方であり、ここは一緒になって立ち向かうべきじゃないかと私は説得をしたものだけど、そうした利害の矛盾によって沖縄の人が板挟みになる時代だった。

（文責・与那嶺松一郎）

人事刷新

労使対立し政権崩壊寸前
知念副主席と3局長辞任

日記 ● 1971年1月17日～8月4日

主席を含め総退陣を提案す

1971年1月17日（日）晴

九時から約一時間半、千葉〈北米一〉課長と公舎で懇談する。（後略）

4月8日（木）晴

公舎で静養。〈知念朝功〉副主席来訪、休む様にすすめらる。十一時、〈糸洲一雄〉主税局長を呼んで話し、退職願受理の件話す。午後私の談話原稿調整の為、副主席に来てもらう。四時半、公舎で副主席立ち合いで記者会見。質問は調査書の内容についてである。糸洲局長電話で発表文打ち合わす。断腸の思いがする。[*1]

4月11日（日）晴

九時半、大島〈修・渉外広報部長〉君公舎によんで毒ガス移送コースの件で話す。一〇時、福地〈曠昭・革新共闘会議事務局長〉君に来てもらって最近の情勢の中での私の決意を話す。与党各派代表には話しておけとの事で六時から話す事にする。一時、朝夫に来てもらって相談す。（中略）公舎には五時十分から安里積千代氏来訪、激励。六時、平良幸市氏[*2]、古堅〈実吉〉氏、崎浜〈盛永〉氏、福地君来訪。私の心境を話し、今、時局を乗り切るには主席を含めて総退陣を提案す。皆悲痛な受け止め方をしていた様だ。全員反対。絶対受け入れる気配なし。自民党に無条件降伏する〈ような〉事だ、又誰が出ても勝つ事も出来ないし、沖縄の為にも良くならぬとして猛反対。取りつくしまなし。家内も朝夫君も不服の様子。いかに収拾するか分らぬ。十時過ぎまで話し結論出ず。

4月14日（水）晴

今日から明日まで全軍労第三次スト決行。明日は県労協のスト。県労協のストは余り適切な意義が分らぬ。何《いず》れのストも無事平穏に終る事を祈る。今朝から少し胸がむかむかする様で気持ちが不自然、スカッとしない。風邪が未だ十分とれないのかなー。（中略）今日のストでコザ第二ゲートピケでは機動隊と衝突し双方に沢山のけが人が出て一人重傷の者も居て生命が心配されていると聞く。不測の事態が遂に起るのではないかは私は非常に心配だ。（中略）〈富川清〉総ム局長は今日も団交。しかし財政的に行きづまって、全然ない袖は振れぬ。

＊1　保税倉庫から税関の許可を得ずに約68万ドルに相当する食料品原料を持ち出した違法行為が発覚。税関職員が検察庁へ告発した事件（『琉球新報』1971年２月13日付社会面）。行政不信を招いたとして糸洲主税局長が辞表を提出、屋良が受理した。

　2　平良幸市（たいら・こういち）1909 ～ 1982年。西原村（現西原町）生まれ。政治家。1950年、沖縄社会大衆党結成に加わり初代書記長で後に委員長。西原村長、立法院議員、県議会議長、屋良朝苗の後任の県知事を歴任。

窮地である。総ム局長、〈宮城信勇〉企画局長とも相談もしたがよい知エ〈恵〉は浮ばない。団交途中で五時頃から臨時局長会議も開いたが明日のスト回避の条件は出てこない。（後略）

4月15日（木）晴

今朝のニウス〈ニュース〉で昨日のケガ人依然意識不明、重態であるとの事でますます心いたむ。無事でありますす様にひたすら神かけて祈る。八時までに登庁する為に出発準備。総ム局長が迎えに来るとの事で八時二〇分まで待つ。吉武さん、瀬底君、大城君も集結。一緒に登庁。〈琉球政府〉玄関では強いピケに会ったが赤嶺君等の説得でようやく入る。（中略）九時頃から局長会議。十一時以後はコザの事態を見守る事にする。十四、五日の全軍労スト、十五日の県労協のスト、一応大過なく終った。しかしコザ第二ゲートでけがした人の経過は心配になる。又官公労のストの措置はどうなる事か。波紋は後に尾を引く事になろう。またこれからも恐らくストは連続する事になろう。いかに対処していくか苦悩の種子である。

4月22日（木）晴

九時、局長会議。砂川〈恵勝〉通産局長より全テイ〈沖縄全逓信労働組合（全逓）〉[*3]のストについて報告。それをきっかけに副主席、かくては行政府としては行政責任を果せぬ。県民に対し申し訳なし、と訴え、一同騒然となる。こ

＊3　郵便事業、電信事業に従事する労働者で組織。

4　屋良は、秘密裡に主席公舎を訪ねた高瀬に対し、副主席や総務局長の辞意表明について説明。「彼等が辞任すればその責任者として自分は当然辞職せざるべからず。換言せばおきなわの本土復帰の大事業は根ていよりくずれることになるにつき、右行政府当局者の責任論を以て彼等を説得する所存にして、彼等もまた、説得に応ずること必定なり」と述べた。（1971年４月24日、高瀬大使発外務大臣あて「主席との会談」0120-2001-02723、外務省外交史料館所蔵）

の際、責任をとって退陣すべきではないだろうかと切り出す。総ム局長はじめ一、二の局長同調す。私は皆の気持ちは理解しながら慎重に処するよう要望。口外せぬよう注意す。宮城企画局長引込む。予算編成に責任をもてぬとの事で案じての余りらしい。局長会議早目に切りあげ十一時から副主席と共に団交、あれる。全軍労、革新共闘との話し合い。（後略）

4月23日（金）

九時局長会議。夜一〇、高瀬〈侍郎〉大使*4。読売、西日本記者来訪。（後略）

■琉球政府人事刷新の経過

1971

- 4月8日 糸洲主税局長を解任
- 4月11日 屋良主席、与党３党幹部に総退陣示唆
- 4月14日 全軍労、第３派48時間スト
- 4月15日 全県労協、統一スト 屋良主席、ストに警告
- 4月22日 知念副主席、局長会議で総退陣発言
- 5月15日 愛知外相、沖縄返還協定交渉の中間報告
- 5月19日 返還協定調印に反対するゼネスト
- 5月27日 官公労、総務局長退陣要求
- 6月1日

自民党県連が屋良主席に退陣要求＝写真

- 6月12日 屋良主席、施政方針で自衛隊配備反対、返還協定に核抜きを明記するよう要求

屋良主席、立法員で施政方針演説＝写真

- 6月17日 日米両政府、沖縄返還協定に調印
- 7月3日 主席公舎での官公労との懇談、不首尾に
- 7月15日 第２次毒ガス移送開始

4月24日（土）

九、局長会議。東京へ予算要請へいくこと決定する。ランパート弁ム官に会う。高瀬〈侍郎〉大使の部屋に於いて。午後更に局長会議。夜まで続く。対策要綱その他。散髪。

4月26日（月）晴

（前略）一時半、〈岡部秀一・沖縄北方〉対策庁長官に会う。二時→四時、山中〈貞則・総務〉長官に。四時―二〇分、〈愛知揆一〉外務大臣に会見。記録別記。五時→六時半、山中長官とその間に得たものなし。[*5] 何の為に上京したか分らぬ。気休めにしかならぬ。しかし有意義であった。澄夫君来訪。

4月28日（水）晴

（前略）知念副主席にあらぬうわさのハガキが来ている。大変気持をこわしている事だ。この職についてもらった為に迷惑をかけて申し訳なきなし。（中略）十二時半から毒ガスの件報告会あり。午後はずっと公舎。六時半から四・二八総決起大会に出席、あいさつする。盛会であった。私のあいさつにも野次あり。団交再開の要求が主であった。それにつけても思う事は、官公労との関係を如何に収拾するかにある。大会を終って帰り、九時頃食事をとり風邪気味ではないかと思ったので早く寝につく。悩みは持っているけれ共早くねむった様だ。私沖縄の向かう難局を切り抜けて行くには副主席、総ム局長の考えではいけない様に思う。私の発想を出さねばならぬ。

＊5　山中総務長官に期末手当300万ドルの工面を要請したが、受け入れられなかった。

4月29日（木）晴

天皇誕生日。休日だけれ共朝から企画局長、〈平良〉幸市氏等に電話し、増税でもして財政予算を切り抜けようと努力。十時に政府出勤。大島君、企画局長、副主席、総務局長等と懇談。一時半から局長会議。予算作製〈成〉上、増税を打ち出す。三時半、高瀬大使に会う。五月中旬、私を外ム大臣が東京で会い、返還協定の経過説明したいとの訓令があったとの事。簡単には受けかねる気がする。六時→八時、天皇誕生日レセプションあり。（後略）

7月29日	官公労、総務局長の団交同席反発
8月2日	知念副主席、辞表提出。総務局長が解任願い提出
8月3日	屋良主席、人事刷新構想練る
8月4日	全局長辞表とりまとめ、人事刷新

〈琉球政府人事刷新の経過〉

5月3日（月）晴

憲法記念日である。今日は千葉さんが見えるのではないかと思ったが見えない。昨日もそうであった。この前、発表出来ぬ連絡は却って困るとの事を外ム省で千葉さんに話した事もあるし、又高瀬大使とも私を五月中旬、東京に呼ぶと云う連絡があったとの報せを受けた時、私が気持をもらした事がある。それで本土政府も大使も千葉さんも敢えて私に会う必要なしと見て取ったかも知れない。私の立場は内外から極めて悪く四面楚下〈歌〉である。宮里松正氏を呼んで意見を聞く。しかしいくら改善できるかは今の所断定的の事は云えない実情である。今日は一日内で諸用件をすます。千葉課長が見えているとの事であるが私を訪ねない。何か変化が悪い意味で起ったかも知れない。昨日夕方六時半から古堅氏、崎浜氏、平良幸市氏参集。行政府内の件、収拾策について話す。局長、私と運命を共にして時局を乗り切る決意を伝え、其の他たがいに感ずる所を話し合った。
昨日夕方、夫婦手相を見せる。手相第一位と称する研究家との事である。私の仕事の件が気になって見てもらったのだが、仕事は完成出来るとの判断だ。夫婦長寿するとの事。そうなれば美しく健康に生きたいものだ。今年の十月、来年五月健康に要注意。家内は一月、三月同様との事。しかし乗り切れるとの事。

5月4日（火）晴

朝、副主席、総務局長、企画局長と懇談する。十時十分、高瀬大使と会見。引続き千葉〈北米一〉課長と約一時間話す。返かん協定の内容について経過報告あり。（中略）五時、局長会議あり。予算編成方針決定する。全局長に協力態勢要請。私も決意を表明す。皆元気を取戻して当る事となる。

5月9日（日）晴

（前略）松川で朝子ちゃんの命日[*6]、御つとめをする。いつまで絶っても朝子を失ったあの日の事を忘れられない。心の痛みである。朝子逝きしこの日のなげき未だほうふつとしている。

5月10日（月）曇

（前略）企画局長、総務局長重大提案。団交今日も流れる。応じないとの事。かくては予算へんせい困なん。最早期末手当の措置について公労共闘の代表に主席から話してく

＊6　屋良著『私の履歴書』（日本経済新聞社）で台南二中の教師時代の1941年５月「当時五歳だったかわいい盛りの次女が疫痢にかかって一晩のうちに死亡した」と記述している。

れとの事。十一時から教職員会長、高教組委員長に話す。教職員会は凡そ了解。高教組は了解同意は得られず。三時半から官公労これも了解は得られず。しかし主席としては之以外に道なし。最後の決断である事を告げておく。（中略）今日はいやな日であった。自民党の悪意にみちた抗議があり、又公労共闘に非常にむつかしい問題について話しをしなければならなかった。この様な時に主席として全く孤独感におそわれる。大変な矢表〈面〉に立って呉る者なし。それはしかし、致し方が無い事であろう。

5月11日（火）晴

（前略）一時半から局長会議。只今直面している問題は五・一九の〈ゼネ〉スト対策、四・一五のストの措置、これも内外に重大な意義をもっているので事は重大中の重大事。これに如何に対決していくか。ああ、悩み、悩み、悩み果てなし。日思会の集団陳情抗議もあるとの事。これとても誰も力になってもらえる人も無しと云う様な感じを受ける。日思会はじめ同思想のいくつかの集団の責任者十名来訪。抗議及公開質問状を提出して帰る。五時から与党連絡会。例の期末手当三〇〇万弗《ドル》の措置について話し合ったが理解はするがそれで断行すべしとの結論は仲々出ない。悩み又加重する。（後略）

5月14日（金）

（前略）二時、高瀬大使、返かん協定中間報告手交。四時から公舎で中南北、ナハ教職員会長、喜屋武氏、〈新垣〉茂治君〈教職員会共済会理事長〉の件につき懇談会。茂治君の政府入り了解を得る。七時から八汐荘、毒ガスの件、各団体代表との懇談会。八時過ぎ総ム局長を呼ぶ。話し合いをしよ

うとしたが救えない人柄の様だ。私には到底考えられぬ応待だ。一〇分位何の話もなく不平不満そのもので帰る。（後略）

5月18日（火）晴

（前略）二時から局長会議。ここで明日のゼネストに対する主席談話[*7]について話し合う。副主席、総務局長の態度やはり気にかかる。

ゼネストでデモに参加した市民団体メンバー＝1971年5月19日

＊7　主席談話は次の通り。「現在、本土政府と米国政府の間で進められている沖縄の返還協定の内容に対して沖縄県民の中に大きな不満や不安があり、要求があることは事実である。その必要はよく理解できる。しかし、その要求の方法としてこのたび、諸団体が計画している手段での訴えに対しては、主席としてこれを是認することはできない。そのために私は、これまで関係者に対してその方法、手段を慎重に検討するよう要望し促してきた。しかし、現実の問題としてスト行為が行われることに対し行政責任者として心を痛めている。関係者に、今回の要求行動によって県民の生命、財産、生活に不安、影響がおよばないよう自主、自戒を要請する。行政府としては沖縄の復帰にあたっては県民の要求が十分反映されるよう真剣に努力してきたし、今後も一段と力をつくす決意である」（『琉球新報』1971年５月19日付朝刊）。

5月19日（水）晴

一〇、毒ガス対策本部会。ゼネスト決行。二時から与儀公園で大会。五万ほど集ったと云う。日思会、那ハ市役所も襲い、昼与儀十字路で暴力行為を働いた由。例外はあったが一応無事にストは終る。一日、佐藤総理への要請文を昨日から手つける。今日中に仕上げ、夕方、瀬長君、安谷屋君で手を入れる。九時頃までかかる。夜、朝夫君に末尾をかざる文章の手直しをしてもらう。

6月19日（土）晴

九時から局長会。一時まで。この間に富川局長退陣要求対策に主要な局長間の話し合いがあり。主席の之に対する態度を迫らる。勿論《もちろん》私の責任で収拾すべきである。私が責任をもって収拾する決意表明。二十一、二十二、二十三の仕事終るまで待ってくれと告げる。私も重大決意を以ってあたらねばならぬ。（中略）今朝琉大の学生、民生と革マルの内ゲバで学生一人死亡す。何たる暴虐行為まで及んだ事だろう。（後略）

6月22日（火）晴

（前略）十一時から外ム大臣はじめ国会議員（衆参議長はじめ）を迎えに行く。十二時過ぎから一時まで外相が来訪、あいさつ。質疑を交す。（後略）

7月3日（土）晴

九、防衛庁安田団長表敬。立場や役目ご苦労をのべ、大臣へ宜《よろ》しくとのべ、自衛隊の沖縄配置に納得出来ぬ事を話す。（中略）夜、七時から官公労三役と懇談。富川氏話し合いをしてもらう積りで手配したが、副主席も局長も欠席。官公労も〈仲吉良新〉委員長、副委員長欠〈席〉、東わか君〈書記長〉一人。二人で八時半から夕食会をもって話す。仲吉君の態度誠意なし。富川君のごとき人間が全然なって居らず、ごうまん不遜の奴だ。（後略）

7月29日（木）晴

（前略）四時半から七時半まで団交する。私と副主席、総ム局長、人事課長等参加。初めから富川局長の参加拒否。強力な抗議、批判をあびせ、見るにたえないものがあった。余りにも局長が可哀想であった。徹頭徹尾私は局長をかばい、その立場を守った。同じ事をくり返すばかりは、全然理解は得られなかった。行政府の組合無視ときめつけられ、その責任の追及を受け主席の見解を質《ただ》された。これは結局、局長丈《だけ》の責任ではなく主席の責任に帰するものだとも私はのべた。局長退陣要求は不退転のものだとの主張であった。七時十五分頃に終り三十一日十時から団交再開を約す。（後略）

7月31日（土）晴

（前略）十時→十二時三〇分、団体交渉。大暴れにあれる。非なん攻げき、罵詈《ばり》ザンボウ〈讒謗〉の限りをつくす。つかれる。（後略）

8月2日（月）晴

朝、今日の団交延期の件で副主席を呼ぶ。〈知念朝功〉副主席、退職願提出す。その決意は非常に固いと云う。私はショキングを受け乍《なが》らも遂に来るべきものが来たと受け止め、どうせさけられぬものと考えた時、落ちついてきた。次に富川総ム局長を呼び配転に応ずる意志なきやを問うてみた。そう出来れば私としては彼を解任する必要はないと思った。しかし彼は、それには応ぜず。直ちに、解任方おとり計らいについて、を提出。それには解任の理由を明示して、解任してくれとからんでいる。（後略）

8月3日（火）晴

（前略）午後古堅、新垣、平良幸市氏等来訪。副主席や総ム局長の辞表をどう扱うべきか、党の意見をのべた。辞表は受理すべきであると。次に平良書記長の副主席就任を皆で要請。その為に平敷君、福地君等も一緒に口をそろえて副主席就任を要望したが駄目だった。古堅氏、新垣氏は党の意向として岸本〈利男〉法務局長、宮里松正氏、那ハ第一助役稲嶺〈成珍〉氏、知花英夫氏を推薦さる。しかし何《いず》れも受けず、結局、宮里松正氏以外にない事が分った。ところが松正氏が午後訪ねてきて亀甲〈康吉〉*8君等をはじめ彼が総務局長人事に反対との事で雲行きが変ってきた。はじめは平良幸市氏を副主席として宮里氏を総ム局長として行こうと思ったがくずれた。（中略）

いよいよ夜となり時は迫る。今夜の内に人事は固めておかねばならない。そこで私が案をつくり、宮里氏を副主席に起用、岸本氏これをことわったので総務局長に前田行政部長か赤嶺武治君をと、企画局長は大城君か宮里建設局長の兼任か、通産局長は返事があいまいだったので、福地君、平敷君に喜久川〈宏・沖縄経済研究所主任研究員〉氏を交渉せしめ成功したので喜久川氏起用決定す。

ところで大島君等、福地君等が来て前田君や赤嶺君では総務局長は弱いとの事。然《しか》らば誰を押〈推〉すかとなって、新垣茂治氏が上る。即座に決め主税局長には屋部博起用と決

＊8　亀甲康吉（かめこう・こうきち）県労協初代議長。復帰運動、教公2法阻止闘争、主席公選、反基地闘争など大衆運動をけん引した。

り、電話連絡し了解を得る。企画局長には大城君をと電話して受けてくれそうであったが翌日になって実現せず。かくて大体の人事構想はまとまり一時頃休む。よくねむった様だ。残留局長には夜から朝にかけて連絡する。一日に大方のけりをつけた事は成功だった。

8月4日（水）晴

七時から方々に電話。殊に宮里松正氏[*9]に電話し副主席就任をつたえようとしたが連絡とれず不安。亀甲〈康吉〉君に連絡して宮里氏と連絡とらす。九時に登庁。やっと宮里氏に電話し就任納得し安心する。喜久川君登庁あいさつ。

十時に局長会議。沈痛なありさマし、内外から批判になっている人事の刷新、人心の一新はかる為に全局長に辞表の提出を求める。今までの協力に謝し御苦労を多とし主席としていたらなかった事をわびる。

副主席、宮里局長、企画局長、総ム局長、砂川局長あいさつあり。全員辞表出る。その経過について記者会見。私は直ちに帰舎。亀甲君と松正氏と公舎で会う。良かった。昼食をとり登庁。宮里氏、喜久川氏登庁。

「復帰準備に一日の空白もつくってはいけない」と述べて人事刷新を発表、頭を下げる屋良＝1971年8月4日、主席室

＊9　宮里松正（みやざと・まつしょう）1927 ～ 2003年。本部町出身。弁護士、政治家。琉球政府副主席、沖縄県副知事を経て衆院議員（3期）。沖縄開発政務次官を務めた。

10　琉球政府の副主席は宮里松正。新局長は新垣茂治（総務、建設兼任）、宮里栄一（企画）、喜久川宏（通産）、翁長林正（農林）、岸本利男（法務）、仲松庸幸（労働）、山川文雄（厚生）、屋部博（主税）、中山興真（文教）、新垣徳助（警察本部長）、瀬長浩（復帰準備委顧問代理）。

二時、退職の方々に辞令交付。御礼をのべご健闘を祈る。続いて新局長人事発表し[*10]、辞令交付、激励あいさつ。記者会見。かくて数日にわたるあらしは終る。（中略）しかしこれからが多難だ。記者は一ぱいだった。辞令交付後の記者会見の席における質問は副主席以下、新局長にも向けられた。新局長人事にあたっては与党書記長の方々にも電話して発表する。古堅氏、宮里松正氏に意〈異〉議あるかの様であった。しかし誰れもすいせんし実現は出来なかったから致し方なし。瀬長亀次郎氏、古堅氏と来訪。嵐去って小休止。これからが大変だろう。

山中長官から電話あり。十一月辞任説が出ているからの心配からだ。その様な事はないと打消しておいた。ランパート高等ベン務官から電話あり。今度の〈副主席と局長〉人事問題は又就任後最大のピンチであった。かくしてまた切り抜けた。

知念副主席、富川総務局長らの辞任に伴って行われた新局長の辞令交付式＝1971年8月4日

琉球政府メモ

1971・8
政府大幅の局長人事異動の経緯

（前略）最後にこの問題解決に私の考えていた一面を記しておく。それは、この事態を招いた政

治的責任をとって私が11月の任期以内に辞任する。それまでは現スタッフが運命を共にして復帰準備をする。一方、その間に主席公選する。ただし私は立候補しない。

この行動は私流に考えれば、行政人事の混乱の政治的責任をとる名分もたつし、また官公労に対する反省を与える機会にもなる。また2、3ケ月の後に富川〈総務〉局長退陣も実現させ、官公労の要望にもそえる事になる。また11月選挙は、革新政党や革新団体の主張でもあった。また〈日米〉共同声明と云い返還協定の内容に対し、県民投票すべきであるとの世論もあるので、主席選挙は県民投票的意義をもたしうる事も出来る。

また私が県民の信託を受けていたのは11月いっぱいであった。事局から云っても理論の上からも世論の上からも、また官公労の要求に応えて責任を私が明らかにする点からも、極めてすっきりする。私はこのことが与党の了解が得られれば直ぐにでもその方法を打ち出し問題解決の態度を明らかにしたいと考えていた。

この考えを8月3日の4時頃、与党の書記長3名に打ち明けその賛否を求めた。然《しか》し、それに反対して絶対に同意を得られそうになかった。而《しか》も一応引あげてから古堅〈実吉〉氏から〈新垣〉茂治氏〈主税局長・元教職員共済会理事長〉に電話あり。この話はなかった事にしてくれ、自分等も聞かなかった事にする。絶対にもらしてくれるなと要望があった。

主席の立場は一人の考えを一人丈《だけ》で行動出来ぬ所に苦悩もある。勝手には出来ない。私が自分の気のすむ様に活動し、それが県民に又革新共闘会議に及ぼす影響を考えると、決して自分一人の勝手の事は出来ない。それで副主席の意見も聞き、与党書記長方にも大胆に口調を強く話して意見を求めた。しかし私の考えに同意は得られなかった。

解説

「累卵」の危機に直面

宮城　修

1971年前半は基地労働者の大量解雇、沖縄返還協定調印（6月）、第2次毒ガス移送（7月）など沖縄を揺るがす出来事が相次いだ。ところが肝心の屋良政権は、労使対立が激化して機能不全に陥り、沖縄返還協定などに十分対処できなかった。

4月14日から全軍労の48時間スト、沖縄返還協定調印に対して15日に県労協（沖縄県労働組合協議会）の24時間スト、22日は全逓の24時間スト、5月19日は復帰協主催の初のゼネストへと一連の闘争が続く。屋良自身、返還協定の内容に不満で復帰協に理解を示すが、ゼネストに訴えることには反対した。行政の責任者として県民の生命、財産、生活に不安、影響が及ぶことを懸念したからだ。

政権崩壊の危機

屋良政権は社大、社会、人民の与党3党と、復帰協傘下の諸団体（官公労、教職員会、全軍労など）に支えられていた。例えて言えば、卵を積み重ねたようにとても不安定で、バランスが崩れるとばらばらになるか、卵自身が割れてしまうような状態だ。屋良はそれを「累卵の態勢[*1]」と表現している。

事態を打開するには屋良自身が指導力を発揮して革新勢力を束ねていかなければならない。だが、日記に書き連ねているように屋良の精神的重圧は限界に達していた。

一連のストライキに先立つ4月11日、屋良は腹心の福地曠昭（革新共闘会議事務局長）を呼び、辞意を告げた。しかし与党3党が猛烈に反対したため、結論は先送りされる。ところが22日の局長会議で副主席の知念朝功が、混乱した状態では責任が果たせないとして政権の総退陣を提案した。先送りしたはずの問題が再燃した。

辞任騒動は沖縄大使の高瀬侍郎を通じて、外相愛知揆一に報告された。高瀬は「事態は可成り深刻」と極秘電文を送り、もし現職局長が辞任すれば、屋良が後任を「極左より（新局長を）採用することは理論上あり得る」と分析し、屋良政権が左傾化することを警戒した。[*2]

知念が総退陣を口にした原因の一つとして、公労共闘（官公労、教職員会、高教組）と総務局長富川清の対立が挙げられる。富川は自治省官僚で、前任者に代わって起用した。これに対し官公労は日本政府からの押し付けと捉え抗議した。

公労共闘を構成する組合は、屋良政権誕生に貢献し政治的には支持する関係にある。だが、71年の春闘で賃上げを含む労働条件の改善などの点で、利害が対立した。その矢面に立ったのが、新任の富川だった。

当時屋良政権は財政難に陥り、公労共闘と合意した期末手当を捻出できなかった。復帰に伴う公務員の身分引き継ぎなどをめぐっても、団体交渉担当の富川と組合側の相互不信が増し、次第に行き詰まっていく。

官公労は5月末、総務局長退陣要求を屋良に突きつけた。行政府内で朝と午後5時以降、マイクを使って退陣要求を繰り返した。屋良は非公式に富川と官公労の仲介に入るが、壊れてしまった信頼関係の回復は容易ではない。

7月29日、2カ月ぶりの団体交渉が琉球政府の会議室で開かれた。政府から屋良、知念、富川が出席した。しかし、組合側は富川の参加を拒み団交は大荒れとなった。日記に綴られているように、屋良は富川をかばうだけで精いっぱいだった。3時間続いた団交は堂々めぐりに終わる。組合は31日の再開団交に富川の参加を拒んだ。

屋良は8月2日、事態を収拾するため主席室に副主席の知念を招いた。しかし知念はその場で辞表を出して「撤回する意思はない」と言明した。さらに複数の局長が辞意を表明したため政権崩壊の危機に直面する。

本音は任期満了を迎える11月までに辞任し、別の候補者を立てて主席選挙を実施してほしかった。*3 しかし、屋良の希望は与党に受け入れられなかった。そこで、政権の痛手を最小限にとどめるため、与党3党と調整しながら局長人事に着手した。副主席に教職員会の顧問弁護士で革新共闘弁護団の宮里松正を抜擢し、総務局長に元教職員共済会理事長で主税局長の新垣茂治を横滑りさせるなど側近で固めた。

主要基地残る

沖縄返還交渉は大きく3つの段階に分けられる。第1段階は、1968年から始まり1969年11月の佐藤・ニクソン共同声明までである。日米ともにごく少数の政治家、外交官及び行政官と、米国は軍人が事に当たった。琉球政府は交渉に加われなかった。このため屋良は首相の佐藤栄作をはじめ関係省庁に直接要請し、沖縄側の意向を托す手法に終始した。第2段階は、日米共同声明から1971年6月17日の返還協定が調印されるまでである。返還協定の文書作成作業と、復帰準備に取りかかる時期に当たる。1970年3月に沖縄復帰準備委員会が設置され、ようやく沖縄側の主張を日米に直接伝えられる。第3段階は、返還協定及び復帰関連法案が国会で強行採決され成立し、72年5月の施政権返還を迎えるまでである。

返還交渉全般を通じて、屋良に交渉過程を報告していた人物がいる。外務省北米一課長の千葉一夫だ。千葉は外務省で沖縄の施政権返還交渉を主導してきた。沖縄返還協定の外務省素案を起案したのも千葉である。返還協定の交渉が最終局面を迎えた71年3月から6月まで、懸案事項の進捗状況を週報（極秘）としてまとめている。「琉球政府メモ」には千葉の報告が細かく書き残されている。琉球政府首脳は千葉からもたらされる情報を基に、早い段階から新生沖縄県の在り方を日本政府に要求できただろう。しかし当時、屋良政権は混乱して十分対応できなかった。

屋良は71年5月21日、首相佐藤栄作に返還協定に対する最終要請を行った。この会談で佐藤は事実をごまかしている。例えば、返還時に沖縄から核兵器を撤去しても、有事の際は再持ち込みする密約をニクソンと交わしていた。だが、屋良には「絶対に持ち込まぬ」と断言しているからだ。[*5]

在沖米軍基地の整理縮小要請については「本土の（基地）負担を沖縄におわす様な事はしない」と約束した。基地の自由使用については「米国の勝手にはできまい」と述べ、屋良の懸念を払しょくしようとした。[*6]だが、屋良との会談直後の5月末に固まった在沖米軍基地の扱いは、屋良に対する説明とは正反対だ。

外務省文書によると、返還後も米軍が引き続き使用する施設は嘉手納基地、普天間飛行場を含む88カ所。主要基地はすべて残る。

屋良が強く求めた大幅な整理縮小は絶望的で、沖縄の基地負担を「本土並み」に軽減するという要望は、かなえられなかった。それどころか、在日米軍整理縮小の一環として3月から6月にかけて米空軍のF4ファントムが東京の横田基地から嘉手納基地に移駐した。逆に在沖基地は強化される中で、6月17日沖縄返還協定の調印を迎えることになる。

＊

1 屋良朝苗『激動八年　屋良朝苗回想録』(沖縄タイムス社、1985年)129ページ。

2 1971年4月23日、「高瀬大使発外務大臣あて極秘大至急電信」H0120-2001-02723(外務省外交史料館所蔵)。

3 本書「琉球政府メモ」1971年8月付125ページ参照。

4 屋良『激動八年　屋良朝苗回想録』84ページ。

5 本書「琉球政府メモ」1971年5月21日付138ページ参照。佐藤は日記に「左の連中に大分いかれておる」と屋良の印象を書いている。支持母体の革新陣営の影響を受け左傾化しているという印象を持ったようだ。日本政府の意向を理解させるために「教育が大事な人」だから「機会ある毎に会ふ様にする」と記している(佐藤『佐藤榮作日記　第四巻』338ページ)。

6 本書「琉球政府メモ」1971年5月21日付138ページ参照。

「人事刷新」とびらの写真(111ページ)は、官公労と琉球政府の団体交渉のようす=1971年5月20日

沖縄返還協定調印

返還認めても基地反対貫く
式典出席辞退を決断

日記 ● 1971年5月5日～6月17日

涙がにじんだ事は事実

1971年5月5日（水）晴

子供の日だったが身も心も何とも云えない。心侘《わび》しさ重苦しさにつつまれて楽しめなかった。（中略）私は内《うち》で千葉〈一夫・外務省北米一〉課長の話を整理したり時局の手記を書いたりした。（後略）

琉球政府メモ

昭和46年5月5日

返還協定と基地に因んで

1、返還協定

返還協定では基地の問題を認めこれを提供することになっている。（中略）もともとわれわれは平和条約3条はおしつけられているものであり反対である。その反対である条約によって派生している基地も勿論《もちろん》反対である。それのみでなく戦争に対し徹底的に反対である。沖縄としては戦争につながる戦略、攻撃的性格の基地には反対であるわけである。その基地を認める安保〈日米安全保障条約〉にも、また基地を認める返還協定にも反対せざるを得ない道理が出てくる。

然《しか》らばこの返還協定を否定し復帰を否定する事でよいか。勿論そうはいかない。基地を認め本土並み基地の内容をもたない返還協定は反対ではあるが、止むを得ないものとして復帰は迎えねばならぬものと思う。そして復帰して特に本土と異なり、しわ寄せされている基地態様であれば、それを是正していく様、沖縄現地でも本土国民としてもその態様の改善に努力して決意を以《もっ》て事態を迎える以外にはないと考える。しかし何と云っても基地は整理縮小され撤去の方向に辿《たど》っていかねばならぬと思う。返還は認め基地については従来通り反対は主張していくべきであろう。

2、基地と自衛隊

本土政府は米軍基地は撤去をまたずに自衛隊の沖縄配備を検討している。在沖米軍は強大な戦略的、攻撃的、補給、通信基地性格をもっている。その一部と肩代りするとすれば、好む、好まぬにかかわらず自衛隊もその性格に評価され、云われる攻撃的性格をもたぬ自衛隊が変質させられる事になる。要路の人は沖縄に駐留しても自衛隊はあくまでも自衛隊であると主張されるが、しかし自衛隊は事実は軍隊であろう。それがアメリカの攻撃的軍隊と同居すれば一蓮托生の性格の軍隊と外国から評価される事は必定である。自衛隊が沖縄に派遣されれば、沖縄の基地は日本軍隊が一枚加って強化されたと評価される。その海外からの評価の次第によって基地あるが故の危険の度合も決るわけである。したがって米軍基地に肩代りする自衛隊の派遣は沖縄の現状では適当ではない。（後略）

5月6日（木）曇

（前略）午後三党代表、福地〈曠昭〉君と来訪。返還協定の件、重要問題提起あり。*1 私はこの課題を対策室の安谷屋君に手渡しコピーをとり内容を検討して呉《くれ》るよう依頼する。（後略）

5月14日（金）

九〈時〉三〇、伊藤忠商事社長表敬。一・三〇、海員組合。二時、高瀬〈侍郎〉大使、返還協定中間報告手交。（後略）

5月15日（土）

八〈時〉四〇石川県仲西知事表敬。九、局長会議。一〇時、返かん協定中間報告について記者会見あり（中略）福地、仲吉君、参議院議員候補に金城弁護士決定の事報告あり。（後略）

5月21日（金）晴

六時半頃眼さめる。八時前まで、各局の資料に目を通す。八時から十時、

＊1　屋良は「中間報告でみる限り、（返還協定交渉は）満足すべき解決にはほど遠い」と述べ①72年・核抜き・本土並み返還をさらに明確にする②基地は縮小の方向を示すこと③対米請求権には重大な関心をもっており県民の要望を入れること④ＶＯＡ放送、特殊部隊は撤去すること―を引き続き要請したことを明らかにした。（『琉球新報』1971年５月15日付夕刊参照）。

2　茅誠司（かや・せいじ）1898～1988年。物理学者。57年東大総長。76年沖縄協会会長。

大浜、森戸、茅〈誠司〉先生、[*2]末次氏、朝食会あり。十時半から〈佐藤栄作〉総理に会う。保利〈茂〉官房長官も立ち会う。私のつくった要請文で懇々と訴える。人の心を打つ名文であると思う。七〇分以上も話し、よいことも引き出す。例えば請求権の件、国が責任をもって処理する事、琉球政府の赤字を政府が処理する事とか、その他大分よい事が出たと思っている。まず成功であった。保利さんも今日にこにこ。（中略）五時半から愛知外相に。ここでも意義ある事を聞いた。だいたい効果的な会見を終わった。（後略）

■ 返還協定調印までの経過

1969

- 12月2日　柏木財務官とジューリック特別補佐官が財政密約文書にサイン

1970

- 6月5日　愛知、マイヤー日米両代表が沖縄返還協定作成のため初会合

1971

- 5月4日　千葉外務省北米１課長、屋良主席に返還交渉について説明
- 5月15日　愛知外相、国会で返還協定交渉の中間報告
- 5月19日　返還協定粉砕24時間ゼネスト
- 5月21日　屋良主席、佐藤首相と愛知外相に調印前の最後の訴え
- 6月9日　愛知外相、ロジャーズ米国務長官がパリで、沖縄返還に向けた最後の日米交渉
- 6月17日　沖縄返還協定調印式。屋良主席は欠席

首相官邸大広間で開かれた沖縄返還協定調印式。調印後シャンパンで乾杯＝6月17日（宮田裕氏提供）

昭和46年5月21日　於：東京

総理、官房長官

琉球政府からの要請に対し

1、〈返還交渉〉中間報告は外交交渉前であるので必ずしも全部を明らかに出来ないこともある。国政参加が実現し而《しか》も野党議員が多いので野党的発言も多く決して県民無視ではない立法院の決議等も聞いて今後も反映せしめていく様努力する。主席、立法院の意志を尊重する。一番重大な事は復帰後の県民の生活だ。

2、沖縄問題を考える時には、沖縄だけにとらわれず本土国民の意志や立場も考えてもらいたい。しかし本土の負担を沖縄におわす様な事はしない。基地は縮小計画を立てる。A、B、Cとつめている最中と聞いている。

本土の基地、平和条約発行〈効〉時2824→116（現在）

3、核の問題については心配するな。沖縄には絶対に持ち込まぬ。核抜きは説明のつく様にする。核の問題はきわめて微妙で大統領の占〈専〉権に属する。その最高唯一の責任者であるニクソンと総理との間に決めた事。非核三原則も了解している以上核抜きは大丈夫である。

4、事前協議で自由使用規制できるか。

米側の基地機能は低下させぬという。自由使用ができねば機能は低下する。そのあたりの事。

この事はあくまで日本サイドで考えていく。自国の防衛の立場でいくので米国の勝手には出来まいから矛盾なくいける。

5、VOA

あつかいにくい。国務省の管轄。文化施設で近隣諸国の刺激しない謀略に使わない。放送、すんなりしたニュースを流すと言うことだが電波法の建前から認めにくい。暫定的には認めざるを得ない。

6、第7心理作戦部隊

本土にないから認めない。

7、SR71偵察機

他国領空を浸〈侵〉犯しない様にする事を確認し認める事になるか。

気象観測に利用。

今の状態では困る。

8、請求権

個人的の不安はないようにする。国の責任で処理、大分つめつつある。

9、自衛隊について

肩代りの考えはない。沖縄を前進基地にする考えはない。沖縄に6千名配置する云々も県民の気持ちがちぐはぐでは出来るものではない。今後の政治的判断である。

10、復帰前に円の切り上げという事は絶対にない。ただし弗《ドル》の生活から円の生活への移行は困難するだろう。混乱する事のない様にしなければならない。

11、琉球政府職員の身分保障、待遇面の不利を生じない事。

よく考慮する。年金問題もよく考えていく。
12、琉球政府の債務
考慮する。政府が善処する。
13、軍道路、政府道、市町村道の買いあげ約2億弗。実情を調査、道路網も格差を1日も早くなくする。

5月21日

愛知外務大臣

1、中間報告ははじめての試みである。県民不在と云われているので、それに対して答えたいと考えた。内容がないと云われているが、質疑応答の中で大分答えられていったのではないかと思う。

（木村官房副長官）

調印の時に象徴的に目玉商品となるもの、那覇空港、与儀ガソリンタンクの在地等は復帰までに整理縮小されると思う。住宅地帯も期待と希望を約束。
2、基地の整理統合という表現は整理縮小を意味している。基地機能も縮小される。基地密度はすぐには減少せしめる事は無理である。調印の時間は大体6月5日までの間か。（後略）
3、核は返還の時にきれいに抜く。県民が納得する様な方法を講ずる。防衛庁や米国ともよく話している。核も抜き、自由使用も絶対に許さない。アメリカ大統領の外交教書に沖縄の基地は復帰したら安保の規制の中で縮小されるとはっきり云っている。

5月22日（土）晴

六時半頃から起きて各局から出ている予想質問資料に目を通す。（中略）十時から山中〈貞則〉総務長官に会う。二時十七分まで延々四時間十七分に及ぶ話し合い。総理、外務大臣に要請した事、その返事について概要報告。長官の意見を聞き、総理と外務大臣の答えを確認しつつ、さらに総務長官の分野たる事項について数点念を押す。特に戦災遺族の処遇や恩給、年金制度などへの協力を要請。次年度に予算化して必ずかいけつする事を約束。（後略）

6月6日（日）時々雨

十一時、久場先生、山城先生、山里先生を御招きし懇談、意見を聞く。自衛隊の件。（中略）五時に新城、砂川、金城、宮里、幸地先生御招きし同じく意見を聞く。夕食会、十時過ぎまで懇談する。

6月9日（水）曇

（前略）今日、五時三〇分から愛知―ロジャーズ会談がパリで開催さる。そこで返還協定、最後のつめがなされるとの事。高瀬大使から調印が十七日午後九時に決定したとの知らせあり。午後十時から政府で記者会見あり。[*3] 瀬長氏、大島氏等立ち会う。

＊3　屋良は会見で次の様に述べた。「核抜きについては日米共同声明の第八項に沿って核抜きを証明するというが、この第八項の表現自体が疑問を持たれており、それに沿うというだけでは問題だ。そういう表現だとすれば沖縄の要求したこととは違う。われわれとしては核抜きを明確に協定の中にもり込むのが一番よい方法だと考えている」。（『琉球新報』1971年６月10日付朝刊）

6月12日（土）晴

十一時、施政方針演説大成功。[*4] 宮里松正氏より良かったとの連絡あり。（後略）

6月15日（火）晴

（前略）三時、安里代議士、平良幸市氏進言の為《ため》来訪。記者ティタイム。五時、教職員会青年部申し出、知花英夫氏はじめ与党の方々来訪。〈返還〉協定調印式に意見を聞いた団体及個〈人〉。社大党、社会党、人民党、無所属、教職員会、復帰協、県労協、琉大、久場、山城、山里教授、新城、宮里、幸地、金城、砂川教授、朝夫君、宮里松正氏、平川先生、安里源秀氏、源ゆき先生、正子さん、副主席はじめ各局長、朝日広瀬記者、共同の富沢氏等。[*5] 夜、山中総務長官より電話あり。[*6] 長官に私の気持、沖縄の事情等つぶさに話す。大臣は私の説明をよく了解してこれ以上主席を苦しめる事はない。総理には大臣の方でよく話しておくとの事であった。大変有りがたい思いやりであった。感謝にたえない。やはり山中大臣は立派な政治家と云う感じである。

6月16日（水）晴

（前略）竹内外務政務次官。[*7] 来訪、迎えに行く。その前に高瀬大使に会って調印式で出席を辞退する。申し上げにくい事であった。その時に代理と

＊4　主席任期中最後の施政方針演説。屋良は軍事基地反対、安保条約反対の立場を堅持し、自衛隊配備にも反対した。返還協定の内容に「県民の切なる要望にはほど遠い」と指摘した。（『琉球新報』1971年6月12日付夕刊）

5　琉球政府メモ部分「6月17日返還協定調印式欠席の経緯」は、調印式について「全部が出席しない方がよいとの意見であった」と記述している。

6　山中から返還協定調印式出席をすすめられた。（前掲琉球政府メモ部分「欠席の経緯」、屋良『激動八年　屋良朝苗回想録』参照）

7　前掲琉球政府メモ部分「欠席の経緯」は「外務大臣からの調印式立ち合いの招請をてい重に伝えられた」と記録している。

云うのではなく瀬長〈浩〉氏を事ムレベルで派遣したらとの話あり。瀬長君了解する。副主席、平良幸市氏の了解を得て、瀬長氏派遣決定す。記者会見し発表する。二時、竹内次官来訪。協定書の説明受く。七冊の文書であった。

終って局長会。その時に瀬長氏のはけん説明。それに対し、宮城局長のはけんの意義質問に端を発し緊迫する。宮里氏、主席もその用件が分からないでは大変だとの事で私もあわてる。飛行場に電話して成るべく式典に出席しない事、出席しても主席代理として準備された様子にならぬ事を指示す。私も又一難におそわれた気持。

夜、東京から吉田氏の電話。やはり瀬長氏が心配して大阪から吉田氏に電話があったとの事。結局、主席代理としてではなく、顧問代理として[*8]、ともかく琉球政府代表として取り扱わしてもらいたいとの様だ。瀬長氏から問い合わせがあったが、東京の事情を見て瀬長氏の判断に委すと云う風にしてくれということで、そうする腹も固めた。東京からは昼、大浜先生も大あわてして電話あり。佐藤総理から森戸先生[*9]にも依頼があったとの事[*10]。大さわぎの由。

夜、吉田氏から電話。私はすぐ平良幸市氏に電話。善後策を聞いた。式場には参加させるなとの事。顧問代理としての固有の職だからそれならよいかもしれぬとの事もあった。不安の夜はかくして明けた。

＊8　復帰準備委員会は日本が大使、米国は高等弁務官がそれぞれ代表を務め、琉球政府から屋良が顧問として参加。

9　森戸辰男（もりと・たつお）　1888～1984年。経済学者、文相。片山内閣・芦田内閣の文相として6・3制、公選制教育委員会設置に取り組む。50年から63年まで広島大学長。

10　佐藤は日記（1971年6月15日付）に「（森戸から）沖縄返還式に屋良君が出席する様に自分もすゝめ度い等深切な注意あり。この人にしてこの言あり、感謝一入」と記述している。（『佐藤榮作日記　第四巻』）

6月17日（木）晴

天気晴朗なれども心の中おだやかならず。不安の波高し。今朝、七時半登庁。八時、ＮＨＫの一〇二に登場。（中略）宇宙中継の返還協定署名の実況を見る。涙がにじんだ事は事実。遂《つい》に来るべき日が来た。しかしその内容については非常に不安。憂うべき事、不満の事がある。平和憲法のもと平和な国の保障を受けて生活ができる所に意義があるのに、平和憲法とは関係のない米国の戦略的強烈な基〈地〉の中で生活を強いられる事はたしかに理不尽であり、憤懣《ふんまん》にたえない。これは考えれば考えるほど不満である。しかしこの協定によって復帰する。復帰処理をいかにするか、この憤まんにの対策をどう考えるか、運命とは云え、ここに又問題を背負い込んでまた茨の道、針の山は続く。悲運の沖縄、悲運とは云え運命の僕である。

日本政府の招待を断り沖縄返還協定調印式の模様をテレビで見る屋良（右から2人目）＝1971年6月17日、那覇市内の八汐荘

6月17日

返還協定調印式欠席の経緯

1、調印式に出席の要請があったら困ると思って、私自身高瀬〈侍郎〉大使にできるだけ要請のない様取り計らってもらいたい事をそれとなく前もって話してあった。また瀬長浩君にもその由大使に御願いしてくれるよう依頼。瀬長君は直ちに大使に話したとの事であった。

2、ところが6月14日高瀬大使が公舎に訪ねてこられ三権の長、三名調印式に出席方、本土政府からの招請を受ける。もっともこの事は前々日吉岡公使から前もって連絡は受けていた。私としては出席はできないとは思っていたが一両日検討させてくれと返事をした。

3、6・14以前に与党の方から若し出席要請があってもことわるようにとの強い

沖縄を米国の統治から日本の施政権下に置くことを取り決めた沖縄返還協定、合意議事録、交換公文などの調印式＝1971年6月17日夜、首相官邸大広間（宮田裕氏提供）

要請があった。高瀬大使からの招待が伝えられるや再び与党から出席拒否の要請があった。時を同じくして復帰協、革新共闘会議、教職員会、県労協、官公労等各団体から強い要請を受ける。若し敢《あえ》て上京するとなれば実力阻止もやむを得ないとも云っていた。かくて沖縄革新側からは総立ち上りに出席を拒む要請を受けた。

4、本土側からは吉田嗣延氏より本土の状況連絡あり。山中長官より15日の夜、電話で上京のすすめあり。沖縄の状勢、私の立場を説明。出席いたしかねる事を告げると、山中長官は直ぐ理解してくださり、そうだろうと思った。これ以上、主席を苦しめ度《た》くない。総理にはよく話しておく、との好意ある電話であった。明けて16日午前、大浜〈信泉〉先生より電話。何とか出席してくれとの事。できかねる事を申し上げた。先生は出席できぬ理由として①阻止されるからか②内容にあくまで反対し不満で出席しないのか③現地に混乱が起こるからかとの質問。それに対して私は①と③だと答えた。返還協定が調印されるとそれによって復帰する。そこでこの内容には反対不満の者が多い。大事な事は県民が具体的内容について冷静に考え、心落ちつけて復帰に処する、出来得る限りその態勢をつくり度い。私の大事な仕事はその事ではないかと思う。私の上京は県民のその心の態勢に逆行する事になるので上京を遠慮したいと所見をのべ出席出来ぬ事を明らかにした。大浜先生は大変不満であったろうと思う。代理は出せぬかとも言われた。今の所考えておらぬと申し上げる。

5、16日竹内外務政務次官来訪。返還協定の内容説明。（中略）外務大臣からの調印式立ち会いの招請を丁重に伝えられた。私は苦しかったが、辞退せざるを得ない事情を申し上げた。次官にも大臣にも申し訳ないと思ったが、致し方ない。（後略）

解説

ついえた「即時無条件全面返還」

宮城　修

1971年6月17日午前9時（日本時間）、沖縄返還協定が調印された。東京の外相愛知揆一とワシントンの米国務長官ロジャーズが、互いに衛星中継の画面を見ながら、それぞれ手元の協定書にサインした。東京の調印式に招待されながら欠席した屋良は、式の模様をテレビで見ていた。屋良は日記にこう書いた。

「涙がにじんだ事は事実。遂に来るべき日が来た。しかしその内容については非常に不安。憂うべき事、不満の事がある」[*1]。

屋良は「基地の形式的な『本土並み』には不安を表明せざるをえない」[*2]と主席談話を発表した。屋良が求め続けた「即時無条件全面返還」がついえた日となった。

数字のマジック

「憤まんにたえない」（屋良）のは、在沖米軍基地の問題だ。返還交渉が大詰めを迎えた5月21日、屋良は首相の佐藤栄作と外相愛知揆一に沖縄側の最後の要望を伝えている。特に強く求めた基地問題について愛知は「基地の整理統合という表現は整理縮小を意味している。基地機能も縮小される」と明言していた[*3]。

ところが返還協定の了解覚書として6月17日に公表されたリストを見ると「整理縮小」とは名ばかりだ。リストはA表（復帰後も引き続き米軍に提供）88カ所、B表（A表のうち復帰後の適当な期間提供した後、日本に返還）12カ所、C表（復帰前または復帰の時点で返還）34カ所となっている[*4]。だがこれは印象操作にすぎない。

返さない施設（A表）は従来の施設名で数えると88カ所ではなく124カ所に相当する。例えば新たに「嘉手納弾薬庫地区」と呼ばれる施設は、これまでは知花弾薬庫、嘉手納弾薬庫など9施設をさす。それを強引に一つにまとめてあたかも減ったような印象を与えている。

逆に返す施設（B・C表）46カ所は、47平方《メートル》しかない憲兵隊施設も一つとカウントするなど。返還数を〝水増し〟している。またB表のほとんどの施設は民間に返されず自衛隊に引き継がれる。

沖縄全体に占める米軍基地の割合が2・5%削減されるにすぎない。嘉手納基地、海兵隊施設、那覇軍港[*5]などの重要施設のほとんどが残ることになる。既に有事の核再持ち込み密約も交わしている。基地機能は低下せず維持された。

財政密約

米側の「沖縄返還交渉に関する戦略文書」（69年7月3日）によると、米国は沖縄に投下した資産の回収を目指した。米側は返還に伴う米資産買い取りなどの日本の財政負担について一括払いを要求した。算出根拠のない「つかみ金」（ランプ・サム＝LUMP SUM）のようなものだ。米側の言い値は6億5千万ドル。外務省文書によると、佐藤はこれを了承したが、蔵相福田赳夫は「沖縄を金で買った男といわれて内政上の立場が悪くなる」と難色を示した。[*6] 米側と交渉に当たった大蔵省の財務官柏木雄介は、資産の評価額を一つ一つ積み上げるやり方を主張し、譲らなかった。しかし、米側が愛知に、財政取り決め交渉が「核抜き」を左右すると伝えたため、一括払い方式をのんだ。

71年6月17日に調印された沖縄返還協定第7条に①日本政府へ移管する米国政府の財産の買い取り②核撤去費③基地労働者関連費用―として、総額3億2千万ドルを日本政府が米国政府に支払うことが盛り込まれている。

しかし、69年12月2日に柏木と米財務長官特別補佐官アンソニー・J・ジューリックとの間で交わされた秘密覚書は、日本の支払いが4億6500万ドルとなっている。[*7] なぜ返還協定の総額より秘密覚書が1億4500万円多いのか。理由は日本政府が国民に説明できない秘密の取り決めを交わしていたからだ。沖縄返還協定第4条で米国が負担すると明記された軍用地の原状回復補償費400万ドルを、日本が肩代わりすることを密約している。[*8] 短波放送中継局「ヴォイス・オブ・アメリカ」(VOA)の移転費1600万ドルも日本が肩代わりすることになった。

この秘密覚書の中に、施政権返還に伴う通貨交換で日本が回収した6千万ドル以上を、ニューヨーク連邦準備銀行へ25年間無利子で預金するという密約が盛り込まれた。通貨交換で日本が回収したドルは、国際収支上、日本の黒字に貢献する。逆に米国は国際収支上マイナスになる。しかし、ドルを連銀に25年預けることで米国の国際収支への影響を和らげ、かつ無利子にすることで利払いの節約になり米財政に貢献することになる。

最終的に、琉球銀行の株式や石油・油脂施設などの売却益を加えて米側の得る財政・経済的利益は、6億8500万ドルと見積もられていた。[*9] 米国は返還協定に書かれた以上の金額を手に入れたことになる。

一方、70年6月24日、財政密約を交わした柏木が屋良を訪ねて来た。当時、沖縄の米国資産買い取り問題について沖縄側の考えを聞くための来沖と報道されている。[*10] 密約から半年たっていた。屋良は日記に「一時半から柏木税〈財〉務官、岡島参事官と懇談」と記している。屋良は電力公社や水道公社などの米国資産は「県民の多年の努力によって増殖された部分が大きい」と述べ「これらの資産は県民の所有に属する」ものであると伝えた。屋良は、これらの施設は日本政府が買い取るべき債務ではないと考えていた。柏木は既に米国との間で、日本政府が買い取ることで合意していたが、それには触れず「沖縄側の考え方を十分考慮する」と答えている。

新たな「屈辱の日」

「本土政府への要請事項」という表題の琉球政府メモが残っている。日付は不明だが、前後関係から1970年7月ごろだと考えられる。米国支出金及び米国管理資産の処理について「せめて復帰に当っては十分（沖縄と）意志の疎通をはかり、そして切なる要求も反映されて復帰の作業も進められていく事を強く要望し、要求を持っている」と書かれている。しかし、要望通りにはならなかった。返還協定は政府にとって都合の悪い核兵器と金の問題を隠したまま、調印された。革新陣営は沖縄を日本から切り離したサンフランシスコ講和条約発効日（1952年4月28日）に次ぐ新たな「屈辱の日」と非難した。そして屋良が調印式に出席するなら実力阻止も辞さない構えで反対した。

沖縄の動きに対し返還協定を閣議決定した6月15日、自治大臣臨時代理の根本龍太郎が「沖縄を甘やかすな」[*11]と発言、日本政府と沖縄側の温度差が表面化した。

屋良は混乱を避けるために返還協定調印式を欠席した。そのいきさつを琉球政府メモに詳述している[*12]。

＊

1 『屋良日記』1971年6月17日付。
2 『琉球新報』1971年6月18日付朝刊。
3 本書「琉球政府メモ」1971年5月21日付140ページ。
4 『琉球新報』『朝日新聞』1971年6月18日付朝刊。
5 1974年1月30日、日米安保協議委員会で那覇軍港、牧港住宅地区など32施設（38カ所）の全部ないし一部返還で日米合意した。しかし那覇軍港、牧港住宅などは代替施設の提供を前提としていた。
6 1969年10月4日「沖縄-財政問題（総理反応）」0600-2011-00003（外務省外交史料館所蔵）。
7 本書「開封」152～153ページ参照。
8 本書「開封」154ページ参照。
9 我部政明『沖縄返還とは何だったのか』（日本放送出版協会、2000年）191～193ページ参照。
10 『琉球新報』1970年6月25日付朝刊。
11 根本発言に対して屋良は「甘やかされているとは考えていない」と反論した。（『琉球新報』1971年6月16日付朝刊参照）。
12 本書「琉球政府メモ」1971年6月17日付145ページ参照。

——日米が財政密約

日米両政府は、沖縄返還にかかる経費について〈密約〉を結んでいた。沖縄県公文書館所蔵資料から一部紹介する。（抄訳　仲本和彦・戦後史研究家）

■1969年12月2日付柏木雄介大蔵省財務官とアンソニー・ジューリック米財務長官特別補佐官による秘密合意メモ
（USCAR総務室文書・0000000793）

日本国大蔵省の代表と合衆国財務省の代表は、沖縄施政権の返還における特定の経済及び財政的側面に関して双方が従うべき原則について、複数回の協議を行った。協議の結果、双方の代表は、以下に概要を示す合意に至った。

1　民生及び共同資産の買い取り——1億7500万ドル
A・電力公社
B・琉球開発金融公社
C・水道公社
D・行政組織機構
E・基地外の道路網
F・合意される航行及び通信補助装置（中略）

2　軍の移転費及びその他の返還に関連する費用——2億ドル（日本国政府は、

2億ドル相当を、合意した財貨及びサービスで準備するものとし、本合意書において特に決定していない限り、軍の移転費用及び返還に起因するあらゆる合衆国予算を賄う目的で、返還の発効日から5年以内に、そのすべてを引き渡す。特定の軍事施設を沖縄外に移転する合意がなされているため、本項での合意額は、1億5千万ドルに減額するのではなく2億ドルのままにとどめる。かかる費用は、返還の前ないし後のいずれでも発生しうるものと理解される。両国政府は、那覇港、那覇空港等の現行の施設に匹敵する新規施設について話し合う。支払いは、必要に応じて数年にわたって日本国予算に盛り込まれる。本協定の内容のいずれも、日米地位協定に基づく両国政府の権利ないし義務を損なわない。）

3　沖縄において移転不可能な軍事施設は、日米地位協定の条項に従って取り扱う。（残余の資産）

4　通貨の換算――日本銀行は、6千万ドルないし現に通貨換算した額のいずれか大きい方の金額を、合衆国財務省の主銀行であり取次銀行の役割を果たすニューヨーク連邦準備銀行の無利子預金口座に入金する。資金は少なくとも25年間、継続して預金されるものとするが、この期間中に、日本国政府は合意された客観的基準により決定されたとおり、収支上の緊急の必要に応えるため一時的に預金を引き出すことができる。

5　社会保障――3千万ドル（後略）

■1971年6月11日付リチャード・スナイダー駐日公使と吉野文六外務省アメリカ局長による秘密合意メモ
（オフラハーティ文書・U90007159B）

VOA（ヴォイス・オブ・アメリカ）施設と同等の代替放送局として両国政府間で合意することになっているVOA施設を日本国外に建設する実費を1600万ドルから控除した額は、予算規定の施設改善移転費6500万ドルから差し引くものとする。

■1971年6月12日（沖縄返還協定）第4条第3項についてのスナイダー駐日公使と吉野文六外務省アメリカ局長による議論の要約
（オフラハーティ文書・U90007159B）

〈スナイダー〉　私は、第4条第3項に基づき支払われる（土地の原状回復費用にあてる）自発的支払に関するこれまでの議論を参照し、最終的な金額は未だ不明ではあるが、現在の我々の理解では、金額はおよそ400万ドルとなるであろうことに留意する。合衆国政府は、第4条第3項に従って、両国政府による負担額を決定する。
〈吉野〉　あなたの発言に留意する。貴国の支払の最終的な額は未だ不明であるが、日本国政府は、自発的支払を行う信託基金設立のために、第7条に基づき支出する3億2千万ドルのうち400万ドルを留保しておくつもりである。
〈スナイダー〉　あなたの発言に留意する。

第2次毒ガス移送

経費負担で米と交渉
山中長官の政治力に感激

日記● 1971年2月18日～9月9日

最後の移送車通過　さすがに救われた

琉球政府メモ

1971年2月18日

毒ガス移送コース視察調査手記

（前略）

2、弾薬庫地域ははじめて見る。山林地帯に所せましとばかり毒ガス貯蔵庫が散在し、普通火薬は道路両側に露天にさらし積み重ねならべられている。いったいこの火薬は使用するのであるかどうか、どうしてこんな無駄な事が為《な》されねばならぬのか不思議な事だ。尤《もっと》も戦争という悲劇を生み出す準備の施設、態勢であるからこれが人間の福祉的観点から意義があるはずがない。全く無駄のまた無駄の事ばかりだ。アメリカに取っては意義があるかも知れぬが、その為《ため》に沖縄が犠牲にさらされている理由はない。軍の無神経も驚くべき事だ。飛行場の周辺にこんな恐るべき毒ガスや弾薬が貯蔵されている。万一のことがあれば攻撃の焦点にもなろう。また飛行機のつい落事故でもあったらいったいどう云《い》う事になるであろうか。寒心にたえない。（後略）

4月10日（土）晴

公舎で休む。昼、〈ランパート高等〉弁ム官、高瀬大使と会見、昼食。毒ガス移送の件。四月いっぱいにコース決定。工事二ヶ月、移送二ヶ月、工事着工以来四ヶ月に移送完了の予定との事。（後略）

4月24日（土）

九、局長会議。東京へ予算要請へ行くこと決定する。ランパート弁ム官に会う。高瀬大使の部屋に於《お》いて。午後、更に局長会議、夜まで続く。（後略）

4月26日（月）晴

（前略）一時半、対策庁長官に会う。二時→四時山中〈貞則総務〉長官に。四時→二十分外務大臣に会見。記銘別記。五時→六時半、山中長官と。その間に得たものなし。何の為に上京したか分らぬ。気休めにしかならぬ。しかし有意義であった。（後略）

琉球政府メモ

4月26日2時→3時45分まで話したが結論は出ず。5時→6時30分の二回会合を持ち、大臣が再三にわたって福田〈赳夫〉大蔵大臣[*1]に電話。ついに予備費から20万ドル支出すると決定。これは山中大臣でなければできぬ芸当であった。大成功。

4月30日（金）

（前略）弁ム官から移送ルート指摘し、実質的には同意し、形式的には私は之《これ》を受けて帰り対策会議に図り、之を了承する事にして十二時半、公舎に於《お》いて七市町村長、議長集ってもらって経過報告し、移送ルートの指摘を受け之を了承したい旨報告、協力を要請する。具志川市長、石川市長から区民の納得ないままの決定に反対表明あり。四〇分くらい質疑あって閉会。ただちに一時半、立法院議長室に議長、副議長、委員長、各党代表集ってもらって経過報告し、移送ルート決定。ついては協力を要請する。大体立法院の参考案であったので異議はなかった。その時、外では自民党青年部が屋良主席退陣要求大会あり。（後略）

5月22日（土）晴

（前略）十時から山中総務長官に会う。二時十七分まで延々四時間十七分に及ぶ話し合い。（中略）毒ガス移送コースの建設費その他必要経費の捻出に非常に頭をいため困なんを極めたが、またまた長官の強力な政治力を発揮、建設費二十万弗を一般予備費から支出し

＊1　福田赳夫（ふくだ・たけお）1905～1995年。政治家。群馬県生まれ。大蔵省主計局長を経て政界入り。佐藤内閣で蔵相、自民党幹事長、外相を歴任、沖縄返還交渉に関わった。1976年に首相に就任。

てもらう事決定。福田大蔵大臣に三回にわたって電話で相談、鳩山主計局長と一回、かくて火曜日に閣議で決定する事に一決。急転直下この難問かいけつする。山中大臣でなければ解決出来ぬ芸当だ。頭が下る。大きな土産が出来た。次は補償費についてであるが、それは移送終った段階で清算し、琉球政府の予算外緊急借入れで支払いし、その負債の支払いは主席と山中長官との間で話し合ってかいけつする事に合意。結局は本土政府が支出して下さる事のたがいの腹芸だ。それでこの二点の問題は遂に解決する。大きな収穫であり前進である。[*2]（後略）

■ 第2次毒ガス移送の経過

1971

- **3月12日** 立法院軍関係特別委は第2次移送について知花弾薬倉庫から瑞慶山ダム（現倉敷ダム）に架橋、美里村、具志川市、石川市（いずれも当時）を通るルートを選定。同日3市村が反対声明
- **4月7日** 毒ガス撤去で事務レベルの調整を図る米琉合同委発足
- **4月24日** 屋良主席、高等弁務官会談
- **4月26日** 屋良主席、山中総務長官会談。移送ルート建設費の日本政府負担決定
- **4月30日** 琉球政府、移送コース決定
- **7月9日** 屋良主席、山中総務長官会談。毒ガス移送経費の日本政府負担決定
- **7月15日** 毒ガス第2次移送開始

天願桟橋に到着した毒ガスを積んだトレーラー＝1971年7月15日

- **8月25日** 天願桟橋で毒ガスロケット弾落下事故。ガス漏れはなかった
- **9月9日** 第2次移送完了。移送の実働日数は34日

＊2　毒ガス移送コース建設費20万ドルは、4月に日本政府が肩代わりすることが決まっていたが、財源が問題になった。総務長官山中貞則は復帰対策費の調整費を充てようと提案したが、屋良が難色を示し一般会計の予備費からの支出を要請した。調整費は全軍労の不時の支出や天災などの救済費に充てたいと考えていたからだ。山中は屋良の要請にこたえ、蔵相の福田らと折衝し、一般会計の予備費から支出することで大蔵省の了承を取り付けた。（『琉球新報』1971年5月23日付朝刊参照）

5月23日（日）晴

（前略）ヒ行場に降りる途端、南部水道が毒薬汚染の報に接しショックを受ける。[*3] 何の因果の帰任か。いつもこの様な不測の事態に見舞われる。内でしばらく休けい各局の資料に少し目を通す。帰任しても心休まるいとまなし。子供等も皆集って来た。

7月6日（火）晴

（前略）二時から高等弁務官に会う。干害対策への協力について、毒ガス撤去の経費支出についての要請。後者は希望もてず結局上京し本土政府に訴えねばならぬ。記者会見。（後略）

琉球政府メモ

警備その他の諸経費と補償費を概算せしめて約40万ドル。この要求書を持って7月6日高等弁務官に会い二時間にわたってこの経費の責任的支出を要求した。ところが案の定、弁務官は補償については米国にこの制度がないから出せない。その他の事務経費については以前から検討してきた。今後も検討してみるが現時点においては財源が見つからぬと言う。ほとんど支出見込みはないことが分かった。そこで私は経費なしでは、この事業に協力はできないので米国が出さず琉球政府は出す能力もなく、また出すべき筋合いでもなし。後は本土政府に頼まねばならぬが、いずれも失敗したら、私としては手をひく以外にないと言明した。弁務官は驚いた様子であった。（「第二次毒ガス移送について」）

＊3　劇薬ＰＣＢ投棄により本島南部の水源地が汚染され、４村の4372世帯、10校への給水を中止した。

7月8日（木）晴

九・三〇、高瀬〈侍郎〉大使と会い、上京の趣旨について話しをする。かれこれ云《い》われるが余り力を発揮する事はできない様だ。私に手をひかれると毒ガス移送が不能となる事を恐れているようだ。（後略）

7月9日（金）晴

七時起床。八時までに朝食すます。八時半、吉田氏来訪。粟国君、里君来訪。要請対策。吉田氏、知事公せんの件で話を耳に入れる。自民党の幹部では大浜先生を立てようとの話もあるとの事。大田〈昌知〉、長嶺〈秋夫〉は受け入れぬとの事。私を保守、革新でよう立しようとの話も出ているとの事。そうならば私にもう一期出たらとの話。聞きおく程度にした。（中略）十時四五分、岡部長官、総務部長に会う。十一時から山中長官に会見。毒ガス撤去経費の件。先生、かんばつ被害援助、水資源開発の件、育英会関係、港湾労組の問題等話す。結論はもう一度話し合う事にする。（後略）

7月10日（土）晴

（前略）十一時山中大臣。山中大臣との今日の話し合いで要望した問題は大体解決する。山中大臣の有がたい措置で何とか用件を果す事が出来た。感謝にたえない。これでガス兵器を撤去させ得なかったら大変な事になる。対策庁長官にあいさつ。（後略）

7月12日（月）晴

七時二十分ホテル出発、予定時に羽田出発。大嶺所長以下幹部に見送〈ら〉れて御別れする。
十一時二十分ナハ着。雨降らず毒ガス撤去以上の悩み。（中略）二時から局長会議、帰任報告。四時から具志川、石川市長、議長、美里当局と第一次毒ガス移送補償金の支払い、第二次移送の補償の支払い確認書の署名交換をする。仲々うるさい問題はあったが要求が充たされる事を知った両長は最後の了承す。これが二次移送実施できる見通しはついた。
六時頃から弁ム官、高瀬大使、ヘイズ少将に会う。弁ム官は第二次移送の諸経費の中、琉政〈琉球政府〉の人件費（警察人件費を除く）として四万弗を限度として支出出来る権限を与えられた由、連絡あり。その他、知花弾薬庫勤務の労働者の件話したが安全地帯で就業せしめるとの事であった。帰って記者会見。夜、朝夫夫婦来訪す。

7月14日（水）晴
（前略）池原部落安全対策に不満の意を表明。移送ソ止の動きありとの情報で心配す。七時まで政フに残り大島君からの電話を受く。と〈に〉かく今夜説得にでかけて見るとの事。知念副主席に現地本部で抗議書を手渡した由。夜、中部教職員が中心となり抗議集会があるとの事でこれ又心配になる。影響が波及しはしないかと思って。学校が十五日から休みになると云うので沿道住民その判断で不安をまし、緊張しているとの情報もあり心配す。自主ヒナン者も多いとの事。もう後は運を天に委《まか》せて明日を待つ以外にない。

7月15日（木）晴
この日も私の人生に取って歴史的の一日となろう。朝七時、仲吉君に電話。総ム局長を解任する意志のない事を伝え、話し合いをもつ様懇願する。
七時十五分、毒ガス移送、東恩納現地に出発。八時十五分着、本部入る。本部は第一次の時より物すごく緊張する。弁務官、高瀬大使と共に第一回移送見守る。（中略）午前中は無事移送を終ったが最後に化学消防車のトラックの故障、タンカーのフォークリフト、ウ〈イ〉ンチ等に故障の為に五回目の移送は予定より七二分もおくれ、トレーラーも六台になったとか。副主席より連絡あり。はじめはしまったとは思ったが、まああと思っていたが夜、朝夫君から電話あった由。政府は如何なる措置をとったかと追求されたようだ。朝夫夫婦が来て事の重大性に憤がい、米軍に対し不誠意と怒りをぶちまけ驚いた。（後略）

7月16日（金）晴

毒ガス移送第二日。第一回は現場に出かける。ランパート弁務官に見えていたので第一回目見送って後、一時間半にわたって第一日目の時の化学消防車のクラッチの故障、船の起重機のフォークリフト、ウインチの故障等で輸送時間が一時間十二分も延び量に於《お》いて四車両分少くなった事、それが住民の不安、不信感につながる事、今後の移送案件を悪くする事等指摘。猛省を促した。ヘイズはじめ全軍関係者に指令して再び故障が起こらぬ様に機械器具、車両の点検調査を厳密にすると約束した。（後略）

移送を見守る日米琉3政府代表。左から屋良、ランパート高等弁務官、高瀬大使＝1971年7月15日

9月9日（木）晴

朝六時出発。風邪。体の調子悪し。七時前に東恩納本部につく。一回で七時移送。弁務官も来て

居られた。私の風邪を知り、軍医をよこそうかと云われる。それには及ばないと辞退したところ、クラーク渉外局長に後でウガイ薬とのどの薬のアメ玉を送って下さる。細い心づかい感謝にたえない。一回を見送り本部でかりてあるタタミの間で横になって休養。九時に二回目、三回目の間も休養。そこに知花英夫氏や太田昌知、朝夫夫妻も見える。

三回目、これがいよいよ待ちに待った毒ガス移送最終回の場面。顧みて感深し。弁務官、高瀬大使、フィアリー民政官、報道人一ぱい。この最後の場面、マスコミの写真班も大活やく。最終回とあって大島君等ヤク払いで塩をまく風景も面はゆい。最終回の最後の移送車が通過した時には流石《さすが》に救われたと思った。待ちに待った日が遂に来た。而《しか》も無事故で。沖縄にとり私にとり行政府にとって歴史的瞬間である。最後の車を見送り記者諸君に声明書を発表する直前、移送車無事天願桟橋に到着の報道流れる。やれやれと思い同時に気分を取り戻し声明を発表す。

大島君等対策本部は全くよくやって呉《くれ》た。感謝する。ほんとに画期的な大事業だった。ランパート、高瀬大使と私のコンビだったから出来たと自負する。しかしそれも山中総務長官の英断による経費の本土政府支出によって移送を無事終了することができたのだ。難行苦業〈行〉であった。（中略）

民政府で琉政側は集り、ヘリコプターで知花の毒ガス倉庫地へ行く。生まれてはじめてヘリコプターに乗って見る。知花で弁務官、高瀬大使と会って直ちに小バスに乗って六一にわたる貯蔵庫を点検。半分位は一一《いちいち》下車して空になっている倉庫を点検したが、後半分は下車しないまま内部を点検。三時間がかりで点検を終った。最後に弁務官、ヘイズ少将との間に質疑応答、挨拶を取りかわし、ここに知花倉庫内の化学兵器が全部完全に撤去された事を確認。なおこれ以外には毒ガスはなく沖縄にある毒ガスは全部撤去された声明書を弁務官に手交してもらう様に要望し、そうする事になった。ここに点検を終り、さしもの難事業も一応けりがつく。一生の思い出の一幕になろう。（後略）

解説

基地の自由使用に風穴

宮城　修

沖縄に貯蔵されていた毒ガス兵器約1万3千トンは、1971年に二度に分けて撤去された。第1次移送（1月13日）に続き、7月15日から第2次移送が始まった。混乱した第1次の反省を踏まえ、琉球政府は毒ガス対策本部を設置、態勢を整えた。毒ガスを撤去するため、1次移送の際に沿道住民と約束した移送コースの変更、補償問題、安全対策などに取り組んだ。

コース変更

移送コースの変更は、①住民地域を避ける②米軍基地内を通す③移送時間が短い④建設期間が短い―などの条件を満たす必要がある。

2月までに7案が浮上、屋良には知花弾薬庫から近い西海岸に桟橋を造る案が理想的と思われた。だが、米側は建設費と時間がかかりすぎるという理由で難色を示した。移送ルートについて屋良は、毒ガスを持ち込んだ米国の高等弁務官が提示すべきだと主張してきた。しかし米側は「日本政府と手を組んで、その責任を屋良に負わせる」[*1]姿勢を貫く。

結局、弾薬庫から基地内を通って具志川、石川経由で天願桟橋に向かうコースに決まった。問題は、だれが建設費を負担するかだ。

「歌舞伎シナリオ」

新コースの建設は20万ドル（当時のレートで約7200万円）。米国はジョンストン島の処理施設費に多額の資金を要したことと、第1次移送で使ったルートは十分安全という立場をとり、追加支出を拒んだ。

当時財政危機に陥っていた琉球政府に、建設費を捻出する余裕はない。困った屋良は、4月26日、総務長官の山中貞則に要請した。日記によると、山中は屋良の前で大蔵大臣の福田赳夫に再三電話し、ようやく日本政府が全額負担することになった。「山中大臣でなければできぬ芸当」と屋良を感激させた。[*2]

しかし、屋良―山中面談の1週間以上前に日本側の関係閣僚による協議の結果、日本側の全額負担が決まっていた。4月20日、山中は外務省アメリカ局長の吉野文六に「腹を決めた」と政治決着を図ったことを説明している。さらに山中は吉野に、沖縄側には「次のお膳立てが整った時に」公表することが最も好ましいとして以下、4項目の手順を示した。

手順は、①屋良主席が新ルートについて地元の同意を得ること②屋良主席がランパート高等弁務官に米側による全額ないし2分の1負担を要請③弁務官が一切負担できないと回答④屋良主席が日本政府に要請すること―。全額負担で移送の早期実行を可能にすると同時に、屋良ら琉球政府側を全面支援しているとの印象を演出しようとしていたことがうかがえる。

手順②の主席の弁務官要請の際、日本側の負担決定が漏れないよう、ランパートと事前に打ち合わせるよう在那覇の大使高瀬侍郎に指示するなど周到に計画した。[*3] オフラハーティ文書には、22日に高瀬が指示通りにランパート弁務官に伝えたことが記されている。[*4]

このシナリオを演じる必要性について、山中は「（事前に全額負担が漏れれば）日本政府が新ルートを受諾させるために琉政に加担したのだという左翼の宣伝に乗ることになる」と説明。日本政府関係者は地元住民の反対で移送が執行できなければ、日本政府が窮地に追い込まれると米側に伝えている。

しかし米側資料からも、これは山中が描いたシナリオだったことが裏付けられる。ランパートは芝居がかった「歌舞伎シナリオ」と表現している。[*5]

さらに移送に伴う警備費、住民避難経費、商店などの臨時休業補償など約40万ドル必要だ。屋良は琉球政府が出す筋合いのものではなく場合によっては「手をひく」と強い態度に出たが米側は拒否した。このときも山中を通じて全額日本政府が肩代わりした。

二重基準

コース変更とともに安全対策は重要課題だ。3月26日、屋良は毒ガス移送担当のヘイズと会談し、3種類の毒ガス兵器情報を尋ねた。ヘイズはマスタードとサリンについて明らかにしたが、VXガスについては「機密兵器」を理由にして化学式などの提供を拒んだ。毒ガスが貯蔵されている理由も「軍事的なことなので琉球政府で知る必要ない」[*6]と答えている。

米本国のワシントン、オレゴン両州は、毒ガス漏れが発生した場合、現場から半径20マイル（32キロ）、中心から60度の扇型の地域の住民を避難させる取り決めがある。屋良の指摘にヘイズは「港から列車で運ぶ際に、それが転覆し砲弾全体が炸裂、放出した際を仮定して考えた」と認めている。

しかし沖縄の移送は「安全」と繰り返すだけで本国同様の取り決めはなかった。明らかに米本国と二重基準になっていた。このため琉球政府の対策本部は、事故発生時の毒ガス拡散について独自に計算し避難の範囲を決めている。

第2次移送は9月9日まで2カ月間続いた。沖縄が一丸となって撤去を求め、基地の自由使用に風穴を開けた意義は大きい。

しかし、米軍は毒ガス兵器を撤去するが、秘密裏に沖縄に貯蔵している枯れ葉剤は保持する方針だった。[*7] 71年6月に結ばれた沖縄返還協定の了解覚書によって、返還後も在沖米軍基地はほとんど縮小されず、これまで同様に使われることは明らかだ。このままでは施政権返還後も「基地の島」であり続ける。屋良は返還後の基地の在り方について、県民代表として日本政府に明確な意思表示をする必要に迫られた。

＊
1 本書「開封」107ページ参照。
2 本書「琉球政府メモ」1971年4月26日付158ページ参照。
3 1971年4月10日付部内文書H01-2001-02723（外務省外交史料館所蔵）。
4 本書「開封」172ページ参照。
5 本書「開封」171ページ参照。
6 「琉球政府メモ」1971年3月26日付。
7 本書「開封」170ページ参照。

「第2次毒ガス移送」とびらの写真（155ページ）は、毒ガスを積んだ最後のトレーラーに厄払いの塩をまく屋良＝1971年9月9日

知花弾薬庫からトレーラーが着くと同時にカバーが取られ、15本セットになったGBガスロケット弾が次々に船積みされた＝1971年9月9日、天願橋

——枯れ葉剤は保持

沖縄県公文書館所蔵資料から毒ガスの貯蔵及び移送道路建設費補償に関する資料を一部紹介する。

（抄訳　仲本和彦・戦後史研究家）

■1969年10月22日付レアード国防長官発リチャードソン国務次官宛書簡の添付文書（国務省文書・U00001588B）

（前略）

I・化学戦争プログラム

（中略）

5・沖縄での備蓄分が米本土へ直接移送されるべきか、グアムを経由すべきかは政治的、予算的な面を考慮した上で決定される。現在その検討が行われている。

6・マスタード及びホスゲンを使った毒ガス兵器は全て廃棄するか無毒化すべきである。また、他の毒ガス兵器も取扱い容易な混合ガス兵器を開発するまでは生産を中止すべきである。その間、化学兵器プログラムは混合ガスの研究開発のみに専念すべきである。

7・暴動鎮圧に必要な分量と一個師団が30日間戦闘に使用できる分量の催涙ガスは備蓄されるべきである。

8・我々は、枯れ葉剤作戦及び農作物に対する限定的で選択的使用のための枯れ

葉剤使用に関する能力及び方針は保持すべきである。（後略）

――「歌舞伎シナリオ」

■1971年4月22日付ランパート高等弁務官発陸軍省宛電文「レッド・ハット・代替道路費負担に関する日本政府のシナリオ」（オフラハーティ文書・U90007125B）

4月22日に昼食をともにした高瀬侍郎大使によると、日本政府の関係閣僚は代替道路案ⅡAの建設費20万ドル《ドル》の負担に同意した。しかし、その同意はあくまで次のようなシナリオを前提にしており、その点について数時間後に政治顧問が吉岡も交えて再確認した。

A・まず、屋良主席は代替道路案ⅡAがレッド・ハット作戦に使用されるということに関して周辺住民からの合意または理解を得る必要がある。（中略）

B・それから、主席から弁務官に米国が建設費の全額または半額を負担するよう要請してもらう。日本政府としては、主席が納得できる理由でその要請が却下されることを期待する。この点に関して高瀬は、ジョンストン島の貯蔵庫建設費用がかかることや、ＡＲＩＡ基金の使い道がすでに確定していること

に言及することを提案した。（中略）

C・主席は弁務官との会談後に高瀬のところへ行って米国に拒否されたことを伝え、日本政府が費用を負担するよう要請する。

高瀬と吉岡は日本政府が費用負担に同意したことを主席に知らせないでほしいと強く要望した。特に吉岡は主席と琉球政府に知らせるタイミングに細心の注意を払う必要があることを強調した。もし主席のルート発表前に日本政府の決定が世間に知られると、代替道路案ⅡAを選択するよう琉球政府に圧力をかけたと非難を浴びるからである。

吉岡によると、このシナリオは吉野文六外務省北米局長と山中貞則総務長官によって描かれたものである。吉岡はさらに、もしも琉球政府が資金を受け取った後に周辺住民の反対で執行できなくなると、日本政府は厳しい立場に追い込まれることになると述べた。（後略）

■1971年4月26日付ランパート高等弁務官発ワード国際問題担当陸軍次官代理宛電文「レッド・ハット・代替道路費補償方法」（オフラハーティ文書・U90007125B）

（前略）代替道路建設費の補償に関する日本政府の〝歌舞伎シナリオ〟に対する貴官の懸念は理解できます。4月24日の昼食の際、私は高瀬大使に対して琉球政府を経由せずに補償費が直接我々に支払われるよう日本政府は最大限の努力を払ってほしい旨、再度念押ししました。（後略）

あの時

住民運動から政治主導へ

美里村（現沖縄市）登川区
毒ガス移送対策委員（当時）
仲宗根正雄

１９７０年12月3日、美里村（現沖縄市）登川に近い瑞慶山ダム（現倉敷ダム）周辺で、ゴミ焼却場建設現場の作業員が目や喉の痛みを訴え、米軍基地からの毒ガス漏れ騒ぎになった。米軍は手投げ弾の煙だと釈明したが、直後の5日にジョンストン島への毒ガス撤去の方針が発表され、地域に不安が募っていた。天願桟橋まで毒ガスを移送する際に登川地域を通ることが明らかになり、特に北見小学校の前を通すことは絶対に許せないという声が母親たちを中心に上がった。登川区として毒ガス移送対策委員会を設置し、「軍用地内を通れ」とルート変更を要求する運動になった。

移送前日の71年1月10日、美里村役場で琉球政府との対話集会が行われた。琉球政府は、移送ルートの変更も住民避難も必要ないと説明し、参加者の怒号が飛び交った。屋良朝苗主席は「私を信じて通してほしい」と繰り返すばかりで、具体的な約束は何もない。期待して誕生させた主席なのに、住民の立場とずれていると感じた。

結局、琉球政府は移送を2日延期して対策方針を提示した。美里村が方針を理解して阻止行動が解かれ、登川区も避難態勢を区民に説明することになった。

2次移送に向けては、立法院が基地内から瑞慶山ダムの西側を通るコースを決めた。琉球政府と立法院の代表者で米軍と交渉する形になるなど、住民運動より政治主導の展開になった。登川を通らないルートに変わったことで、地域の熱が一気に冷めたのは住民運動の弱さでもある。30日余の長期となった2次移送で琉球政府は、移送車両が通る栄野比や昆布で、自分で移動が困難なお年寄りを入院避難という形で個別に病院に収容した。そのまま入院先で亡くなる方もいた。地域を上げて避難対策を講じた登川の闘いを伝えていれば、防げたのではなかったかと悔いもある。

1次移送で米側はルート変更にかたくなだったが、2次移送では山中貞則総務長官の意向で、日本政府が移送に伴う費用負担をてこ入れしていたことが分かっている。復帰後に基地を提供する日本政府にとって、軍隊の行動を人目につかない所に移すのは好都合で、政治決着しやすかったのではないか。

（文責・与那嶺松一郎）

ニクソン・ショック

変動相場制移行、円切り上げ 頼みは山中総務長官

日記● 1971年8月15日〜28日

よく分からずキョトンと聞いていた

1971年8月15日（日）晴

（前略）十一時十五分、慰霊祭〈全国戦没者追悼式〉に出席。体育館〈日本武道館〉内去年の場所、控え室に案内。山中〈貞則〉長官に会う。そこであいさつ。序《ついで》に下地島パイロット訓練所で今問題になっている軍に共用され、軍事基地に転用され、殊《こと》に自衛隊の訓練共用される事を攻撃の材料になっているのでそう云《い》う事がない確認書を公文の形、而《しか》も運輸大臣の署名で取り度《た》い、世話してもらいたいとの事。山中大臣ご尤《もっと》もであり御安いご用である。序に担当大臣、総務長官も署名するとの確約が出来た。（中略）型の如《ごと》く慰霊祭は開始。天皇皇后両陛下臨席。今日は〈佐藤栄作〉総理の前を通ったのであいさつする。私も主席として最後の慰霊祭で参加で花をそなえる。スマートな式典終って遺族や参列者にあいさつして帰る。（後略）

8月16日（月） 晴

十時から知事会始る。総理の都合で十五分おくれる。総理のあいさつ。[*1]桑原会長のあいさつ。総理のあいさつに対する質疑応答が午前中続く。いろいろの質問も総理だけで答えている。メモを前もって書いてあるとは思うが、一人であらゆる面について答える。総理の仕事も大変だなあと思った。しかし自信をもって全く語りかける様に、ゆったりと答えている。流石《さすが》である。

十二時に運輸大臣に会えるとの事。例の〈下地島〉パイロット飛行場を自衛隊や軍に共用転用させぬとの確認書の件についての話である。幸〈い〉、運輸大臣、山中大臣、運輸部長と四名、話は山中長官がすでに根まわししてあったので、双方共、用件文書の内容ＯＫ。（中略）形式は私が公文で自衛隊や軍事目的に使用する事のない様、確認書を求める事にし、その求めに応じて両大臣が確認書を出す。その時に自衛隊を含めて日本政府がこれを確認すると云う文書の形式を取る事にしてＯＫ。

（中略）

〈喜久川宏〉通産局長から電話。之《これ》は昼食の時にアメリカの経済政策弗《ドル》異変がアメリカから通達されて来て、水田〈三喜男〉大蔵大臣[*2]から〈知事らに〉説明があった事。[*3]私は金融の問題

＊1　知事会で佐藤は沖縄県民の復帰不安を除去すると述べた後「大変残念なことは、沖縄の復帰は議論の余地のないことと思うが、これが闘争の材料にされている」とし「復帰される沖縄は本土と差別のないようにしたい。外交とか、政争に利用されるがそのようなことがないようにしたい」と述べた。屋良は「返還協定の内容にはなお多くの問題が残っている。これまでの各知事から出された問題はいずれも沖縄にとっても深刻な問題であるが、沖縄にはこのほか、基地あるがゆえに起こる多くの問題をかかえている。毒ガス撤去、核撤去、請求権、社会保障、財政問題などをどうするか、これから国民的議題として解決してほしい」と発言した。（『琉球新報』1971年８月17日付朝刊参照）

2　水田三喜男（みずた・みきお）1905 ～ 1976年。政治家。衆院議員。通産相、蔵相を歴任。

3　米大統領リチャード・ニクソンが1971年８月15日に発表した新経済政策。その中にドル防衛のため金とドルとの固定比率での交換停止が含まれ、ニクソン・ショックと呼ばれた。

はよく分らないのでキョトンと聞いていたが、その件について喜久川氏から電話。要は沖縄のドル交換レートは復帰するまで一対三六〇である事、それが維持出来る様に山中大臣や大蔵大臣に要請確認しておく様にとの事。そうしよう。

（中略）ほんとうに山中大臣が〈内閣改造で〉留任した事は私には天佑神助の機会と云いたい。若《も》し大臣でなければ今度の毒ガス移送も絶対不可能であっただろう。（後略）

8月17日（火）晴

昨夜瀬長〈浩・復帰対策室長〉君上京す。今日からは行動を共にする。（中略）

三時から総務長官に会う。之は延々と時間は長びいて八時過ぎに及ぶ。私から人事異動の件報告、協力を求め、毒ガス移送の経過報告。自主ヒ難の件の経緯報告。財源については琉政について考える事にする事も公表する。海洋万博開催要請ＯＫ。去年の万博形式にするか、そうでなくても日本が単独に開催し外国を参加させるかの方法がある。一通りの方法の何れかで是非実現するとの事だった。干害対策については只今大蔵省と折衝中との事、宜しく協力依頼に止めておく。パイロット訓練所の公文直接私に手交さる。

米国のドル防衛策が円の切り上げとなり、沖縄側が大きい損失を受ける事がないかと意見を求めた所、復帰するまでは左様の事はさせないと強調して居《お》られた。今日の閣僚会議でも日本の金融政策の犠牲に沖縄を追い込む事は絶対に許されない、それは又、かつての福田〈赳夫〉前蔵相と総理との約束でもある。ちかって一：三六〇レートはくずさないと強弁されたので、先《ま》ずは以《もっ》て安心する。記者会見でもそれは強く云い切って居られたので、大臣を信頼し是非そうあってほしいと思う。

（後略）

8月23日（月）

（前略）二時、局長会議。ドル問題対策。その前に宮里副主席帰任報告あり。私の明日上京決まる。要請文検討す。（後略）

8月24日（火）晴

九時半、瀬長氏来訪、喜久川氏一緒に話す。副主席、帰任報告。十時から局長会議。職員身分引継ぎと県庁機構について。（中略）二時、〈ランパート高等〉弁務官に弗〈ドル〉問題要請。三時に記者会見。四時頃に帰舎す。五時一五分、出発。（後略）

■ニクソン・ショックの経過

1971	
8月16日（米時間15日）	ニクソン米大統領、ドルと金の一時的な交換停止、10%の輸入課徴金などドル防衛8項目を発表
8月17日	山中総務長官、屋良主席に対し「復帰まで円の切り上げは行わない」と明言
8月23日	琉球政府、4項目の対策まとめる
8月24日	屋良主席、高等弁務官に要請
8月25日	屋良主席、水田蔵相、木村外相代理、山中総務長官に要請。日本商工会議所、沖縄の対策を早急に決定するよう「意見」
8月27日	日本政府、円の変動相場制移行を決定
8月28日	円の変動相場制実施 屋良主席、福岡で山中総務長官と会談

琉球政府メモ

8月24日　弁務官

私の要請に対し

1、新聞、USC〈USCAR〉の説明等により理解し重要視している。
2、柏木顧問も財務官と話し合い、東京で当局間話し合いするであろう。
3、米国上司や大使館に伝達する。要請書は弁務官、大使、ニクソン大統領の三氏宛。
4、要請の件、二国で措置。弁務官としては理解は出来るが、その他に権限なし。出来る事は上司が要請を理解してもう努力をする事。
5、これはUSAのインフレの防止為にとった措置である。成功したら沖縄に恩恵もたらされる
6、弁務官の理解しているところでは各国とも通貨の切りあげはしておらぬ。しておることろがあるとすれば金融の変化があっての事。米国としては各国に困難をもたらす意図はない
7、自分は力はないが、努力し協力はする。
8、USA、テキサスの労働者は賃金をあげられず困っているとの事だ。

8月25日（水）晴

（前略）十一時半、外相代理木村〈俊夫〉大臣に、千葉課長立ち会いで御会いする。十二時過ぎ、東京事務所で昼食をとり一時半から水田大蔵大臣に会う。

何《いず》れの場合もドルの問題に関連して沖縄対策は極めて大事に考えている。円の切りあげについて

国として決定しているわけでなく、今後変動があればさらに検討をする。決して沖縄の事を考えないのではない。大蔵大臣は九月六日から米国に出かけて、この問題について討議するとの事。円の切り上げや弗《ドル》円の交換と云う事については、復帰前は何人と云え共はっきりした事は云い得ない。これは日本丈《だけ》で単純には決められない。世界各国の共同の課題として、その中でしか決定されないとの事。

　二時から対策庁長官に会い、続いて二時半から山中大臣と副長官も対策庁長官も交え、喜久川局長、大嶺氏も一緒に話し合う。（中略）要は今の所、円は切りあげぬ基本方針は変わらない。世界の情勢でどうもならず、切りあげねばならぬ時は、県民に不利益、犠牲を与える事のない様、具体的な万全の策をとる事、強調。
〈山中長官は〉後で総理に電話。私との会談の事、説明。総理から主席に一言という事で、〈佐藤首相は〉私の心配、急きょ上京の労をねぎらい、政府としては、本土ではこの事は業者の問題であるが、沖縄では庶民の生活にかかわる緊要問題であるので、いかなる事があっても県民に不安、不利益を与える事のない様にする。主席も本土政府も〈県民を〉激励し、又沖縄の人々も不安動揺のない様、頑張ってもらいたいとの事。（後略）

8・25　11・40
木村臨時外相、千葉課長、主席、喜久川局長
1、昨日、臨時経済閣僚会議を開いた。それには山中総務長官も特別に参加してもらった。その中で沖縄のことについて日本政府は最大の配慮をする。対米折衝を新たにやらねばならぬと総理は云った。
2、通貨は施政権のシンボルに似たもので、復帰前、ドルと円の交換は難しいだろうが、輸入追徴金はよく理解出来るものと思う。沖縄の通貨問題は山中長官を中心に対策を考えている。外務省も責任もあるので、対米折衝をやる。追徴金については昨日米側に申し入れてある。

8・25
水田大蔵大臣、細見卓財務官、前田多良夫審議官外3人、主席、喜久川通産局長、大嶺所長
昨日の物価対策協議会の席上、総理は沖縄の問題については特別に当る旨の指示があった。大蔵としても現地の希望についていろいろ考えている。直接担当の山中長官と相談して対策を話したい。その点で何も考えていないというのではない。非常にむつかしい問題でどうするということの約束は出来ないが、善処する積りである。とにかく最善をつくす。よく理解出来るので充分配慮する。日本国自身としてニクソン政策についての反応は未だ。皆さんの云うことはよく理解出来るので皆さんが困らないよう最善をつくします。9月6日から日米交渉もあり自分もそれに出席する。

8・25 2・30〜5・40

山中総務長官、砂田副長官、岡部対策庁長官、主席、喜久川局長、大嶺所長

(前略)

7、通貨問題で本土のドル(業者)と沖縄のドル(一般庶民)で、例えば大蔵省で同一にみると云う意見もあるが、自分としては沖縄のドルは戦後の特殊事情からして、そこに心の問題がは入るべきだと思い、同一には論じられないという気持ちである。

8、基本的な立場としては現時点に於いては復帰までは切り上げないということであるが、国際情勢が変った場合、これは今誰も断定をもって云える事ではないが、併《しか》しその場合でも種々のことについて検討はしている。佐藤首相との電話対談。今度のドル問題はここでは業者の問題であるが、沖縄では庶民の生活の問題である。今ごたごたして変動があるかも知れないが、だんだんは落ちついていくはずだ。主席が急きょ上京したことについて事の重大さに同情もし激励もしていた。この問題は生活に深い関係をもつものであるからその生活に不安と不利益を与えないようにしていくので、本土政府の方もたえず激励して呉れ。沖縄側でも冷静に対処する様はからって呉れ。

8月27日（金）晴

九時から非公式に知事会。中共問題をどう取扱うか、また弗〈ドル〉対策をどうするかの話し合いであった。十時から知事会。予定通り十二時半までに終わる。沖縄問題については干ばつ対策、ドル対策について、つけ加えて了解を得た。（中略）七時半から県人会三十四名集まって私の歓迎会あり。最中にドルと円の変動相場制、明日から実施と大蔵大臣が発表したとの耳打ちあり。私は遂《つい》に来るべきものが来たと云う感じであった。*4 大城〈盛三〉君が沖縄や東京に電話連絡し記者会見の言葉をまとめた。それは副主席の助言による。副主席から二回にわたり電話あり。瀬長君、宮里君、茂治君、金融検査庁の主任等集まって協議しているとの事。十二時過ぎに電話あり。東京からも大嶺氏、喜久川君から電話あり。今更あわてふためいても仕方がない。十一時頃記者会見する。（後略）

8月28日（土）

宮崎は雨。低気圧気味。七時、山中長官に電話。お休み中で通じない。八時半、羽田発福岡へ出発と分る。鹿児島からの飛行機は低気圧の為《ため》、とばぬとの事。鹿児島へ七時半出発の予定だったが止めた。福岡に出て福岡から飛ぼうと思ったが宮崎からの飛行機は全部ストップとなったので、二十八日の中《うち》には福岡からも帰れぬ。宮里副主席、瀬長君等に昨夜相談したが、帰任した方がよいとの事であったので、帰任を急ぐ。しかし二十八日中にの帰任は不可能となる。それではもう一泊、宮崎のシーサイドホテルにと思って室〈部屋〉に入った。

しかし、どうしても心が落つかず、こうならば汽車で福岡に出た方がよいと最終判断。

＊4　蔵相の水田三喜男は８月27日、大蔵省で緊急記者会見し、28日以降、１ドル＝360円の固定相場を放棄して変動相場制に移行すると発表した。

汽車の時間調査指示す。二時過ぎの特急でいけば八時半頃福岡着くと云う。それに乗ろうと思って宿出発。ホテルはとても親切であった。支配人等駅まで案内してくれる。駅には県庁の職員も三名見えていた。その人々の世話で一時十五分の急行で出発。普通急行でだらだらして時間を要す。車も悪い。日豊線は相変らず悪い。大分、別府を何十年振りかに経て小倉で乗りかえ。それからは汽車もよくなり、連結も早し。九時四十分、博多つく。大分駅で琉新〈琉球新報〉の高尾さんから電報あり。山中長官が観光ホテルで御待ちとの事。福岡に出て山中長官に会えたらと思っていたので丁度良かった。尤《しか》もホテルで山内君が長官は観光ホテルで一泊、明日十時帰任と云う事は分っていた。直ぐ駅からホテルに。

　沢山の報道人のフラッシュを浴びも目もくらむ様だ。山中長官も出迎えて下さる。報道人の中で握手。相伴って長官の室〈部〉屋で懇談す。二日前の情勢とは異っているので、私は長官の話を聞き乍《なが》ら再びこの前の要請文を強力に要請す。いろいろの点たがいに来週中に具体的に検討し再び私か副主席上京し、両方から、につめをする事に合意し記者会見する。私も力強く所信をひれきす。会見を終り再び長官の室〈部〉屋で二人丈《だけ》で念を押すべきものを押し、十二時前に引あげる[*5]。山内君、田場君、佐久本君等と明日の日程を打ち合せ入浴、マッサージ。長官と二人丈の話のメモ等を終り休む。三時になっていた。行動の哲学かくて福岡まで出かけて良かった。長官も喜んで居られた。

＊5　屋良は施政権返還前に１ドル＝360円のレートで切り替えを要請、山中は複数の具体的対策を説明した。「屋良主席は丸いホオにうっすらと白いヒゲが伸びたまま。昨夜からの苦悩をむき出しにして、会見の席上『沖縄は戦争の犠牲となり、戦後は戦後処理の犠牲だった。またここで沖縄は苦境に立たされ、再び大きな犠牲を払うことになる』と繰り返し強調していた」。（『琉球新報』1971年８月30日付朝刊）

8・28

博多観光ホテル　総務長官、ＣＥ〈主席〉

1、〈屋良〉この度の変動相場制は実質的には円の切り上げである。沖縄の復帰時におけるドル交換の際は、この実質的円の切り上げ制度のあるにかかわらず、交換レートは1：360の割にする考えがあるか。

〈山中〉答　変動相場制は決して1：360の割合を否定しているのではない。変動相場制になっても1：360の比率は決して消失し無効になったのではない。総務長官として、その事は大蔵大臣に再三念をおしてある。したがって復帰時の交換の時はその基本原則に立ってやる積りだ。(中略)

2、〈屋良〉復帰前に1：360で交換することを県民は希望している。大臣はそれをどう考えているか。

〈山中〉答　融通額、預貯金額をどうおさえるか。米国人銀行預金はどうするか。交換後の軍労働者等の給与はどうするか。(ドルをどう扱うか)実際、復帰前に交換するとすれば、いろいろ引っかかりがあると思われるので、それさえ解決出来れば、復帰前の交換も資料の上に立って具体的に検討していってよいと思う。来週中にたがいに具体的に検討して、持ち寄って可能、不可能を決めていこう。

3、1、2の答えから大臣は交換の時は1：360の割に交換する意志を個人としては考えていることがうかがえる。〈山中長官によると〉只《ただ》、交換は変動相場制により、それと360の差損総額を国が責任をもって補償する方法も考えられるとの事。その時も融通通貨、預貯金の総額と投機的悪質のドル額とのチェックをどうするか。そこには問題がある。その解決方法についても沖縄側でも可能性について具体的につめてみてくれ。

(中略)
8、長官の立場
各省大臣、皆それぞれの問題をかかえている。例えば中小企業の倒壊も心配の向きもある。総務長官はいわば沖縄丈《だけ》の取扱いについては孤立の立場にある。しかし沖縄を見殺しにする事は絶対にできない。孤立しているといっても自分には大きな味方がある。それは総理大臣である。総理は水田蔵相についても常に山中長官に相談し、意見を聞いてくれと言っている。総理が全面的にBack upしている事は強身〈強み〉だとのこと。
水田蔵相
山中長官を中心として検討、相談していくと明言している。木村外相代理然《しか》り、佐藤総理然り。

解説

「三重の犠牲」に見舞われる

宮城　修

1971年8月15日（日本時間16日午前10時）、ニクソン米大統領は金とドルとの交換の一時停止、10％の輸入課徴金の実施などを含むドル防衛策を発表した。基軸通貨としてのドルの信用は崩れ去った。「ニクソン・ショック」が世界を駆けめぐった16日午前、首相官邸で全国知事会議が開かれている。昼食時、屋良の隣に座る首相佐藤栄作は、蔵相水田三喜男に指示し、ニクソン声明を発表させた。屋良は「金融の問題はよく分からないのでキョトンとして聞いていた[*1]」。

なす術もない屋良に、通産局長に就任したばかりの喜久川宏から電話があった。喜久川は米アイオワ大大学院卒、沖縄経済開発研究所の常務理事を務めた経済の専門家だ。17日の総務長官山中貞則との会談で、1ドル＝360円の現行交換レートを復帰まで維持するよう要請する旨、助言した。

損失予測「400億円」

「ニクソン・ショック」により信用を失ったドルは急落した。琉球大学経済研究所は8月23日、ドル下落（円切り上げ）による沖縄の影響をまとめ、屋良に報告書を提出した[*2]。

琉大報告書は、施政権返還前にドルは10％程度切り下げられると予測している。その場合、現金通貨（対外預金を含む）で約2200万ドル（1ドル＝360円換算で79億2千万円）、預貯金約8850万ドル（318億6千万円）、合計1億1050万ドル（同397億8千万円）の損失と試算している。輸入総額のうち日本からの輸入の占める比率は77％に達する。[*3] 輸入の大半は、生活必需品で占められている。琉大報告書はドル下落（円高）で72年度の対外収支は約3200万ドル（11億5200万円）悪化すると予測した。

　ドルの下落（円高）は、ドル建てで行われている日本からの輸入価格が上昇し、消費者物価が高騰することを意味する。既に半月で物価は10％上昇し家計を直撃した。日本へ旅行者が持ち込むドル、日本留学中の学生の学費が事実上、360円で交換できない状態になっていた。屋良は「ろうばいした」[*4]。

　沖縄側にドル危機の責任がないにもかかわらず、沖縄が多大な被害を受けることは確実だった。しかも沖縄側には自力で危機を乗り切る経済的、外交上の手段がない。[*5] 琉大報告書は「（米国は）

「ニクソン・ショック」後、銀行は円が「売り切れ」となりドルとの交換が困難になった＝1971年8月30日

沖縄の通貨をドルとして使用させた責任上、沖縄住民の保有ドルに限り金を引き渡すべきだ」と提言している。さらに「それができなければ本土との貿易における円切り上げに由来する差損、沖縄の資産の減価に対する補償を行うべきだ」と強調している。

一方、琉球工業連合会は、ドルが10％下落すると、1年間で28企業が合計約254万ドル（9億1440万円）の損害を受けると試算した。倒産の増加が現実味を帯びてきた。[*6]

琉球政府は23日、日米両政府への緊急要請事項を決めた。内容は、①復帰前に早急にドル通貨を円に切り替える、②切り替えの際は1ドル＝360円を保証する、③切り替えまでの間、国の責任で正常な経済秩序と貿易取引を確保、④沖縄からの対米輸出品には課徴金を課さない――の4項目。24日に高等弁務官ランパートに要請した後、東京に向かった。もはや高等弁務官の手に負えなかった。[*7]

屋良は上京する前に、副主席に就任したばかりの宮里松正、企画局長の宮里栄一、喜久川、復帰対策室長の瀬長浩と対策を練っている。このとき瀬長は「通貨交換」の選択肢4案を記した極秘メモを提出している。最善の方法は円切り上げの前に1ドル＝360円で通貨交換することだ。屋良は瀬長が示した4案を念頭に日米政府と折衝することになる。[*8]

「心の問題」

25日、屋良は外相代理の木村俊夫、蔵相の水田、総務長官の山中に次々と会い、通貨切り替えなど4項目を要請した。水田は「円の切りあげについて国として決定しているわけでなく、今後変動があればさらに検討する」[*9]と微妙な言い回しだ。

これに対して山中は「沖縄のドルは戦後の特殊事情からして、そこに心の問題が入るべきだ」と告げ、全面的に協力する姿勢を示した。そして佐藤に電話をかけて、屋良に直接訴えさせる気配りをみせている。[*10]

ニクソン声明以来、１ドル＝３６０円の固定相場を維持するため、日銀は大量のドル売りに対し、大量のドル買いで支えてきた。27日には史上最高の12億ドルを買い、ドル買いは総額約40億ドル（1兆４４００億円）に達したといわれる。だが３６０円のレートを維持し続けるには限界がある。日本政府は27日、１ドル＝３６０円の固定相場制の放棄を決定し、28日から変動相場制へ移行することを決定した。

屋良は日本政府へ要請後の27日、宮崎で開かれた九州地方知事会議に出席していた。変動相場制移行の決定を受けて記者会見し「沖縄にとっては実質円の切り上げであり、沖縄県民が戦争、戦後処理、金融政策と三重の犠牲を受け不安と不利益を生ずる結果になったことを憂える」[*11]と語った。

一刻を争う局面で、山中に会うため意を決して福岡に向かった経緯を日記に詳述している。山中との間で１ドル＝３６０円の通貨交換の実現に向けて作業を開始することを確認した。[*12]沖縄の窮状を救うため極秘のプロジェクトが動き出した。

＊

1 『屋良日記』1971年8月16日付。
2 1971年8月24日、事務局長発、対策庁長官あて「通貨対策に関する琉大経済研究所教授グループの提言について」0120-2001-02649（外務省外交史料館所蔵）。
3 1971年の比率。『戦後沖縄経済史』（琉球銀行調査部、1984年）参照。
4 屋良『屋良朝苗回顧録』201ページ。
5 前掲『戦後沖縄経済史』。
6 「変動相場制による差損補償について（陳情）」0120-2001-02649（外務省外交史料館所蔵）。
7 本書「開封」194ページなど参照。
8 琉球新報社編『世替わり裏面史』（琉球新報社、1983年）。
9 『屋良日記』1971年8月25日付。
10 本書「琉球政府メモ」1971年8月25日付183ページ参照。
11 『朝日新聞』1971年8月28日付朝刊。
12 本書「琉球政府メモ」1971年8月28日付186ページ参照。

下地島パイロット訓練場、復帰対策、毒ガス移送、そして「ニクソン・ショック」。屋良の前に次々と難題が待ち受ける＝1971年8月31日

――弁務官、屋良の要請に理解

屋良主席は、日本政府への要請のため上京する前にランパート高等弁務官に会談を申し入れていた。沖縄県公文書館所蔵資料から一部紹介する。（抄訳　仲本和彦・戦後史研究家）

■1971年8月24日高等弁務官・主席会談録（USCAR渉外局文書・U81100943B）

1・（前略）屋良主席は、米国の金融措置の結果生じた沖縄での問題を話し合うため上京すると述べ、次のような書簡を弁務官に差し出した。（中略）

4・弁務官は、もちろん米国は最近の動向を注視しており、それが沖縄の人々にとって重要であることを理解していると答えた。書簡をすぐに主席のコメントとともにワシントンに送ることを約束した。

ここで挙げられた問題は、米国政府と日本政府で協議されるべきものであるが、主席の懸念をワシントン当局に十分に説明することを約束した。弁務官は米国におけるインフレ抑制のためにとられた今回の措置とその結果は、世界中の通貨経済圏の利益に寄与するものであることを強調した。

米国政府は他国の人々に困難を強いるつもりはなく、実際、ドルの切り下げにはまだ至っていないと述べた。主席がこの問題の解決策を見出すのに可能な限り協力したいと述べて締めくくった。

〈コメント〉屋良の書簡の最初の3点は明らかに主に日本政府に関するものである。第4点に関しては、もしも沖縄から米国への輸出にかかる10%の付加税に対して特例が適用されれば、我々の残りの統治期間に多大の益をもたらすであろう。額は年間約400万ドルと少ないが、この件で特定措置を施すことは、沖縄が米国の統治下にある間、我々が沖縄に対して引き続き関心を持っていることを示すことになろう。ワシントンの関係省庁に対して、沖縄の輸出に対して救済措置がとれるかどうかの可能性を探るよう要請するとともに助言を求めたし。

通貨確認

金融機関に業務停止命令
長官と副主席に託す

日記●1971年9月1日～10月9日

青天のへきれき、見事であった

1971年9月1日（水）晴

（前略）五時半、弗《ドル》問題大会〈ドル危機から生活を守る県民総決起大会〉に出席、あいさつする。大会は相当集っていたが、いつもの政治的集会のメンバーであり、又あいさつも、にた様なあいさつで、これでは島ぐるみ闘争は組めまい。組まないと云う事は自民党に自信を与える事にしかならぬ。

9月3日（金）晴

九時、局長会議。県機構、部制、部数、課数等政府案決める。*1 引続き出先機関等決める。定員の目途《めど》もつけて決定する。嘉手納航空団長、テンバー少将来訪。民政府アンケート。第三次要綱〈沖縄復帰対策第3次要綱*2〉今日閣議で決る。記者会見。（後略）

9月4日（土）晴

盆で公休。（中略）長浜真徳氏の霊前に焼香。夕方、松川へ行って皆集って亡くなった子供等の供養。十一時過ぎ帰る。名月であったので庭で観月して一時頃休む。

10月4日（月）晴

（前略）千葉〈北米一〉課長表敬。（中略）六時、人民党瀬長、古堅、宮里氏公舎来訪懇談。知事選出馬要請。（後略）

10月6日（水）雨

七時過ぎ朝食。八時半出発。市民会館の一日内閣〈国政に関する公聴会〉会場に出席する。副長官司会する。山中長官にあいさつ。総理あいさつ。その後、各県質問者発言。沖縄からは山川〈宗徹〉君、新生沖縄づくりについて要請、質疑。大変内容のある立派な質問だった。山中長官答へられる。[*3]（中略）終って〈宮崎〉県庁広間で総理御招きの昼食会。再び私の席は総理の前であった。若干の話し合いは出来た。後で各県知事と共にあいさつ。私の二、三の件要請した。ドル問題と宮古、八重山の干害、台風救援、土地問題の件。（後略）

＊1　復帰後の「沖縄県行政機構」（案）。6部56課とし、教育関係、県警関係を含め職員の総定数1万2千人以内。一方国の出先機関の設置に関する要請として、沖縄総合事務局に統合されるものを含めて81機関、総定数9千500人。

2　税制、財政・金融など8項目。沖縄開発庁の設置、琉球電力公社を新設の特殊法人に引き継ぐことなどを決めた。

3　宮崎市で開かれた1日内閣で総務長官山中貞則は「本土は沖縄につぐない得ないものを持っているが、どうしてもつぐなわなければならないと思っている」と述べ、施政権返還前の通貨切り替えの方針を示唆した。切り替え方法について首相の佐藤栄作は「直接（1ドル＝360円交換）」「間接（差損補償）」の交換を検討していることを明らかにした。（『琉球新報』1971年10月7日付朝刊）

10月7日（木）晴

昨夜は一睡も出来なかった。めずらしい事だ。ちん静剤ものんだがきき目はなかった。（中略）ドル問題県民協議会〈通貨切り替え要求県民協議会〉結成の為に、発起人となる為に福地君、上地〈一史〉タイムス社長、池宮城〈秀意〉琉球〈新報〉社長、高良〈鉄夫琉大〉学長案内、会見する。七時前に帰舎。〈宮里栄一〉企画局長来訪。弗対策の計画（進められている）について説明を受く。〈喜久川宏〉通産局長等と八汐荘で仕事。東京副主席との連絡を密にしつつ夜間も四度にわたって企画局長より電話。弗問題緊迫する。

10月8日（金）晴

朝、二度程企画局長より電話あり。今日はいよいよ重大な日になりそうである。沖縄側の強硬な主張に対し山中長官もあわてたらしい。今日十一時十分、総理声明、山中長官談話。それを受けて同時、主席声明。これでドル問題の第一段階として復帰時において今日、明日現在の所持金、預貯金は一：三六〇で交換する事に決定した。なお幾多の問題は残っているが、これで一番重要な課題三六〇円レートを確保出来た事は何よりだった。総務長官からも電話があった。一時から千葉課長来訪要請。二時から岡部長官、公舎第二会議室で特別法外一件説明会。

今度のドル切りかえの労作は〈宮里松正〉副主席の大きな功績である。宮里企画局長、喜久川通産局長等よく働いてくれた。有がたい。五時から〈ランパート〉高等弁務官に事後連絡。連絡なしに抜打的に行われた事に不満をのべて居られた。私自身詳しい内容は分らなかったのだから知らし様がない。高瀬〈侍郎〉大使も連絡してないのだと、極力慰めておいた。よい人だから理解してもらえると思う。立場が悪くなったと云って居たがそうもあるまい。暮れてから高瀬大使公邸に訪問、経過報告し八時頃一応政府に帰り、弁務官の話を副主席、企画、通産、総務、主税局長に報告し記者会見して日程終る。公舎に帰る。

琉球政府メモ

10・8

弗問題所見

1、8・16、全国知事会が首相官邸であった。その日は私にとっては重要な事が2件起った。

■ 通貨確認の経過

1971

7月16日 ニクソン米大統領が訪中計画発表(第1の「ニクソン・ショック」)

8月16日 金とドル交換停止などドル防衛政策発表(「ドル・ショック」=第2の「ニクソン・ショック」)

8月27日 日本政府、変動相場制への移行発表

8月28日 屋良主席、山中総務長官と会談。1ドル対360円の通貨交換の実現で一致

9月1日 日本政府、変動相場制に伴う沖縄緊急対策として11億円補助決定
ドル危機から県民を守る総決起大会

県民総決起大会であいさつする屋良主席＝1971年9月1日、那覇市の与儀公園

9月4日 宮里副主席、山中長官と折衝。極秘に通貨確認作戦開始

9月7日 米政府国家安全保障決定メモ(NSDM 130)で円15～20%切り上げ要求方針

10月8日 屋良主席、通貨確認を発表。主席権限で各金融機関に業務停止命令
屋良主席、ランパート高等弁務官に報告

業務停止命令で銀行窓口は閉鎖された＝1971年10月8日

一つは山中〈貞則〉大臣の計らいで丹羽〈喬四郎〉運輸大臣と山中大臣と共同で下地島パイロット訓練所が自衛隊と共用されない事、軍用基地にも転用されない事についての念書が私との間に成立した事であった。それは総理も了解、防衛大臣〈長官〉も了解しての上だった。もう一つの出来事は官邸食堂で閣僚と知事方昼食の時に、〈水田三喜男〉大蔵大臣からアメリカのインフレ抑止策としてドル防衛政策についてニクソン声明が発表された事であった。私は一大ショックを受けた。私は総理の席隣りで食をとって居たので沖縄のドルの取扱について尋ねて見た。どう云う積りの返事か知らなかったが、総理は沖縄は米国の施政権下にあるから大丈夫だと云って居られた。知事会後、東京事務所に行く。そこに琉政〈琉球政府〉から電話。喜久川〈宏〉通産局長から山中大臣に円の切あげがない様に強く要請してくれとの事であった。明日大臣に会う事になっているので要請する事とした。

2、8・17、山中大臣に会う。その件念を押す。大臣は弗と円の交換までに円価の切りあげは絶対にさせない、その事は大蔵大臣にも総理にも今日の閣議で了解を得ている。職をと〈賭〉して守ると断言された。記者会見でも強調して居られた。瀬長〈浩・復帰対策室長〉君も一緒に聞いていたが、しかしこの事は一大臣の首だけで解決出来る問題ではない。円価の切りあげはあぶないと云って居た。しかし私としては担当大臣があれ程云い切るからにはそれを信頼し見守る外に仕方がないと思い、帰任して経過報告をした。（中略）

3、然しその日から既に沖縄現地には不安を与える事実があらわれていた。それは学生の送金の交換が出来なくなっている。又旅行者の弗交換も出来ない。更に商取引に支障を来たし注文品の積出しがｓｔｏｐしているとの事。その為、物価上昇の気配があらわれたとの事。再び不安におそわれて落ちついて居られなくなった。

4、そこで行政府として取るべき対策をたて再び上京する事となる。

対策としては

①復帰をまつまでもなく弗と円を交換する事

②切りかえる時は1弗対360円レートである事

③学生の送金、病気療養者への送金、商取引等の差損金を国に保障してもらう事

④アメリカ輸出品の課徴金を撤廃の事

5、8月24日に上京、25日に木村企画庁長官（外相代理）、水田大蔵大臣に会って弗の切りあげのないよう、また米国の調制課徴金の撤廃等について米国への交渉等要請。同日山中長官にも会って要請。長官は交換するまでは弗の切りあげはさせぬ事、若しその様な事が国際情勢上起った時は県民に損失を与えぬ様にすると確約さる。山中大臣の御世話で総理にも電話する。総理は本土における弗問題の影響は事業者や企業者に大きく及ぶのであり住民は間接的に影響を受けるのであるが、沖縄では直接全県民が影響を受けるから本土の場合と質が違うから、県民については、いかなる場合でも損失を与えぬよう国の責任で処理するから心配するなとの事であった。一応安心して私は九州知事会に宮崎に向う事にする。

6、8月26日に宮崎に出発。8月27日に九州知事会があり、それが終って夕方からシーサイドホテルフェニックスの広間で沖縄県出身者の歓迎会の席上、日本政府は変動相場制にふみ切り、28日から実施する事に決定したとのニウスを受けショックを受ける。

10月9日

沖縄全域357カ所で通貨確認実施

10月15日 日米繊維協定の覚書に調印

〈通貨確認の経過〉

7、直ぐには記者会見もひかえ、沖縄側副主席に電話して様子を聞き、東京に電話。大嶺所長に電話、喜久川局長に詳しく様子を聞こうと思ったが所在不明、様子聞けず。後でおそくなってから喜久川局長から電話あり、副主席と打ち合わせ、夜分おそく宮崎の記者諸君に記者会見し、変動相場制は実質的には円の切りあげであるから沖縄の蒙る被害は甚大になる。物価も高くなるのでそれに伴う差損は国に補償してもらわねばならない事を話す。

8、夜おそくまで心を痛み、ねつきも悪し。29日朝は鹿児島経由ヒ行機で帰任する予定であったが低気圧で飛行機はとばない。宮崎からもヒ行機はとばない。したがって福岡へも大阪へも出られず、宮崎に一泊しようかと思ったが、それも心にかかって仕様がない。朝東京の山中長官へ電話したがかからず、しかし福岡へ出張さるとの事がわかったので福岡に出て出来得れば長官に会い度いと思い、急行で昼過ぎ福岡に向う。夜おそく福岡着く。汽車ののろさに驚く。大分で電報、山中長官が観光ホテルで御待ちとの事。駅からホテルに直行、山中長官に迎えられ懇談。

変動相場制実施については相談は受けた。しかし、1弗対360円のレートは消えて居ないと云う確認のもとに承知をした。したがって沖縄の弗交換の時は1弗対360円のレートは変らないからとの事であった。来た甲斐はあったと思った。夜夜中、一緒に記者会見し、翌日朝、長官は東京へ。私は大阪経由で沖縄へと帰任する。

9、変動相場制は案の条、実質的円の切り上げとなる。かくてはと云うので9月になって本土政府も学生送金の差額1億円、商取引の為の差額10億円の予算支出を決定する。沖縄側としてはむしろ日本銀行に100億程度の円予算窓口を設定し、円立て商取引を希望したが、それはかなえられずに上記のようにい〈以〉後の差損金支出を打ち出したのである。

10、九月になってから宮里松正氏のアイディアで山中長官との間に話し合いが進められ、10月1日を目途に金融機関の預金現額をおさえ、流通通貨をおさえ、この総額をつかむ計画が秘密裡に進められた。その現額は復帰時、通貨切りかえの時、1：360のレートで交換が約束されるとの事。私は詳しい事は知る事をせずに宮里氏に委《まか》す事にする。10月1日は大蔵大臣不在で、山中大臣が相談が出来ず実現不能になり、期日は延ばす。10月8日に臨時議会召集。7日に宮里副主席上京、山中大臣と交渉。10月9日を期して金融機関の業ム停止を主席命令で実施。直ちに預金額の確認と手持金を持参、最寄の銀行で証明してもらう事にした。青天のへきれきである。一方、議会では10億円の措置に対する特例の法〈通貨及び通貨性資産の確認に関する緊急臨時措置法案〉を提案。必要書類は8日の晩までに主席公舎に運び込む。10月9日に計画は朝6時から夜の10時まで比較的に順調にいく。一、二の離島を除いてはその日の中に目的は果したようだ。10月9日には山中長官も来島、銀行等巡視し順調にいっている事を確認された様だ。この離れ業は副主席と喜久川局長、宮里〈栄一〉企画局長と協力、山中大臣との間に果してくれた業である。見事であった。

かくて10月9日に押えられた預貯金と流通資金額は1：360円で交換した事になる。しかし弗ショックはこれで解決したのではない。10月10日以後、増殖した弗はどうするのか。商取引の差損金〈に対する日本政府補助金〉は追加しなければいけない。思わくで物価は上る。これをどう押さえるか。ドルショックに関連する問題は未《ま》だ沢山解決しなければならぬ。幸《さいわい》に差損金〈に対する日本政府補助金〉は次々増加していく事は確かになったが、その代り本土からの復帰対策費の差益の取扱いが大きく問題になってきた。物価も引続き値上がりをつづけている様だ。

10月9日（土）曇

九時、登庁。直《ただ》ちに琉銀、中央相銀、沖銀の作業現場を巡視。順調に進められている事を確認する。十二時過ぎ、山中長官来県、出迎えに出る。長官、東急ホテルで記者会見に立ち会う。二時、局長会議。二時半、自衛隊幕僚次長、堀江陸将、公舎に来訪。又吉君が案内。三〇分位話す。再び対策庁長官と話し合い。五時から那ハ市制五〇周年行事。

（後略）

現金の保有高確認でごった返す琉球銀行。鉛筆に付いている消しゴムで紙幣に確認の目印を押している＝1971年10月9日

通貨確認のため長い列をつくって金融機関の開店を待つ人々＝1971年10月9日

解説

形骸化する沖縄統治

宮城　修

日本政府は1971年8月27日、1ドル＝360円の固定相場を放棄して、変動相場制に移行した。外国為替市場はまたたく間に円高（ドル安）に振れ、ドルを使って生活物資の大部分を日本から輸入している沖縄経済は激震に見舞われた。

旧盆の入り（9月2日）を前に、サトウキビ、スイカ、パインなど供え物も値上がりした。混乱の中で9月1日、「ドル危機から生活を守る県民総決起大会」が開かれた。「経済的琉球処分を許すな」と日本政府を非難する声が飛び交い、ただちに1ドルを360円で交換するよう要求した。屋良は強い口調で次のようにあいさつした。

「本土政府の措置によって、罪のない県民はいま重大な試練、危機に立たされている。われわれのドルは、戦後の荒廃の中から、あたかも無から有を生むように血と汗の結晶だ。身内にやり場のない憤まんを覚える」*1

極秘作戦

屋良は問題解決に向けて布石を打っている。日本政府が変動相場制への移行を決定した直後の8月28日夜、福岡で総務長官山中貞則と会談した。山中は1ドル＝360円の通貨交換実現に向け最善の努力をすると約束した。屋良は山中の堅い決意を感じていた。鹿児島県出身の山中は台湾の台北第二師範学校の卒業生だ。屋良は同校が台北第一師範学校と統合した台北師範学校に赴任した経験があり、二人は特別な信頼関係で結ばれていた。

屋良は日本政府との政治折衝を宮里松正に託した。宮里は沖縄教職員会の顧問弁護士を務め、教公2法闘争などの難局で屋良の助言者として信頼が厚かった。押しの強さに定評があり、琉球政府幹部が辞意表明して混乱した8月、辞任した知念朝功の後任として副主席に抜擢されたばかりだ。

宮里は9月4日、山中と長時間折衝している。最終的に大蔵省の厚い壁に阻まれて、施政権返還前にドルから円への切り替えは断念せざるを得なかった。代わって、施政権返還時に1ドル＝360円のレートで交換することを、日本政府が保証することで政治決着した。

保証するために、沖縄住民の手持ちのドルと金融機関の預貯金などの資産を確認しておく必要がある。ある時期（Xデー）に、ドル紙幣に鉛筆の消しゴムで朱印を押して確認する方法がとられた。秘密保持のため、日琉両政府ともに、ごく限られたメンバーで作業に当たった。[*2]大蔵省は最後まで抵抗した。山中は大蔵相水田三喜男に直談判し、佐藤の了解を得た上で最終的に通貨確認にこぎつけた。山中は次のように回想している。「大蔵省は沖縄のために国の富が失われると目くじらを立てたが、佐藤さんは『県民が喜んで復帰できるなら、金額のことなど言うべきでない』と抑えてくれた[*3]」

この時期、第2次毒ガス移送をはじめ、下地島パイロット訓練飛行場問題、日本政府の沖縄復帰対策要綱の作成が大詰めを迎えるなど、屋良は多忙を極めている。当時の日記に通貨に関する記述が見当たらない。宮里に任せた以上、あえて極秘作戦の経過を知らないようにしたのだろう。ドル問題が再び日記に登場するのは、閣議決定直前の10月7日だ。企画局長の宮里が屋良に準備が整ったことを報告したことが記述され「弗《ドル》問題緊迫する」と書いている。

日本政府は8日、通貨確認を閣議決定した。屋良は同日、全ての金融機関に業務停止を命じた。沖縄住民にとって、青天のへきれきだったが、翌9日に通貨確認作業は比較的順調に進められた。

密約外交のつけ

沖縄がドル問題で混乱しているころ、佐藤は69年に米国と交わした繊維密約の履行を迫られていた。69年11月の日米首脳会談の結果、二つの密約が結ばれた。一つは核密約。佐藤が政治生命をかける「核抜き・本土並み」沖縄返還を実現するため、有事の際には沖縄への核再持ち込みを認めるという内容だ。もう一つが繊維密約だ。繊維の対米輸出を日本が自主規制するという内容だ。ニクソンの支持基盤である米繊維業界は、安い日本製品によって打撃を受けていた。72年秋の大統領選再選を目指すニクソンにとって、繊維問題の解決は再選戦略の柱だった。69年の日米首脳会談は「縄（沖縄）と糸（繊維）の取引」とも呼ばれている。

その後、日本の繊維業界は、米側要求とかけ離れた、日本側に有利な繊維製品の輸出自主規制を発表した。日本政府がこの決定を歓迎する声明を発表したため、ニクソンは「失望と懸念を隠すことができない」と、日本を強く非難する異例の書簡を佐藤に送った。

繊維問題が泥沼化しているこの時期、米国は二度にわたって日本に「報復」する。まず7月16日（日本時間）、日本に事前通告なしで中国訪問を発表した。最初のニクソン・ショックだ。

1カ月後の8月16日（同）、10％の輸出課徴金とドルと金の交換停止などの経済措置を発表した。第2のニクソン・ショックだ。日本は固定相場を円安に維持して、輸出を伸ばして外貨を貯め込んでいるという批判が米国にあった。金とドルの交換停止は明らかに日本を標的にしている。佐藤の耳に入ったのは発表の10分前だった。[*4] 佐藤は「やりもやったりの感」と悔しがった。

米国は9月9日からワシントンで開かれる日米貿易経済会議の前に対日政策の基本方針を決定している。国家安全保障決定メモランダム第１３０号（ＮＳＤＭ１３０）と呼ばれる命令書だ。この中でニクソンは、日米貿易経済会議に出席する米側代表団に最優先目標として円の大幅切り上げを実現するよう指示した。切り上げ幅は15～20％と明記している。[*5]

１ドル＝３６０円のレートを、１ドル＝３００円程度に切り上げさせるということだ。佐藤の密約外交のつけが、米国統治下の沖縄に回ってきた。

一方、高等弁務官ランパートは、沖縄の通貨は法的に高等弁務官布令第14号で規定されているので「修正は可能」との電文を米陸軍省に送っている。施政権返還前のドルから円への切り替えは布令で可能との見解を示したと読み取れる。[*6] ＮＳＤＭ１３０の決定直前のことだ。しかしドルの使用は米国の沖縄統治の象徴であり、米本国は現地の意見に耳を貸そうとしなかった。

日本政府が通貨確認を閣議決定した10月8日、駐日米公使スナイダーとランパートが、米国に事前通報がなかったとして抗議した。[*7] 沖縄住民を救済するためにとられた措置であるにもかかわらず、沖縄在住の米国人に適用されなかったことに不満を表明している。本末転倒だ。佐藤は日記に「県民から大歓迎をうけたが、ラムパート高等弁務官からは事前に連絡がなかったとの不愉快な抗議。事後処理をとる」と書いている。[*8] 通貨問題は、施政権返還まで屋良の頭を悩ませた。[*9]

＊

1 『朝日新聞』1971年9月2日付朝刊。

2 本書 與座章健氏「あの時」215ページ参照。

3 山中貞則『顧みて悔いなし　私の履歴書』（日本経済新聞社、2002年）。

4 佐藤『佐藤榮作日記　第四巻』1971年8月16日付。

5 本書「開封」213ページ参照。

6 本書「開封」212ページ参照。

7 「在米大来信・電」0120-20001-02650（外務省外交史料館所蔵）。

8 佐藤『佐藤榮作日記　第四巻』1971年10月8日付。

9 通貨問題については、軽部謙介『ドキュメント　沖縄経済処分』（岩波書店、2012年）、谷口智彦『通貨燃ゆ』（日経新聞出版社、2010年）など参照。

――米、通貨確認を容認

米国政府はドル危機に際して対策を講じるとともに状況分析を行っていた。沖縄県公文書館および米国国立公文書館所蔵資料から一部紹介する。

（抄訳　仲本和彦・戦後史研究家）

■1971年9月2日付ランパート高等弁務官発陸軍省宛電文「ドル危機に気をもむ沖縄」（オフラハーティ文書・U90007067B）

（前略）

（所見）日本政府による緊急措置は地元の懸念を和らげる働きをするだろう。本官は沖縄はドル圏であって、沖縄から米国への輸出は10％の輸入課徴金の対象にはならないものと考えている。沖縄からの輸出を（ドル防衛策の）課徴金の対象から外すことは、費用や統治の権威に影響するものでもなく、米国が沖縄のことを真剣に考えているということを示すことになる。我々は現時点で沖縄返還前に通貨交換を実施するかどうかについて考えを表明するに至っていない。沖縄の通貨は法的には高等弁務官布令第14号で規定されており、修正は可能である。

■１９７１年９月５日付国家安全保障決定メモランダム第１３０号
（米国国立公文書館蔵）

（前略）

大統領は、第8回日米貿易経済合同委員会において、米側代表団が次のような基本原則に従うよう指示した。（中略）

3・米国の最優先目標は、我々の主要な貿易相手国の通貨切り上げを実現することである。それは円の大幅切り上げも含む。正確な円の切り上げ額に関する交渉は、多面的に行われるべきである。コナリー財務長官がそう望むなら、15～20%の切り上げが必要であることを日本の大臣らに非公式に知らせてもよい。

4・我々は、我々の対外的な立場が確保された時のみ、10%の輸入課徴金を免除することを知らしめるべきである。（後略）

■1971年10月8日付ワード国際問題担当陸軍次官代理発フローク陸軍長官宛覚書「ドルから円への切り替えに関する日本政府の突然の措置」（オフラハーティ文書・U90007067B）

ご存知のように、日本政府は沖縄の全てのドルを沖縄返還の際に円に交換する計画を立てています。先日、ドルの変動相場制が導入された際、沖縄の人々は慌てふためき、360円で交換する機会が失われてしまうという不安が広がりました。為替相場の変動に関わらず360円で交換すべきだと、地元から日本政府に圧力がかかっています。この点に関して我々は住民に同情しつつも、いまだ何の措置もとっていません。（中略）

数時間前、我々に事前の通知もなく、総理府の山中総務長官と屋良主席は、沖縄の銀行を一時業務停止した後、住民が保有するドルを確認する手順を発表しました。（中略）

ランパート高等弁務官は、この問題について話し合うため今朝早く電話をしてきました。現時点で言えることは、この措置はよく練られたもので、おそらく米国の利益にもかなうということです。ただ問題は、我々に事前の協議が全くなかったことです。その点に関しては、大使館を通じて日本政府に公式の抗議文を送った後、謝罪を受けいれました。（後略）

不眠不休の極秘作業

金融検査庁長（当時）
與座章健

1971年9月下旬に宮里松正副主席によばれて上京すると、都内のホテルで副主席と喜久川宏通産局長、宮里栄一企画局長の3人が話を詰めていた。3人が話していたのは県民が持っているドルに一斉に証紙を貼り付け、その証紙が貼られたドルについては復帰の時点で1ドル＝360円を保証するということだった。

琉球政府の中でもこの3人しか知らない極秘の計画で、計画の実施に携わる担当部局の責任者として私にも計画が伝えられた。しかし、証紙を貼った通貨と貼っていない通貨が流通する二重通貨という事態になれば市場が混乱する。これは簡単ではないというのが私の考えだった。

そこで翌日、喜久川さんと一緒に、大蔵省から沖縄・北方対策庁に出向していた田辺博通調整部長に会うと、田辺さんも証紙方式は難しいという。復帰前のある時点で県民が持っている現金の量が確認できればいいのだから、証紙など貼らず、県民と行政の双方で確認票を持っておく。復帰後に円とドルを交換する際に確認票を持っていれば、差損分を補填《ほてん》することにすればいいということに変更した。

それから沖縄に戻ったのが10月に入ったころ。主席公舎近くにあったゆうな荘（旧地方職員共済組合那覇宿泊所）にこもり、通貨確認を実施するための「通貨及び通貨性資産の確認に関する緊急臨時措置法」の法案策定にあたった。しかし10月9日の通貨確認の実施まで期日がなく、私だけでは手が回らない。金融検査庁の〝七人のサムライ〟を出動させてくれと副主席にお願いし、数日前になってようやく7人に限っては計画を知らせることが認められた。那覇市内のアパートの空き室に金融課長ら7人を集めた。三日三晩、不眠不休の作業で法案と施行規則案を間に合わせた。

10月7日の夜、宮里副主席が東京で最後の詰めを行い、われわれは沖縄で法案の了承が下るのを待っていた。しかし東京では交渉が難航していた。1人あたりの差額補填の額に上限を設けるといった大蔵省の抵抗があったようだ。結局、決着が付いたのが8日午前4時。文書課の職員は帰っていたから僕らが手書きで法案を書いて立法院に持っていった。

秘密裏に進めた作業だったので米国民政府も知らなかった。怒り心頭の高等弁務官に屋良朝苗主席は「私も知らなかった」で押し切ったようだ。もうそのころでは施政権も日本政府に返ることとなり、なんでもかんでもいちいち米国に報告することもないという空気になっていた。

（文責・与那嶺松一郎）

下地島空港

CHIEF EXECUTIVE
主　席
金は一時
土地は
萬年
不正調査を
認めるな!!
住民不在の
誘致に我々は
無条件に反対する
戦争のために
われらは一坪たり
土地はわたさない

軍の使用を拒否

歯止めに「確認書」交わす

日記● 1969年2月14日～1971年8月16日

やはり私の政治力の限界だ

1969年2月14日（金）晴

（前略）日本航空社長来訪。（中略）七時頃から日本航空十五周年レセプションが東急ホテルであった。出席す。

8月16日（土）晴

八時半からホテル大倉で日航社長外二人と懇談。いろいろ参考になる話し合いがあった。

琉球政府メモ

1969年8月16日（土）

午前8時30分～10時30分

場所　ホテルオオクラ
下地島パイロット訓練飛行場問題について
出席
松尾日航社長、川野秘書課長、小田切取締役、運輸省飛行場部長
主席、大城秘書、大島部長、宜野座所長

△松尾社長
1、民間のパイロット養成は10年かかかる。現在アメリカで訓練しているが日本で訓練場をつくり日本で訓練したい。
2、この訓練は自衛隊とはなんな〈ら〉関係ない。もし自衛隊が使おうと言うものなら、私が先頭に立って反対運動する。
3、自衛隊をやめた者を採用することもあるが、その場合だって、再訓練をしなければならない。
4、他社の民間パイロットを訓練することはあるが、自衛隊を訓練することはないし、共有することもない。民間パイロットと自衛隊は訓練の仕方がちがう。われわれは自衛隊と一緒になることを嫌っており、純然たる民間航空であり、自衛隊と一緒になるおそれがあるなんて全くの誤解である。
5、沖縄にできれば、沖縄経済にプラスすると思う。相当の費用をかけるので沖縄経済に協力したい。

6、海水への公害はない。油を海におとすこともないし、飛行機を洗う洗剤だって土地にしみる程度のもので、海を汚染するほどのものではない。
7、衝撃は音の出る超音速は遠く大洋に出てからである。
8、嘉手納とは比較〈に〉ならない。そのための資料を提出したい。また、説明が必要であれば、いつでもでかけていく。
9、できるだけ早く琉球政府の基本方針だけでも示していただきたい
10、地元民が喜び歓迎される中で訓練したい。アメリカのモーゼスレイクは全市あげて大歓迎である。

△小田切取締役
1、実際に訓練をはじめてから地元から文句がでたり、反対があったりすると訓練作業はできるものではない。それで、慎重をきしているのである。
2、騒音は下に多く影響するものであり、横にはあまりいかない。したがって航路は海上であるので、さほど心配はないと思う。
3、民間飛行機は消音が考えられており、軍用機の音とはちがう。ましてやB52とは比較にならない。
4、海水の汚染というが、飛行機から油をおとすことはないし、廃油はすてずに精製して使う。洗剤による汚染はないと思う。
5、カツオ鳥がにげることはないと思う。鳥の習性からしてむしろ近づくことが常識である。鳥が近づいてプロペラにまきこまれることがある。

6、技能訓練を要しない仕事に144人すぐ雇用できる。多少教育を要し技能的な仕事も現地の人々を訓練して使いたい。

△運輸省飛行場部長
・下地島を候補地にした理由
1、本土の各所をさがした。ユオウ〈硫黄〉島も適当であるが、次点は日航ラインの飛行場が近くにないので不便である。

■ 訓練飛行場誘致の経過

1965	6月17日	行政管理庁、訓練専用飛行場がないと指摘。運輸省が調査に乗り出す
1968	5月27日	日本政府一体化調査団来沖。宮古など調査
1969	2月14日	日航社長が屋良主席に訓練飛行場誘致について発言
	8月16日	日航社長ら屋良主席に自衛隊の使用否定
	9月12日	与党連絡会議。誘致問題は冷却期間置く
	11月4日	琉球政府、誘致決定
1970	9月	伊良部村、誘致白紙撤回
1971	2月	伊良部村議会、誘致決議
	8月16日	運輸大臣、総務長官が屋良主席に軍用に使用させないと確約
1972	4月	下地島空港建設着工
1979	7月5日	下地島空港開港

2、下地島は人口が少ないため、それを移すことができる。滑走路が海から海へ向かうので好都合である。
3、沖縄に二回調査に行き、伊良部村にも行ったが、本土の人々は沖縄への借りをかえさねばならぬことを痛感した。
4、特に伊良部村の貧困さを見た場合、なんとかせねばならぬと思い、この島への飛行場誘致を決意した。
5、他の産業の振興の考えられないこの島で多額の金のおちるこの産業を村長をはじめ全村民が歓迎して然るべきだと思う。（後略）
6、下地島の欠点は水のないことである。その方策を考えねばならない。
7、八重山あたりから埋め立てて飛行場にという希望があるようだが、埋立ててまでやる必要はない。本土にも他に候補地はある。

・米軍、自衛隊との関係について
1、日米合同委員会の地域〈地位〉協定の第2、第5条によってとりきめられている範囲の利用しかない。
例えば
①急患をおろす
②米軍、自衛隊幹部が外国へ旅行する時等民間飛行場まで輸送する。
③その他

・設置後の運営について
1、飛行場は日政資金で作り、琉球政府の財産運営とする。
2、地上施設は日航がつくる。
3、復帰後は県営飛行場にしたい。ただし、復帰後に飛行場をつくるとそれは無理であるので、復帰以前に飛行場を作った方がよい。
他県にあるものはみんな国営である。

9月11日（木）曇

（前略）九時から局長会議あり。パイロット訓練所の件について重大な話し合いあり。寺嶋ベンゴ士、日航運航安全監査室長に来てもらって特に爆音、分布図について説明してもらう。政府としては一応理解ついたので、副主席を中心に二、三人の職員、宮古に派けん、農民はじめ伊良部村民に説明もし、意見も聞き、現場におけるつめには入る事にする。[*1]（後略）

琉球政府メモ

1969年9月11日　局長会議
宮古パイロット訓練所について
（中略）

＊1　琉球政府は9月11日、パイロット訓練飛行場を事実上誘致することを決めた。（『琉球新報』1969年9月12日付朝刊）

6、この仕事を進めるのに一番大事な事はこれが地域民の幸福につながらなければいけないということだ。宮古郡民、伊良部村民や地主の犠牲において村や琉球政府や事業家や資本家が利益を得ていく形をとらしてはいけないと言う事である。あくまでも地元民の幸福のために活用され貢献し地域民の生活が豊かになり文化的に発展していくためにならねばいけない。その様な措置をまず何よりも第一に考えねばならない。

9月12日（金）晴

（前略）五時、与党連絡会議。今日は宮古パイロット訓練所の問題で非常に苦悩の会ギでありつらかった。すぐ寝室にひっくり返って休んで居た。毎日毎日一喜一憂の連続であるが、今日はその一日だ。[*2]（後略）

琉球政府メモ

1969年9月12日　与党連絡会議

宮古パイロット訓練所の件

（前略）

瀬長〈亀次郎〉氏

村有地も村民のものだとの権利意識をもっている。人民の要求ではない。むしろ〈日

＊2　9月12日の琉球政府・与党連絡会議はパイロット訓練飛行場問題について意見交換した。人民、社会両党はあくまで誘致に反対、社大党は態度表明しなかった。（『琉球新報』1969年9月13日付朝刊）

本〉政府に協力するとは心外である。
崎浜〈盛永〉氏
賛否両論。
革新共闘から出た主席はどういう態度をとるか。社会党は反対。自民党政策をおし進める為にやっている。農民の保障〈補償〉は程度において時期において可能であるかどうか。
古堅〈実吉〉氏
本土の援助との関係はあるのか。ない。
沖縄を米国に売り渡した本土政府に手をかす政策とはけしからん。米日支配層が支持することに協力する事は何の保障もえられない。諮問委員会の場合とは違う。

9月14日（日）晴

（前略）昼に警察本部から副主席の宮古での話し合いの模様の報告あり。これは大分暴れたらしい。前日の警察情報や宮里松正氏の報告とは大分違うらしい。知念さんには苦労をかけた。[*3] 夕方、副主席、仲村局長、砂川局長来訪。報告を聞く。後で寺嶋先生も見えて一緒に話す。更に寺嶋氏は後に残って話をつづけ八時頃帰らる。（後略）

＊3　副主席知念朝功が９月14日、伊良部村へ説得に訪れたが、激しく反対され「下地島への飛行場設置はおそらく無理だろう」という見通しを示した。（『琉球新報』1969年９月15日付朝刊）

9月15日（月）晴

（前略）夕方、宮里松正氏、寺嶋ベンゴ士来訪。今後の対策について話し合う。今日は一日内外不出する。（後略）

9月16日（火）晴

パイロット訓練所の件で気が重い。（中略）十二、宮古パイロット賛成派大挙押しかけて陳情あり。二時、局長会議。＊4（中略）四・四〇記者会見。パイロット訓練所対策、局長会議結論副主席より発表す。パイロット問題大変こんがらまってきた。＊5六時半、高瀬大使訪問。十時まで懇談、夕食会。（後略）

9月17日（水）晴

パイロット問題、最悪の事態発生。何れに転んでも致命傷と思ったが遂にその事態となる。而《しか》も私のとった態度は両陣営に対して致命傷を受けた事になる。やはり私の政治力の限界だ。本土政フにも致命傷だ。やがて各面に仕事が出来なくなり、宙に浮き出して失脚してくる事になるであろう。私見た様な立場におかれた者の辿るべき運命というものだろう。新聞報道も私の最悪の毎日が続くであろう。かくて最悪の日は懊悩《おうのう》苦渋の中にくれる。（後略）

＊4　臨時局長会議で①パイロット訓練飛行場は国益の面、沖縄の地域開発の面で有益②県内に適地があり、地元の賛成が得られれば誘致③政府はどこであれ強制収容してまでは設置しない④下地島については、現在賛否両論あるため、なお慎重に検討する―という結論に至った。（『琉球新報』1969年９月17日付朝刊）

5　総理府、運輸省、日本政府沖縄事務所、日本航空の４者は９月16日、会合を開き沖縄地域への訓練飛行場建設は白紙に戻すとの方針を固めた。（前掲『琉球新報』）

10・22
鯨岡副長官との懇談。パイロット訓練所の件。私から経過報告する。
それに対し副長官
1、この件は、はじめ小耳にはさんだというところだった。ところで沖縄の経済調査団からよい考えは浮ばないという。その様な時に副長官としては経済面は重視しなければならない。然《しか》らばその為の産業は何か。その矢先、パイロット訓練所の件を耳にはさみ、経済的の面から取りついた。これには屋良政権はとびつくと思った。ところが駄目になってがっくりした。
2、（中略）沖縄の問題については日本国民の国民性からカッカツ論議はするが、復帰を決〈め〉れば潮をひいた様に冷たんになる恐れもある。

10月31日（金）晴
八時半から下地島パイロット地主等大挙陳情。（中略）琉球セメントやパイロット、人事の件で副主席、仲村局長、宮里局長、通産吉元部長等と懇談する。七時頃帰舎。

11月1日（土）晴
九時前に下地島調査団の報告を聞く。九時から下地島各字代表と懇談。（後略）

11月2日（日）晴
（前略）また反対派の強烈なまき返しの動き気になる。でも最早一か八かで決着つけねばならない時である。（後略）

11月4日（火）晴
局長会。パイロット問題誘致の態度きめる。後で大変である。[*6]（後略）

11月6日（木）晴
パイロット反対派、午前〈午〉後二回にわたって陳情攻勢を受く。政フの調査にも狂いがあった様だ。之をたてに誘致決定をくつがえせて迫る。今日も苦悩の日だった。[*7]（後略）

11月8日（土）曇
（前略）パイロット問題はやっかいになる。自民党沖特委に頼まねばいけなくなった。十一時十分から外相に会う。日米交渉の経過を質し見通しを聞く。沖縄のもつ不安を説く。国政参加の実現を訴える。形の上では基地以外は沖縄側の要求に近づける自信がある様だ。（後略）

11月10日（月）晴
（前略）三・三〇分、木村〈俊夫・官房〉副長官に会い、しばらく話し彼に案内され

＊6　琉球政府は11月４日、臨時局長会議を開き下地島パイロット訓練飛行場の誘致を正式に決定した。しかし、与党側の了解は得られなかった。（『琉球新報』1969年11月５日付朝刊）

7　琉球政府の調査でパイロット訓練飛行場の賛成派は91％となっているが、反対派は調査はでたらめと主張した。（『琉球新報』1969年11月７日付朝刊）

て総理に会う。（中略）五時から美濃部〈亮吉・東京都〉知事[*8]に会う。パイロット誘致すべき、放水車設備すべきとの御意見であった。参考になった。

琉球政府メモ

11月10日

みのべ知事との懇談

〈美濃部知事の発言〉

（中略）

②自衛隊との関連においては困るが、客観的に考えてパイロット訓練場は誘致すべきだと思う。（中略）ただし政治的にはいつ発表し、どのように実行するかはこれからの問題であるのでタイミングに気をつけてもらいたい。

③この問題が表面に表われた以上、琉球政府の態度ははっきりしているので後退してはいけない。これが私のいうみのべ方式だと思う。

11月11日（火）晴

総務長官、副長官に会う。パイロット問題については大変困惑する。明日もう一度長官と会うことにする。（中略）白紙庵で飛鳥田〈横浜〉市長を呼んで夕食会。パイロッ

＊8　美濃部亮吉（みのべ・りょうきち）　1904～1984年。経済学者。1967年に東京都知事に初当選。初の革新都政として公害問題、女性・老人・児童をめぐる福祉行政に力を入れた。父は憲法学者の美濃部達吉氏。

ト訓練所、誘致すべきと。意を強くした。方々に電話をかける。

琉球政府メモ

S44・11・11日

〈山野〉特連局長

（中略）

パイロット訓練所について

去年6月、一体化調査団が行った時〈下地島に〉目をつけた。宮古が開発の谷間になっていたので訓練所設置によって対策。はじめは硫黄島も考えられていた。しかし港もなく日航航路もないので沖縄へと。特連局と飛行場部長との発想し、先ずその空気をつくる為にノロシをあげた。総理府、運輸省でぼんぼんあげて誘致の空気をつくる。そうしないと自信がないものを琉球政府に云い得ないと思った。この構想に高瀬さんがとびついた。（後略）

琉球政府メモ

44年11月11日　白紙奄

出席者　あすかだ市長、鳴海さん、

主席、糸洲局長、宮里弁護士、島村さん、大城

・行政家はアジテイターであると共に現実政治家であるべきであり、その時100点を要求する必要はない。60点位あればよい方である。

パイロット問題
1、固定資産財等に依って村民税を無税にする。
・このことについて社会党から発言させ、政府はうけてたつ形をとって社会党のつらをたてる。
・デリケートのことは文章で交渉し、一面に於いては政治姿勢を貫く。
・社会党等が泥をかぶり、主席の姿勢を堅持する。
（中略）
3、航空パイロット組合より声明書を提出させる。
・組合員がパイロット不足の実情を訴える。
・組合から軍用基地にしないという声明書を出す。（後略）

11月12日（水）晴
九時から床次総務長官とパイロットの件話す。一札私から要請書を入れる事にした。（後略）

11月12日（水）

総務長官と第二回会談

出席　長官、岩倉副長官、加藤参事官
　　主席、糸洲局長、大島、宮里

琉球政府メモ

①将来の維持管理は地元にうるおいがあるようにしたい。政府は、沖縄開発に益するため、積極的に誘致に関与してもらいたい。
②反対者は成田〈空港建設問題〉で経験しているようにシャニムニ反対する。
③成田より下地は弾力性があると思う。ただ反対の空気が反戦平和の形になっているのでむずかしい。
④ゴネトクする者が得をすることになると最初から賛成したまじめな人々は馬鹿をみることになる。
⑤本土では土地収用法があるので、最終的にはそれを使うが沖縄ではそれができないとなると最終的に説得がきくかどうか自信がない。
⑥今度予算要求するなら土地買収費を計上するつもりである。
⑦琉政が関与する理由は、アジア全体のための、航空事業への公共性ということであって、単に会社の事業という見方をしてはいけない。従って18人の多数賛成自民議員をもっているので法改正をしてでもやるべきである。

⑧公共営の形で琉政に請負ってもらいたい。
⑨スラッと行きそうで、あとでひっかかっているのでやりにくくなると思う。果して反対者を説得し。のり越えることができるかどうか。
⑩成田はきめ手があるが、琉政はキメ手を放棄しているので、反対者に頑張られたらどうするか。
⑪最後の手があることが必要で、強制収用はしないという条件で進められたら困る。
⑫予算要求には資料が必要である。
⑬主席から誘致に対する予算要請書を出してもらいたい。

1971年7月30日（金）晴

（前略）局長会議。パイロット特別会計の件で。総務局長、官公労にかん詰めにされ局長会議に出席させず、公務執行妨害の暴力となる。残念至極。

8月2日（月）晴

朝、今日の団交延期の件で副主席を呼ぶ。副主席退職願提出す。その決意は非常に固いと云う。

（後略）

8月15日（日）晴

（前略）十一時十五分、慰霊祭〈全国戦没者追悼式〉に出席。体育館〈日本武道館〉内去年の場所、控え室に案内。山中〈貞則・総務〉長官に会う。そこであいさつ。

序《ついで》に下地島パイロット訓練所で今問題になっている軍に共用され、軍事基地に転用され、殊に自衛隊の訓練共同される事を攻撃の材料になっているので、そういう事がない確認書を公文の形、而《しか》も運輸大臣の署名で取り度い世話してもらいたいとの事〈を要請〉。山中大臣、ご尤《もっと》もであり御安いご用である。序に担当大臣、総務長官も署名するとの確約が出来た。大きな収穫であった。（後略）

8月16日（月）晴

十時から知事会始る。総理の都合で十五分おくれる。総理のあいさつ。桑原会長のあいさつ。（中略）

十二時に〈丹羽〉運輸大臣に会えるとの事。例のパイロット飛行場を自衛隊や軍に共同転用させぬとの確認書の件についての話である。幸〈い〉、運輸大臣、山中大臣、運輸部長と四名、話は山中大臣がすでに根まわししてあったので、双方共、用件文書の内容ＯＫ。

しかし示された文書は宮里局長から手渡された文書の内容と形式的相違があったが、まあ良かろうと云ってＯＫ。しかし後で沖縄から託されている文書が届いたので部長を呼び、この文書にしてもらいたいと要望。部長は直ちにとんで行って両大臣の了解を取りつけ、山中大臣は総理の了解も取りつけ、更に三者会談には入る前に防衛庁長官の了解も得たとの事。形式は私が公文で自衛隊や軍事目的に使用する事のない様、確認書を求める事にし、その求めに応じて両大臣が確認書を出す。その時に自衛隊を含めて日本政府が之を確認すると云う文書の形式を取る事にしてＯＫ。（中略）

通産局長から電話。之は昼食の時にアメリカの経済政策弗〈ドル〉異変がアメリカから通達されて来て水田大蔵大臣から説明があった事。（後略）

屋良（手前）にパイロット訓練飛行場の誘致反対を訴える人々（写真・上）と主席室前の通路でプラカードを手に誘致反対を訴える人々（写真・下）＝1969年11月6日、琉球政府

防衛庁長官にてこずった
山中貞則氏（元総務長官）

下地島のパイロットの訓練飛行場問題については、琉球政府の屋良主席から認可の審査の途中でメモが入ったんです。誓約書だったかな。何か書かれたものに連署してくれというのです。

将来ともに軍用に使用しないということが主なのね。「そんなこと考えてもいないし、突如として所管大臣に軍用として使用しないことを誓約しろと言われてもびっくりしますよ」と言ったけれど、琉球政府立法院において、その契約書を出さなければ、ジェット飛行機のパイロットの試験場がつくれないという話だから、「わかった。じゃあやってみましょう」と言ってね。

軍用にするかしないかというのはまず防衛庁長官でしょう。それの念書を取らなければいけない。復帰の前の年は、防衛庁長官は、中曽根、増原、西村、江崎とくるくる替わって、確か８月には西村直己長官だったと思うが、「山中君、何言っているんだ。沖縄でジェット飛行機のパイロットのタッチ・アンド・ゴーの訓練するのに、こっちが何も言っていないのに軍用にはしないという誓約書入れるっていうのはどういうわけだ」と言うから、「沖縄は復帰前には念には念を押し、それで精一杯やったということを残しておきたいのでしょう。そんなこと考えてもいないし、考えないということはわかっているけど、念書でくれって言うんですよ」と。「おれはそんな念書に名前とはんを押すのは嫌だ」って言うんです。それを説得するのに苦労してね。

運輸大臣はだれだったかな。運輸大臣は、「それはいいですよ。県営空港をやるって言われるんだから。運輸省はつくることを強制していませんので。パイロット訓練場があったら、日本航空とか全日空のパイロットがアメリカにわざわざ行って訓練するより安上がりになるわけでしょうから、運輸省はもちろん軍用にすることはないと連署します」

そして、ぼくはもちろん担当大臣としてはんこを押したわけだけど、防衛庁長官が憤然としたことは覚えているな。

「山中君、沖縄は何と云うことを言うんだ。それを放っておくのか」。甘やかすなとか、放っておけと言っても、今まで27年間も異民族支配の状態を放っておいたのにね。

吉田さんが、昭和26年９月サンフランシスコで、講和条約と日米安保条約に調印した。しかし、吉田さんはもちろん、どの党も沖縄県民にすまないという声明がなかったじゃないか。沖縄県民にすれば「君たちも一緒に祖国復帰できなくてすまなかった」という、一言もなかった。軍用にはしませんという沖縄の軍アレルギーをわかってあげて、名前を書いて署名したらいいじゃないか。

結局は３人だったかな。てこずったのは防衛庁長官だったな。

沖縄協会編『本土復帰を前にした沖縄の社会情勢と政府の復帰施策に関する調査報告書』の山中氏証言から抜粋

解説

今に生きる非軍事の精神

宮城　修

１９６９年2月は、墜落事故を起こしたＢ52戦略爆撃機の撤去を求め、ゼネスト実施の是非で揺れた。同じころ屋良に新たな難題がふりかかる。下地島に民間航空のパイロット訓練飛行場を建設する計画だ。２月14日、日本航空社長から初めて知らされた。以後、パイロット訓練飛行場誘致をめぐり賛成、反対で地元は二分され、屋良の支持母体も米軍や自衛隊による軍事利用を懸念し反対に回った。屋良政権は混乱した。

１９６９年は11月の佐藤・ニクソン会談の結果、沖縄の施政権返還が決まった。首脳会談の前から日本政府は、施政権返還後の沖縄経済振興策づくりに着手している。しかし、返還後もほとんどの米軍基地が残るため、沖縄の経済自立を阻むことは明白だ。

森永委員会

森永委員会の「沖縄経済開発の基本方向」（１９７０年）によると、沖縄からの輸出の大半を占める砂糖とパイナップルは日本政府の特恵制度に保護されていると指摘している。自立経済の牽引役としては、不十分だ。「基地収入が大幅に減少した場合、これに代わる適当な産業が当面発見困難」という認識を示している。

基地の存在を前提にした経済振興策には限界がある。制約の中で、中期的計画として構想された新規事業の一つがジェット機のパイロット訓練飛行場だった。[*1]

当時、日本国内に訓練飛行場はなく、米国で訓練せざるを得なかった。運輸省は硫黄島をはじめとする複数の候補地を検討したが、最適地はなかった。ちょうど沖縄の経済振興策に苦心していた日本政府は、下地島に注目し訓練飛行場の誘致案が浮上した。

沖縄側の計画ではなく、日本政府が持ち込んだ構想だったことが問題を複雑にした。日本側は予算要求の期日が迫っていることを理由に、法律をつくって強制収用するよう屋良に迫った。[*2]だが屋良は強硬手段を拒否している。

「屋良確認書」

屋良は東京都知事の美濃部亮吉や横浜市長の飛鳥田一雄に相談し、助言を求めた。[*3]琉球政府は訓練飛行場の誘致は沖縄の経済開発の一環としてとらえ、基地経済からの脱却のために最終的に誘致に傾く。危ぐされた軍事転用、公害、農家の生活保障について、それぞれの解決策を模索した。

そして最終的に反対派を納得させるために、日本政府との間で確認書を交わそうとした。71年8月、総務長官の山中貞則の働きかけで「訓練飛行場は基地、自衛隊に利用させない。琉球政府が所轄管理する」という趣旨の確認書を日本政府と交わすことに成功した。

確認書を交わした一人、山中貞則は「政府関係者の中には『非常識だ』という声も上がった。しかし私は沖縄の反戦平和の気持ちをくんで確認書を書こうと判断した」と証言している。[*4]後日、いきさつを語っている。[*5]

浮上する軍事利用

下地島空港は72年4月に着工、79年7月に開港した。屋良が目指した、軍事利用させない「非公共」空港ではなく、公共空港（第3種）としての出発だった。当時の知事西銘順治は「軍事目的使用の制限については航空法の範囲内で知事の管理権で可能」という運輸大臣見解を引き出している。[*6]知事権限で軍事利用に歯止めをかけようというものだ。しかし、時の知事の政治姿勢に左右されるため、つねに軍事利用を拒むことはできなくなった。

この間、米軍は米比合同演習の往復などで下地島空港を強行使用している。2001年には、米空軍に近いシンクタンクが米空軍の戦闘機部隊を展開させる構想を提示。日本政府は07年、当時の防衛相久間章生が自衛隊による使用の意向を示した。11年6月、

全国初の民間航空パイロット訓練飛行場として開港した下地島空港

防衛相北沢俊美は、災害救援拠点として自衛隊の無人機の訓練場にする構想を明らかにした。自衛隊は中国をにらんで南西諸島へシフトを進めている。北沢構想もその一環とみられている。このように、何度も浮上する軍事利用の歯止めになったのが、71年に交わした「確認書」の精神と言えるだろう。

＊

1　森永委員会「沖縄経済開発の基本方向」(仮題)0120-1970-00333(外務省外交史料館所蔵)。
2　『屋良日記』1969年11月12日付。
3　『屋良日記』1969年11月10、11日付。
4　屋良『屋良朝苗回顧録』171ページ。
5　本書 山中貞則氏の証言236ページ参照。
6　琉球新報社編『戦後政治を生きて　西銘順治日記』(琉球新報社、1998年)参照。

返還作業

迫る土地接収関連法
米軍の自由使用継続へ着々

日記● 1971年8月5日〜10月16日

沖縄問題　渦中に私が立っている

8月5日（木）晴
八・四〇、沖縄アルミ要請[*1]
九—一一時、局長会議
一・三〇〈島田〉防衛施設庁長官公舎に来訪（後略）

8月8日（日）曇
九時→一二時半、復帰対策要綱重要案件協議会。瀬長〈浩〉、安谷屋、総務局長、副主席、通産局長と私。有意義であった。（後略）

8月9日（月）晴
（前略）二・三〇、田辺〈博通沖縄・北方対策庁〉調整部長表敬。仲村〈栄春〉建設局長任命。宮里企画局長専任任命。午後一時から第三次〈復帰対策〉要綱調制〈整〉には入る。於主席公舎。五時、与党連絡会議。

8月10日（火）
（前略）九時から沖縄側からの意見提出。調制〈整〉始る。副主席、瀬長氏三時から五時まで問題点の整理。五時からユーナ荘で与党連絡会議。各局の予算要求、重点事項について意見交換する。宮里副主席が思いやって夕食後私は帰って休むようと提案、皆の了解を得てそうする。主席就任以来はじめての事だ。

8月11日（水）
（前略）一〇時から各局長と問題点調制〈整〉する。大あわて。三時から田辺部長一行沖縄側から各項目毎要望する。（中略）六時から人民党から申し出。パイロットの件撤回要求、強硬である。その他毒ガス自主ヒナン対策、干害対策。七時半から左馬で田辺部長一行と夕食懇談会あり。

8月12日（木）晴
九時から一時間半、田辺部長と意見交換、調制〈整〉、要請。*2 三時、瀬長氏父

＊1　日本復帰を前に1970年、世界最大のアルミ精錬会社のアルコアが沖縄進出に乗り出した。国内のアルミ精錬五社はアルコアの進出に対抗し、共同出資して沖縄アルミを設立、精錬工場建設を計画していた。結局、アルコアは沖縄進出を断念したので、沖縄アルミも沖縄進出を凍結した。

2　復帰対策要綱第３次分に関する琉球政府と沖縄・北方対策庁の調整は８月９日から12日まで行われ、沖縄開発庁を設置することで合意した。（『琉球新報』1971年８月13日付朝刊）

君告別式。五時半、局長会議。（後略）

8月14日（土）晴

九―一〇、書類の整理をする。安谷屋さんを呼んでいろいろ勉強する。復帰対策要綱について。一〇時から局長会議、二時近くまで続く。終って記者会見。散髪。三時帰舎。四時に出発、子供等見送ってくれる。七時半、東京着。朝日、毎日記者会見。（後略）

8月17日（火）晴

昨夜、瀬長君上京す。今日からは行動を共にする。（中略）通算大臣には国場会頭、仲田工連会長、安里芳雄事ム局長にも連絡し、十二時に田中〈角栄〉通産大臣に御目にかかる。短時間であったが、万博は是非沖縄に実現すると約束された。御三名も満足されただろう。昼は東京事ム所に帰り昼食。昼、閣議後に下地島パイロット訓練所の件、自衛隊と共用せずとの公文、〈山中貞則〉総ム長官より発表された由。

午前に垣花君から旧漁業権の補償問題について報告を受ける。三時から総ム長官に会う。之は延々と時間は長びいて八時過ぎに及ぶ。私から〈琉球政府〉人事異動の件報告、協力を求め、毒ガス移送の経過報告。自主ヒ難の件の経過報告。財源については琉政について考える事にする事も公表する。海洋万博開催要請ＯＫ。[*3]（後略）

＊3　沖縄国際海洋博覧会。1975年に開幕。37カ国、3国際機関が参加した。

琉球政府メモ

山中大臣の話メモ
PM3～8　71・8・17
（中略）
1、福地ダム―石川浄水場の送水ポンプ
円対策のため公共投資増の補正予算をすると見る。その機会に沖縄の干害対策ということで

■ 復帰対策の経緯

1970	3月	復帰準備委員会設置
	3月31日	日本政府「沖縄復帰対策の基本方針」閣議決定
	5月1日	総理府特別地域連絡局に代わり沖縄・北方対策庁発足 那覇の出先機関が沖縄事務所から沖縄事務局に昇格
	8月6日	琉球政府、「復帰対策大綱」決定
	10月1日	琉球政府、復帰対策室を発足
	11月20日	日本政府、「沖縄復帰対策要綱（第1次分）」閣議決定
1971	1月16日	第1回復帰対策県民会議（安里源秀会長
	3月15日	「沖縄復帰対策要綱（第2次分）」閣議決定
	5月15日	衆議院で沖縄返還協定中間報告
	6月17日	沖縄返還協定調印式
	8月18日	第14回復帰対策県民会議
	8月28日	変動相場制移行
	9月3日	「沖縄復帰対策要綱（第3次分）」閣議決定
	10月11日	琉球政府、臨時局長会議。復帰対策の総点検と意見書の作成決定
	10月12日	復帰関連7法案閣議決定
	10月15日	完全復帰と通貨切り替えを要求する県民総決起大会
	10月16日	第67回臨時国会（沖縄国会）始まる

予算を取る腹。但し、事前に洩れるとブチ壊しになるので秘密にしてほしい。
2、英語センター
そういう制度が無いので、国の機関としては無理。県でやるなら交付税等で考える方法はある。各種学校でもないし英語塾等は考えられないか。
3、三次要綱の閣議決定
琉政との調整次第。8月27日にはやりたい。もう少しずれることもありうる。決定次第沖縄を訪問したい。砂田副長官も同道の予定。
4、放棄された対米請求権
実態は分らないのであるが、人身障害等の例を挙げて調印式の総理談話の線で方向は第三次要綱に入れるようにしよう。
（中略）
7、第四種軍雇用[*4]
根拠や手がかりが無い。復帰後国が提供することになるものについては、ともかく、復帰後も請負いでやるものに対しては無理。ところがその選択権は米軍にある。日本側から労務提供を申し出る訳にもいかない。復帰時に「みなし退職」として退職金を国が出す筋道も立たない。軍港湾雇用者に限定するわけにもいかない。

8月18日（水）晴

（前略）三時→八時、総ム長官と会う。電源開発の問題、水資源開発の問題、琉政債務肩代り

＊4　米国政府と契約履行中の請負業者に雇用されている人。

の件、復帰に伴〈う〉転廃業者及〈び〉離職者対策の件、土地調査庁の件、税制の件、年給買上げ資金の財源政府措置の件、軍港湾労働者の退職金の件等話し合った。その時労災保険についても。電、水、琉債務、転廃業者、税制の件皆成功する。港湾労の件、年給の件不成功。致し方なし。大体大きな成果があったと考えて良い。僅《わず》か三、四日の滞在としては仕事は上出来の方である。六時半、共同記者会見。かくて昨日五時間、今日五時間と話合いが行われた。並々ならぬ大臣の好意である。感激にたえない。（後略）

琉球政府メモ

山中大臣の話メモ

71・8・18　PM3〜7・45

1、恩給

沖縄国会ではやらず通常国会でやるが、予算は8月に要求する。

2、電気事業

国の特殊法人（沖縄電力公社？）を創り発電・送電をやらせる。（将来配電会社等の受け入れも考えられる？）

3、水資源開発

国の直轄でやる。石川までのパイプも国直轄は同様だが、その管理は県でやったらどうか。（管理については再考の余地を残す。）

4、フリーゾーン

安謝新港の裏を新に埋立ててその地域を充てるが、埋立を県がやるか浦添がやるか、早く調整して貰いたい。何れにしても国が全額もたねばならないのかな。

5、土地調査庁

法務省はやりたがらない。実務は法務、予算は開発庁で取ってやる等の方法もあろう。どの省がやるかはこれから考えることにして国で引取る。（中略）

7、琉球政府一般会計の債務

（中略）国が肩代りする。概ね6千万弗、200億円になろう。（これは事務的につめる）（法律措置が要る）但し、今後の借入れは対策庁の了解なしにはしないと約束した。（72会計年度の分も含む）市町村債は借り替えを考える。（中略）

8、税制

大蔵・農水省を説き伏せなければならないので発表はしないこと。

（1）酒税…現琉球税率と本土税率の格差の範囲内という枠は外し、従来の保護に代りうるような（成り立つような）税率を考える。

（2）電気ガス税…1％づつ7年間に段階的にやる。

（3）法人税…終了年度がよい。

（4）砂糖…沖縄で精製し消費される砂糖（原料・家庭用共）は復帰後も現行価格を据えおく。糖価安定事業団に対しては差額を開発庁が支払う。

（5）粉ミルク…妊産婦育児用について考える。

（6）金地金…一手輸入はするが払下価格は従来通り。

（7）LPG税…本土でとった経過措置（段階引上げ）をとる。

（8）ガソリン税…現行価格通りになるようにする。

（後略）

9月3日（金）晴

九時局長会議。県機構、部制、部数、課数等政府案決める。引続き出先機関等決める。定員の目途もつけて決定する。[*5] 嘉手納航空師団長テンバー少将表敬。民政府アンケート。第三次要項〈第3次沖縄復帰対策要綱〉今日閣議で決る。記者会見。（後略）

9月22日（水）曇り勝

宮古、八重山暴風。殊に八重山風雨強い。雨は降った様だ。九、衆議院社会労働委員来訪。（中略）三時、官公労幹部より申し出。四時、日銀沖縄分行室長荒本氏表敬。〈野呂〉防衛〈政務〉次官との表敬で又悩みあり。（後略）

10月3日（日）晴

九時、知花英夫氏来訪。知事選についての平良氏の心境をつたえ私の決意をそれとなく促す。（中略）六時半から励す会主催月見会。集るかなーと思ったが一〇〇名近くも集ったろう。大変盛大。月もきれいにあらわれた。思いがけない観月会となった。この様な励しと支持を受けると私が又苦悩始る。いうつ〈憂鬱《ゆううつ》〉の日が続く事だろう。御婦人の方方も多数集って居られた。後で喜屋武君、新垣君と重要な話し合

＊5　「沖縄県行政機構」（案）と「国の出先機関の設置に関する要請書」のこと。沖縄県行政機構は6部56課。教育関係、県警関係を含め職員の総定数は1万2千人以内。国の出先機関に関する要請は沖縄総合事務局に統合するものを含めて81機関、総定数9500人。（『琉球新報』1971年9月4日付朝刊参照）

いをする。刻々追い込まれ三年前の二の舞を演ずる心配あり。（後略）

10月9日（土）曇

九時登庁。直ちに琉銀、中央相互、沖銀の〈通貨確認〉作業現場を巡視。順調に進められている事を確認する。十二時過ぎ山中長官来県、出迎えに出る。長官東急ホテルで記者会見に立ち会う。二時半、自衛隊幕僚次長、堀江陸将、公舎に来訪。又吉君が案内。三〇分程話す。再び対策庁長官と話し合い。五時から那覇市制五〇周年行事、前夜祭、パレード。

10月10日（日）晴

今日は那覇市制五〇周年の大綱引行事の日である。三時半頃まで内で休養。全孫等集って遊び興じて居た。その中に裕樹ちゃんがちょこちょこ歩きまわって遊んで居るのも楽しかった。三時半から四時二十分まで総ム長官、ナハ綱引の現場見学とのニウスあり。現地で会う積りで夫婦出かける。

琉球銀行を視察する屋良＝1971年10月9日（沖縄県公文書館所蔵）

人の垣を分け入った時、長官見えないとの事。家内を残し私は長官の見送りに出る。行って良かった。見送って来てから綱引き見物に行く。アスカダ〈飛鳥田・横浜〉市長はじめ革新市長方と一緒に綱引きを見る。（中略）

綱引きと云えば大正十年、師範一年の時の市制祝賀綱引きを思い出す。あの時は通堂の大道り〈で〉ひいた。たしか午後十一時頃から引き始め、それを見て歩いて首里観音堂に朝の五時たどりついたが、未だ引き続けていた事を思い出す。あれから五〇年振りの行事である。（後略）

10月11日（月）曇、風強し

飛鳥田市〈長〉、田無市長、表敬に見える。副主席、総務局長、企画局長、総務の比嘉君はじめ若い連中と沖縄国会に向っての政府の対策を話し合う。この大事の時期に宮里副主席が居た事は百万力だった。この点この時期に幸〈い〉であった。〈全国〉革新市長会あいさつ。（中略）四時から臨時局長会議。沖縄国会に向っての基本的態度について話し合うこと。（中略）五時から与党連絡会。七時から那ハ市長と共催で革新市長レセプション。それが終って飛鳥田市長と話し合いをもつ。今後取るべき態度、姿勢、考え方について意見を聞く。於ユーナ荘で。（後略）

10月12日（火）曇

（前略）山中大臣より電話。（中略）私の沖縄国会に向けての談話も大臣は心配していた。これ又困った事だと思う。どう対処すべきか。山中長官を窮地に立たす事も今度は私の方が心配だ。そうかと云って沖縄に一言も内容について相談なしに閣議決定した土地接収に関する法案をどうするか。刻々に窮地に追い込まれていく。（後略）

10月15日（金）曇

（前略）復帰協の大会があったが返還協定反対の大会であったので出席せぬことにした。五時、末次氏来訪さる。

10月16日（土）晴

タイムスが沖縄国会に向けて提言するというインタビューを昨日とった。今日の新聞にけい載されている。今後国会提案の諸法案についての私の態度姿勢についてはげしく追及されてくるだろう。いううつになる。沖縄も本土国会もゆれ動く事だろう。丁度〈対日〉平和条約が発効した時、安保問題が審議された時、全国をゆらぐ大闘争が起った。あれと同じ様な経過を沖縄国会もたどるだろう。どうせその過程を経なければならぬ運命にある。而《しか》も今度の沖縄問題は、その渦中の中心に私が立って四囲から巻き込む渦の如くに私は責め追及を受ける事となろう。誠に気持も暗くなり心も重くなる感じである。しかしかつてない変動転換の時期であるのでその中心、主人公たる私が安閑として過ごせるものでもないだろう。されば私としては考える丈考え、識者の助言も受ける丈受けて私自身の考えや方法を具体的ににぎって居なければなるまいと思う。（後略）

完全復帰と通貨切り替えを要求する県民総決起大会終了後、デモ行進する参加者＝1971年10月15日

解説

基地前提に振興開発策

宮城　修

沖縄の施政権返還作業は1971年6月の返還協定調印後、同年10月16日に開会する臨時国会で最終局面を迎える。日本政府は10月12日の閣議で、沖縄返還協定承認案件と沖縄復帰に伴う土地法案など沖縄復帰関連7法案を決めた。7法案は大きく二つに分類できる。

まず琉球政府が沖縄・北方対策庁と調整した法案だ。①沖縄振興開発特別措置法案②沖縄開発庁設置法案③沖縄振興開発金融公庫法案④沖縄の復帰に伴う特別措置法案⑤沖縄の復帰に伴う関係法令改廃法案―がそれに当たる。

もう一つが防衛庁関係で、①沖縄における公用地暫定使用法案②沖縄の復帰に伴う防衛庁関係法律の適用特別措置法案だ。暫定使用法案は地主が土地の提供を拒否しても5年間強制的に使用できるという内容だ。「沖縄国会」と名付けられた臨時国会の中でも最大の懸案となった。沖縄住民の基本的人権、自己決定権をあらかじめ奪う重大な問題をはらんでいたが、法案作成過程で琉球政府とまったく調整が行われなかった。[*1]

ある「覚書」

沖縄復帰関連7法案が、沖縄振興開発と基地の二つに分けられた背景に、ある取り決めがあった。佐藤・ニクソン会談（69年）で沖縄返還が決まった後、それまで沖縄問題に関わってきた総理府の特別地域連絡局（特連局）に代わって沖縄・北方対策庁が設置された。対策庁設立直前の70年3月5日、特連局と防衛庁が「沖縄・北方対策庁設置法に関する覚書」を交わしている。対策庁の任務の中から施政権返還後、米軍基地に関する事項をはずすという内容だ。[*2] 以来、新設された対策庁は基地問題に口出しできず、復帰対策要綱づくりに専念することになる。対策要綱は第1次（70年11月）、第2次（71年3月）、第3次（71年9月）に分けてまとめられた。

復帰対策要綱が決まると、その内容を法案化、制度化していく作業に移る。沖縄振興開発特別措置法や、沖縄開発庁、金融政策を担う沖縄振興開発金融公庫の設置などだ。日本国内との格差を是正するため9割から10割という高率の補助制度を導入し、沖縄予算獲得のために「一括計上方式」が採用された。[*3]

琉球政府に復帰対策室（瀬長浩室長）が設置され、対策庁との間で連絡調整役となった。屋良の日記に、第3次対策要綱の詰めの作業の様子が描かれている。例えば、最後まで残った懸案事項の一つに琉球電力公社の資産引き継ぎがあった。米国民政府が管理運営していた電力公社を、施政権返還後は沖縄県が引き継ぐ話が進んでいた。しかし、財政問題などを考えた場合、多くの困難が予想された。そこで副主席の宮里松正が中心になって、国に引き取ってもらうよう交渉中だった。琉球政府の要望通り、国が引き取ることを山中が約束した場面が屋良の日記にある。[*4]

水面下で強制法案

琉球政府と対策庁が復帰対策要綱（第3次）の最終調整をする直前、防衛施設庁長官の島田豊が屋良を訪ねている。屋良の日記には詳述していない。[*5] 外務省文書によると、このとき島田は、施政権返還と同時に契約の切れる米軍用地をどのようにして切れ目なく使用できるようにするかについて説明した上で「これは大変な作業。主席の側面からの援助を得たい」と協力を求めている。[*6]

島田は防衛庁長官官房長時代に、対策庁との間で沖縄振興開発と基地問題を棲み分ける「覚書」を交わした人物だ。屋良と面談した時、水面下で強制収用を可能にする法案作りを進めていた。だが、屋良に明かしていない。

この法案は当初「沖縄に駐留するアメリカ合衆国軍隊の用に供する土地等の一時使用要綱」となっていた。しかし「一時使用」というのは6カ月程度を意味するとして修正し、3年から5年を意味する「暫定使用」に改めた。さらに当初案には、新たに駐屯する自衛隊基地の使用が言及されていないため「防衛施設のための土地」に法案名を変更。最終的に「防衛」を削除して「公用地」に書き換え、軍事色を薄めた「公用地暫定使用法案」とした。

これで終わらず、今度は「覚書」に反して、対策庁が用意している「沖縄復帰に伴う暫定措置法案」の中に法案をもぐり込ませようとした。総務長官の山中に拒否されると、外務省の協力を得て沖縄復帰関連7法案の1本として閣議決定された。閣議は軍用地代を現行の6・5倍に引き上げる方針も決めている。[*7]

このように法案の作成過程をみると、外務、防衛にとって沖縄返還作業とは、米軍に沖縄の基地を引き続き自由使用させるための新たな枠組みづくりであった。その一方で、「覚書」に従って、基地とかかわりのない部分で対策庁による振興開発策が急ピッチで進められた。沖縄側から見れば、基地の存在を前提にした振興策と映り、屋良の支持母体の革新勢力は返還交渉のやり直しを求めた。屋良は、沖縄国会に沖縄の声を届けるため、沖縄復帰関連7法案の総点検作業に入ることを決意する。

＊

1 屋良『激動八年　屋良朝苗回想録』177ページ。
2 本書「外務省文書」257ページ参照。
3 本書 櫻井溥氏「あの時」258ページ参照。
4 『屋良日記』1971年8月18日付。
5 『屋良日記』1971年8月5日付。
6 「島田（防衛施設庁長官）屋良会談」（0120-2001-10525、外務省外交史料館所蔵）。
7 8月5日の島田・屋良会談で、施設庁側は「本土では周辺の開発状況により地目は林であっても宅地並みの借料を払っている」と説明し、米軍基地として引き続き使用するために大幅な賃借料引き上げを示唆している。（前掲「島田（防衛施設庁長官）屋良会談」）。

——対策庁、防衛に関与せず

■昭和45年3月5日

総理府特別地域連絡局長
山野幸吉
防衛庁長官官房長
島田豊

沖縄・北方対策庁設置法に関する覚書

沖縄・北方対策庁設置法の施行について、下記のとおり了解する。

記

沖縄・北方対策庁の任務は、防衛に関する事項（復帰後の沖縄におけるアメリカ合衆国軍隊の駐留に関する事務を行うための直接準備を含む。）は含まれない。

なお、沖縄北方対策庁設置法第4条第3号に規定する施策のうち防衛庁の所掌事務及び権限に関連する事項については、沖縄復帰対策各省庁担当官会議の場を活用して、防衛庁と十分協議するものとする。

（外務省外交史料館所蔵、ファイル管理番号0120-2001-10526）

◀外務省文書▶
1970.3.5

あの時

高率補助、トップダウンで決定

沖縄・北方対策庁
振興課課長補佐(当時)
櫻井　溥

沖縄返還が近づいた昭和45（1970）年、総理府に沖縄・北方対策庁が発足した。内閣法制局に沖縄担当参事官が設けられ、主要省庁にも沖縄担当の総括窓口ができ始めるなど、復帰準備が本格化した。

戦後、米軍統治下で日本とはまったく別の複雑な法体系でやってきた沖縄が、復帰の日を境にして日本の法体系に入る。制度、法律の激変による沖縄社会の混乱が予想された。二十年余の米軍統治で生じた本土との格差を取り除く特別立法も必要だった。例えば琉球政府の司法制度で刑罰を科された人を復帰後もそのまま日本の刑務所で引き継いでいいのかといった法律論の整理もあった。復帰事務は膨大だった。

私が所属していた振興第二担当は予算と補助率を担当する部署だった。71年の夏、復帰後に施行する沖縄振興開発特別措置法に盛り込む補助率のかさ上げ、つまり高率補助をどうするか大蔵省と議論したが結論が出ない。すると山中貞則総務長官が相沢英之主計局長を大臣室に呼んだ。相沢さんは後に大蔵事務次官や衆院議員を務めた名物官僚で、主計局長はじめ主計官や法規課長がそろって他省庁に出向くのは異例だ。山中大臣をはさんで沖縄・北方対策庁のわれわれと大蔵省側とが向かい合った。この「御前会議」で山中大臣は「沖縄は27年間本土と切り離されていた。北海道、奄美、小笠原などこの間に存在した高率補助の最高のものをすべて沖縄の法律に盛り込む」と言い放った。相沢さんは大慌てで大蔵の案を書いた紙を取り出そうとしたが、山中大臣が制止した。もう勝負ありだった。

高率補助はいつまで続くのか。私は占領と同じ期間だろうかと考えたが、山中さんが「沖縄県民がこれでいいというまでやる」と言っていたのが印象深い。沖縄の置かれた不条理をただすというのが私の矜持だが、山中さんの世代はもう少し違っていて、沖縄への贖罪意識が原動力になっていた。選択は沖縄にあり、国はあくまで受け身という趣旨だったと思う。

沖縄・北方対策局の前身である特別地域連絡局から長く沖縄を担当してきた私は、圧倒的な基地を抱えた沖縄の現実をじかに見ていた。まだベトナムで空爆が続いていて、米国は本当に沖縄を返す気なのかという疑念が長いことあった。しかし復帰の5年前くらいには沖縄への日本政府援助額が、米国政府の援助額を逆転した。道路・港湾の公共事業だけでなく、医療や社会福祉の国庫負担相当分まで日本政府が予算付けするようになると、米国は追いつけない。日本と沖縄の関係が強まり、USCARを訪ねても何となく職員の顔色がさえないように見えてくる。復帰の時代なのだと感じるようになった。

（文責・与那嶺松一郎）

建議書

復帰法案の総点検指示
荒れるデモ、警官死亡

日記 ● 1971年10月17日～11月16日

このような社会はだれの責任か

10月17日（日）晴

今日は久し振りに日程なし。九時頃、末次一郎氏来訪。話して彼は今日帰任する由。今日は一日ごろごろして休養する。（中略）今日はプロ野球日本シリーズ決勝戦をテレビで見る。巨人四対一で阪急に勝つ。これで七回連勝との事。夜もごろごろして何もすることなく休養する。大転換期のこの時期に右か左か前か後か、私の立場は非常に苦しく矛盾、矛盾の渦中にあって苦しい。余りにも荷は重く。一日休養してもその思い、頭や胸中を去らず。楽しかるべき安まるべき休養日には縁遠いものであった。

10月18日（月）曇

（前略）夜、又吉君来訪。野呂防衛庁政務次官の来訪で私に会ってくれとの大使の依頼を伝えてきた。困った事がまた起きた。

10月20日（水）晴

九時、山野前対策庁長官来訪。（中略）三時、野呂防衛庁政務次官、施設庁次長、安田審議官一行、主席公舎で全局長と懇談会。先《ま》ず防衛庁関係二法案について説明。その後、質問、意見の交換。最後に私から二法案について反対の意見を表明する。（中略）当間重剛先生の逝去。悔みのため浦添の御宅による。大分弱って居られたが訃報に接し驚く。戦前戦後にわたって沖縄の政界、法曹界、スポーツ界、福祉面、各方面に活動など大きい功績のあった人徳の士であった。惜しい先輩を失った。前に平良辰雄氏を失い、今日当間氏を失い、一人一人先輩方が逝去されていく事は悲しい淋しい限りである。（後略）

11月3日（水）晴

（前略）今晩、山中長官に私から直接電話する。御話し合いできた。話し合いをすすめ近々の中に解決したいとの事。大臣の責任に於て解決するとの返辞〈事〉確認する事が出来た。少なく共今週中にはかいけつするとの事。建白書の前文書きかえにかかる。

11月5日（金）晴

朝、昭洋君より電話。今朝六時過ぎ広子さん男の赤ちゃん安産の吉報あり。万才、万才だ。これで男の孫五名、女の孫二人となる。安産、次は無事な親子の日だちを祈る。（中略）二時から副主席、新垣局長、大島君外、復帰関連法規の件研究会。四時半アルゼンチン、パラオ邦字新聞社長来訪。五時、局長会。八時頃から引続き研究会。一〇時半頃まで。昭洋君、赤ちゃん元気の由。

11月6日（土）晴

（前略）夜、副主席来訪。対策庁長官の連絡と返還協定の建白書原稿をもってくる。夜、前文の原稿を書く。

11月7日[*1]（日）晴

（前略）建白書前文草稿終わり朝夫君に来てもらって見せたが訂正意見あり。又夜おそくまで手を入れる。

11月8日（月）晴

午前中、公舎で建白書前文再入手。大体においてまとまった。建設省道路局次長吉田泰夫氏外来訪。岩淵信先生来訪。久し振りに夫婦にお目にかかる。（中略）四時、臨時局長会議。ゼネストの件話し合ふ。八時前から建白書読み合せ研究会。一時半頃までに及ぶ。

11月9日（火）晴

明日のゼネストノ風雲急を告げる。朝から空気あわただしい。大島君、金城君といろいろ打合わせ。昼は岩淵先生夫妻昼食会。於美栄。ゼネストに対する態度いかにする。主席としてどう処するか。心千々に乱れる。内憂外かん〈患〉、入り乱れる。（中略）自民党から明日の官公労のゼネスト参加を容認すると云う事で厳重なる抗議あり。桑江、大城、盛島、金城の各

＊1　日記には11月7日から11月10日までを12月と表記している。

氏であった。（中略）五時から建白書について記者会見。（中略）八時頃から建白書研究会。いよいよ明日はゼネスト。二時過ぎまで研究会は続く。

11月10日（水）晴

ゼネスト、政府ピケを張り管理職も入れないという。私は副主席の連絡待ちで公舎で待機する。昼中は比嘉君等三名も来訪、話しながら待機する。五時頃まで異常なしの報告を受ける。その後、民政官からデモ隊の大暴れの連絡を受ける。大城君を通して副主席に連絡、本部長にも連絡、監視を厳重にやる様に依頼せしめる。私も本部長に電話したが通じなかった。五時頃から比嘉君外三名と建白書の読み合せをやる。途中知らぬ人から電話。私がデモを許したばかりに人が一人死んだとの電話で一大ショック。間もなく新垣本部長の代理のものから電話。警察官が一人死亡したとの事。万一不測の事態をと常に心配していた事が現実の問題となって起ったのだ。これ以上の悲劇はない。真面目な人間が

■「建議書」作成の経緯

1971 10月4日	「行政研究会」「現代法研究会」などによる「復帰措置の総点検＝『琉球処分』に対する県民の訴え」完成。建議書の原案となる
10月11日	琉球政府、日本政府の復帰措置総点検を決定
10月12日	日本政府、復帰関連７法案を閣議決定
10月15日	琉球政府に復帰措置総点検プロジェクトチーム（ＰＴ）発足
10月16日	第67回臨時国会（沖縄国会）始まる
10月27日	学識経験者、琉球政府ＰＴがまとめた内容を吟味
11月10日	返還協定批准に反対し完全復帰を要求するゼネスト。デモの最中警官１人死亡
11月11日	米上院、沖縄返還協定批准可決
11月16日	「復帰措置に関する建議書」完成 （「世替わり裏面史」参照）

一人死んだ。この様な非人間的の行動があってよいものか。戦争でもあるまいに。この過激学生集団は絶対に許さるべきではない。これ等に対する取締りの方は抜本的対策を講ずる必要はないか。一大ショック。直ちに政府登庁。総務局長をして局長召集。私は大島、宮里氏に電話。発表を起草させ遺体が警察に安置されているので副主席、総ム部長と一緒に見舞いと焼香に行く。村山警備課長の説明を受け遺体室に案内。見るも無惨な遺体に対面す。（中略）

この様な社会をつくったのはだれの責任か。さりとてこの時代の大波の中でゼネストの停止が出来るか。出来ない。ストの停止が出来るか。これも出来ない。（中略）遺体室からの帰りに警官等から罵声を浴びせられる。何しに来たか、帰れと、人殺しとののしっていた。警官と政府と対立したのでは最早秩序の維持もあったものではない。残念。帰って記者会見、局長との話し合いの後帰る。悪夢の様な一日だった。あってはならぬ事故、最悪の日だった。

11月11日（木）晴

臨時局長会議。昨日の事件の報告、善後策を話し合う。方々から抗議の電話。面会申し込み多し。十一時から屋我地愛楽園、青木氏の記念ヒ除幕式に行く。一つには往復の中で重苦しい空気から〈解〉放されて休み度《た》かったからだった。（中略）愛楽園から四時半にユーナ荘へ行く。しかし自民党青年部、その他押しかけて行く気配があるから外に行くようにとの連絡。直ちに引き返して出る。主席公舎前には日思会の連中見張りをしているようだった。（中略）政府にも青年部が押しかけ副主席に会う事強要、新垣総ム局長がかん詰めになっているとの事。公舎にも二、三〇名の者が門に座り込みをしているとの事。比嘉さん宅で時の来るのを待って休む。何回か連絡あり。副主席も公舎にあって対応しているとの事。副主席が代表三名に会って一応帰ったがその後はどうなるか連絡

約6万人（主催者発表）を集めて返還協定の廃棄、返還交渉のやり直しを求めた県民総決起大会＝1971年11月10日、那覇市内の与儀公園

するとの事。夜半も過ぎた頃、パトカーが刑事二人と共に迎えに見える。パトカー先頭で二時半頃公舎つく。朝夫夫婦もここで待機、しかし宮里副主席は結局公舎は出られずに公舎に泊る事にする。私も休む。二、三名は応接室に泊まる。

11月12日（金）晴

重苦しい一夜は明けた。八時頃に起きて情報交換する。朝食をパン一切れづつとり今日の日程にかかる。

十一時かっきり、自民党議員団大挙来訪。会議室で会う。副主席、前田法務局長、金城行政局長立ち会う。要は強制な退陣の要求である。主席としては死者が出た以上、弁明の余地なし。責任は感ずるがそれをどう果すか十分立場の上に立って検討すると答え、退陣の約束を与えず。続いて青年局、中那北の青年連絡協なる自民党の青年達約五十名の位、罵詈《ばり》ざんぼうを加え、卓をたたいて怒号、退陣を要求する。これらの人々には好個の攻撃的材料を与えたものである。私の方、行政府、革新側には完全マイナス。得る所何等なし。（中略）三時半から局長会議。自民党の退陣要求と建議書に対する話し合い。殊に此《こ》の度《たび》の不幸な殺人事件では各政党各個に意見をのべる。私と宮里副主席から退陣要求の経緯について説明、報告す。私の退陣の要なしと強い意見あり。

11・10ゼネストでデモの最中、警察官1人が死亡し「誠に遺憾」との声明を発表する屋良＝1971年11月13日、琉球政府

11月13日（土）低気圧

午前中登庁。山川氏宅くやみに行く。復帰協、県労協の幹部激励に来る。午後返還協促進協の大会の後、政府に押寄せる気配ありとの事。雨降る。昼公舎に帰る。二時頃から建議書の読み合せはじめる。各局長の多くを集める。夜おそくまで検討す。今日で終る積りであったが出来なかった。十一時頃終る。暴風となる。雨も降る。皆ぬれて帰る。二時半頃まで。

11月14日（日）雨

十時から建議書の読み合せ始る。暴風となり豪雨となる。結論も午後までかかる。具体的要求には入ったが今日中には終れず十一時頃休む。暴風雨となり皆帰りにはぬれて帰る。休む。（後略）

11月15日（月）曇

九時から建議書の仕あげにかかる予定だったが集り悪し。午前中はできなかった。十一時から山川刑事の告別式あり。盛大な式であった。時代の犠牲者、気の毒でたまらなかった。

午後から夕方まで建議書の具体的要項終る。

夜、宮里氏、企画局長、総務局長と懇談。上京しての用件内容について話し合う。（後略）

11月16日（火）晴

（前略）三時半から高瀬大使へ会いに行く。上京の日程を連絡。別にこれと云う意見なし。私の意見に同意。帰って六時から記者会見。散髪、政府で。帰りおそくなる。朝樹一家、昭洋君、朝夫夫妻来訪。建議書出来る。たいした出来ではない。

開発だけではなく、県民の真の福祉を至上の価値として目的としてそれを創造し達成していく開発でなければなりません。従来の沖縄は余りにも国家権力や基地権力の犠牲となり手段となって利用され過ぎてきました。復帰という歴史の一大転換期にあたって、このような地位からも沖縄は脱却していかなければなりません。(中略)

さて、沖縄県民は過去の苦渋に充ちた歴史と貴重な体験から復帰にあたっては、まず何よりも県民の福祉を最優先に考える基本原則に立って、(1)地方自治の確立、(2)反戦平和の理念をつらぬく、(3)基本的人権の確立、(4)県民本位の経済開発等を骨組とする新生沖縄の像を描いております。(中略)

ところで、日米共同声明に基礎をおく沖縄の返還協定、そして沖縄の復帰準備として閣議決定されている復帰対策要綱の一部、国内関連法案等には前記のような県民の要求が十分反映されていない憾《うら》みがあります。そこで私は、沖縄問題の重大な段階において、将来の歴史に悔を残さないため、また歴史の証言者として、沖縄県民の要求や考え方等をここに集約し、県民を代表して、あえて建議するものであります。政府ならびに国会はこの沖縄県民の最終的な建議に謙虚に耳を傾けて、県民の中にある不満、不安、疑惑、意見、要求等を十分にくみ取ってもらいたいと思います。(後略)

(沖縄県公文書館所蔵、資料コードR00001217B)

復帰措置に関する建議書(抜粋)

はじめに

(前略) さて、アメリカは戦後二六年もの長い間沖縄に施政権を行使してきました。その間にアメリカは沖縄に極東の自由諸国の防衛という美名の下に、排他的かつ恣意的に膨大な基地を建設してきました。基地の中に沖縄があるという表現が実感であります。百万の県民は小さい島で、基地や核兵器や毒ガス兵器に囲まれて生活してきました。それのみでなく、異民族による軍事優先政策の下で、政治的諸権利がいちじるしく制限され、基本的人権すら侵害されてきたことは枚挙にいとまありません。県民が復帰を願った心情には、結局は国の平和憲法の下で基本的人権の保障を願望していたからに外なりません。経済面から見ても、平和経済の発展は大幅に立ちおくれ、沖縄の県民所得も本土の約六割であります。その他、このように基地のあるがゆえに起こるさまざまの被害公害や、とり返しのつかない多くの悲劇等を経験している県民は、復帰に当たっては、やはり従来通りの基地の島としてではなく、基地のない平和の島としての復帰を強く望んでおります。(中略)

そのような観点から考えたとき、このたびの返還協定は基地を固定化するものであり、県民の意志が十分取り入れられていないとして、大半の県民は協定に不満を表明しております。

(中略)

次に自衛隊の沖縄配備については、絶対多数が反対を表明しております。自衛隊の配備反対という世論は、やはり前述のように基地の島としての復帰を望まず、あくまでも基地のない平和の島としての復帰を強く望んでいることを示すものであります。

(中略)

次に、基地維持のために行われんとする公用地の強制収用五ケ年間の期間にいたっては、これは県民の立場からは承伏できるものではありません。沖縄だけに本土と異なる特別立法をして、県民の意志に反して五ケ年という長期にわたる土地の収用を強行する姿勢は、県民にとっては酷な措置であります。再考を促すものであります。(中略)

次に、復帰後のくらしについては、苦しくなるのではないかとの不安を訴えている者が世論では大半を占めております。さらにドルショックでその不安は急増しております。くらしに対する不安の解消なくしては復帰に伴って県民福祉の保障は不可能であります。生活不安の解消のためには基地経済から脱却し、この沖縄の地に今よりは安定し、今よりは豊かに、さらに希望のもてる新生沖縄を築きあげていかねばなりません。言うところの新生沖縄はその地域開発と言うも、経済開発と言うも、ただ単に経済次元の

解説

自己決定権を要求

宮城　修

日本政府は沖縄復帰に伴う関連7法案を1971年10月12日、閣議決定した。しかし沖縄は、米軍基地の存在を前提にした沖縄経済振興策であると反発し、返還交渉のやり直しを求める声が日増しに高まっていった。不満は最大規模のゼネスト（同年11月10日）へつながっていく。屋良は、関連7法案の総点検を決意した。10月15日、副主席の宮里松正を本部長とする「復帰措置総点検プロジェクトチーム」（職員27人、研究者9人）を発足させた。翌16日に開会し返還協定批准の可否を決める「沖縄国会」の審議に間に合うように、点検作業は急ピッチで進められた。

行政研究会

琉球政府の施政権返還に向けた作業は、これまで復帰対策室（瀬長浩室長）が窓口になり、日本政府の沖縄・北方対策庁との間で進められた。しかし日本側が次々と復帰対策要綱を打ち出して、日本政府ペースで進められることへの不満が琉球政府内でくすぶっていた。

やがて琉球政府の有志が行政研究会をつくり、独自に復帰対策の点検作業を始めた。そのうち法律家で構成する現代法研究会が合流して作業を拡大していく。活動を資金面で支えたのが祖国復帰協議会（復帰協）だった。

当時の行政研究会メンバーの一人、吉元政矩（後に副知事）によると、復帰対策室のやり方は「アメリカの施政を是とし、日本の法律につないでいく」ようなものだったという。[*1] 例えば、日本政府は米国施政下の刑事裁判の効力を施政権返還後もそのまま維持しようとした。しかし、沖縄側（琉球裁判所）の実態は、米国民政府（ＵＳＣＡＲ）が発する布令布告の範囲内で判決を下さざるを得ず、裁判の独立性は十分に保障されていなかった。行政研究会は、司法の独立性が担保されていなかった時代の判決の効力を、そのまま日本政府が継承するのはおかしいと批判した。

点検作業は「復帰措置の総点検＝『琉球処分』に対する県民の訴え」という文書にまとめた。こうした有志の動きを副主席に就任したばかりの宮里松正が知り、屋良に進言して琉球政府の正式な総点検プロジェクトチームに格上げする。このチームが最終的に「復帰措置に関する建議書」を完成させた。

利用される地位から脱却

建議書は１３２ページ40万字。「はじめに」「基本的要求」「具体的要求」の三部構成で「はじめに」の項目を屋良が執筆した。屋良は次のように日本復帰の意義と新生沖縄の決意を示した。

「県民が復帰を願った心情には、結局は国の平和憲法の下で基本的人権の保障を願望していたからに外なりません」「沖縄は、余りにも国家権力や基地権力の犠牲となり手段となって利用され過ぎてきました。復帰という歴史の一大転換期にあたって、このような地位からも沖縄は脱却していかなければなりません[*2]」

その上で、新生沖縄の骨組みを①地方自治権の確立②反戦平和の理念をつらぬく③基本的人権の確立④県民本意の経済開発―と明言している。

「はじめに」に続く「基本的要求」の中で、沖縄が自己決定権を行使して、新しい県づくりに取り組む考えを次のように示した。

「開発計画の中に、地域住民の創意を盛り込み、その計画実施にあたっては、地方公共団体が主体的にこれにあたり、国は地方自治体の計画策定ならびに実施を財政的にうらずけるための責務を負う」[*3]

日本政府がつくった沖縄振興の仕組みとまったく異なる発想だ。日本政府は、沖縄の振興開発計画の原案作成は県知事の権限としているが、最終的に計画策定と実施の責任は国にあるという立場をとる。これでは沖縄の主張が骨抜きにされかねない。そこで建議書は、そのような事態を招かないように沖縄県と市町村が主導権を握ることを明記した。

さらに日本政府は、他府県との格差を是正する名目で、高率補助によって公共事業を重点的に沖縄で実施しようとした。だが高率補助は、道路や港湾整備などあらかじめ使い道が決められていて、沖縄が自由に使えない。沖縄の将来計画とそれを担保する財源を国に握られれば、国に対する依存度が強まるだけだ。これに対して建議書は、沖縄が立てた計画に国が責任を持って予算を付けるよう主張した。ここにも自己決定権を行使するという主張が貫かれていた。

基地は「悪の根源」

沖縄・北方対策庁は基地に関する問題は一切扱わなかった。防衛庁との間で秘密の覚書を交わしていたからだ。基地問題は琉球政府と事前調整がないまま進められた。

建議書は、米軍基地の存在について、県民の人権を侵害し、生活を破壊する「悪の根源」と指摘している。沖縄返還に際して基地撤去と自衛隊の沖縄配備反対を明記した。[*4]

建議書作成の最終局面で、返還協定のやり直しを求める最大規模のゼネストが実施され、県民総決起大会終了後のデモで、警備中の警察官1人が死亡した。警察は怒りの矛先を、ゼネストを容認した屋良に向けた。季節外れの大型台風が襲来する中で、建議書の推敲は続けられ、11月16日、ようやく完成した。持ち時間が限られ、屋良にとって決して満足のいく内容ではなかったようだが[*5]「当時の沖縄の声を集約できたと思っている」と回想している。[*6]出来上がったばかりの建議書を携え東京へ飛び立った。

＊

1 戦後沖縄プロジェクト2011年度成果報告書『吉元政矩オーラル・ヒストリー』（琉球大学、2012年）25ページ。
2 本書「復帰措置に関する建議書（抜粋）」271ページ参照。
3 「復帰措置に関する建議書」。
4 同右。
5 『屋良日記』1971年11月16日付。
6 屋良『激動八年　屋良朝苗回想録』184ページ。

「建議書」とびらの写真（261ページ）は、首相官邸にて佐藤栄作首相（右）に「復帰措置に関する建議書」を渡す屋良（中央）。左後ろは山中貞則総務長官＝1971年11月18日

あの時

沖縄中の思いを集約

琉球政府復帰対策室調査官(当時)
平良亀之助

琉球政府の復帰対策室は産業経済や法務といった分野ごとの参事官が6人、その下に調査官がいた。私は文教・労働を担当する調査官として、関係する団体に復帰に際して何を望むか聴取し、総合的な要望にまとめた。例えば当時の教育委員は公選だったが、日本に復帰すると任命制になる。公選制の方が民主的な制度だから復帰後も残すべきだと要望に盛り込んだ。米軍統治ではあったが自治権拡大、主席公選要求を掲げて獲得もしてきた。異民族支配の中で勝ち得たもろもろの地位や生活環境を無原則に日本の中に埋没させてはいけない、自治を守り通すのだという思いが各方面で強くなっていた。

ところが3次の復帰対策要綱が出て、それを法案化していく段階になると復帰対策室の僕らにも情報がまったく入らなくなった。瀬長浩室長と日本政府との政治調整がどう進んでいるのか一切分からない。「沖縄国会」の名を冠した10月の臨時国会に復帰関連の法律案が提案され、沖縄の自治がなし崩しにされるかもしれないのに、当の沖縄がどう取り組むべきか分からないという焦りがあった。

琉球政府の職員有志で行政研究会を作り、1971年9月末に会議を開いた。そこで僕が「できたての法案が秘密扱いで琉球政府に送られてきているぞ。座して待つだけでいいのか」と警鐘を鳴らすと、仲吉良新官公労委員長が宮里松正副主席に連絡を取り、法案の存在を瀬長室長に確認させた。副主席経由で法案を入手し、すぐ「復帰措置総点検プロジェクトチーム」を立ち上げた。行政府職員や教職員会、大学教員、弁護士を集め、法案ごとのグループに分かれて総点検作業を行った。10日余りで各法案の問題点を洗い出し、要求事項をまとめた。この手書きの意見書は何十センチもの厚みのある文書になり、屋良主席に提出した。

屋良主席は信用できる学者を公舎に集め、私たちの意見書への対応を話し合った。別件で公舎に呼ばれた同僚の話では、屋良さんは「山中（貞則総務長官）さんに怒られないかな」と眉間にしわを寄せ悩んでいたそうだ。それでも意見書が基になり、琉球政府の「建議書」として発表された。教育委員公選制といった基本的な要求事項は、私たちの意見をほぼ盛り込んでいた。建議書の前文に「沖縄は余りにも国家権力や基地権力の犠牲となり手段となって利用され過ぎてきました」「関連法案等には県民の要求が十分反映されていない」という明確な文章が入っている。この前文を書いたのは、悩んでいたという屋良主席本人だった。

これだけの建議書が届けられると知った官僚たちは、沖縄は手強い、簡単にやられないと思ったに違いない。国会で法案を強行採決し、建議書を門前払いにした対応にもそれは表れている。しかし屋良主席が沖縄中の思いを集約して建議書を突き付けたことで、その後の沖縄県民も救われたし、屋良さん自身も救われたのだと思う。

（文責・与那嶺松一郎）

強行採決

「建議書」国会に届かず
政治の世界「空しい」

日記 ● 1971年11月17日〜24日

全く弊履の様にふみにじられる

1971年11月17日（水）雨

十一時まで内で出発準備する。今日は家内も同行する。十一時十五分、革新市長団、国保拒否せよと要求。記者会見。四五分、自民党議員団、国保承認せよと要請。東京へ出発。社会党はじめ見送り人多し。三時過羽田つく。警視庁の警部三、四名ボディガードに来てもらって居た。羽田にも記者一ぱい。直ぐ乗車して東急へ。東急玄関でマイクをつきつけられ返還協定が強行採決された事を知らされる。あ然とする。

何と云《い》ってよいか言葉も出ない。しばらく黙考する。皆室屋〈部屋〉に集る。副主席と電話する。記者会見する。後で八〇一号室で前田、宮里外同行者と懇談する。何の為に上京して来たかわからない。室屋〈部屋〉内にも記者はつめ寄り、十四階の広間で記者会見をする。どうせ協定はこの運命を辿らねばならなかっただろう。せめて建議書を手交でも出来て居たらと思ったが、後の祭りだった。要は党利党略の為には沖縄県民の気持ちと云《い》うのは全くへいり〈弊履〉の様にふみにじられるものだ。沖縄問題を考える彼等の態度、行動、象徴であるやり方だ。

11月18日（木）曇

昨夜はふっと眼がさめると東急だと思い、今日からの行動に心も暗くなる思い。八時から安里、瀬長、喜屋武議員と朝食懇談会。安里さん、釈然としない様子だった。十一時〈山中貞則〉総務長官に会う。十二時半頃まで話す。建議書は既に読んで居られた。私の気持は分ってもらえたはず。議長方に会う前に〈佐藤栄作〉総理に会った方がよいとの判断で電話連絡。一時半に山中長官の案内で会う事になる。はじめは渋って居られた様だ。建議書の外に第四雇用の陳情書、毒ガス撤去の時の休業補償の件、差損補償の件等話し合う。

昼食を総理府の食堂でとり、一時半から約三十分総理に会い、最高責任者たる総理に昨日の無暴な強行採決に抗議し、今後沖縄問題については責任をもってその不安、疑惑に応えてくれと強く要請する。沖縄を戦争の危険にさらす様な事は絶対にないと云って居られた。

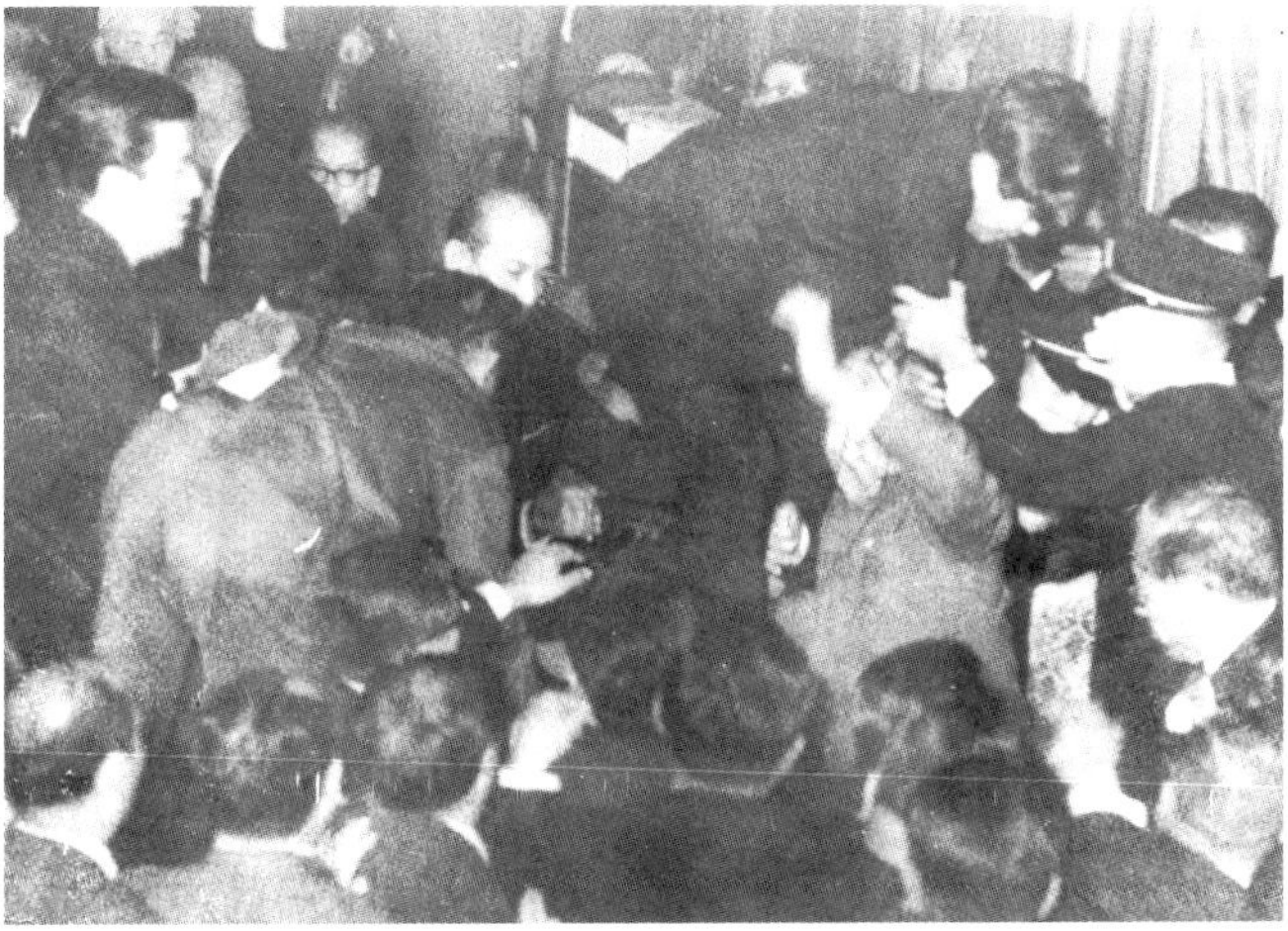

衆院沖縄返還協定特別委で自民党が強行採決した瞬間。野党委員が桜内委員長に詰め寄り大混乱した＝1971年11月17日午後3時15分、衆院第1委員会室

二時から河野参〈議院〉議長、追って副議長に今後の審議に慎重にと要請。少く共衆議院の様な事はしないとの事。与野党話し合って居るとの事であった。次は船田衆議院議長に対しては強く不満と抗議の意を表明する。最早決議をさし戻す事は出来ない。今後本会議等において沖縄出身議員にも質問の機会を与えたいとの事。四時、次は安井参議院返還委員長、池田沖特対委員長に会って要請。

四時半から福田外務大臣に。核兵器は必ずなくなると全責任をもつ。沖縄基地の自由発進も絶対にさせない事、責任をもつと断言。総理も事前協議についてその様な事はＮｏと云う事、断言された。五時半から記者会見。（中略）

今日は一日に全首脳に会う。しかし何が得られたかは疑問。しかし沖縄の良識や心は伝えた積りである。真剣にやって無意議〈義〉の事はないだろう。結局このような成り行きしか辿れなかったのだろう。

琉球政府メモ

11月18日（木）11：00

山中総務長官

１、私は入閣のとき、外務と防衛以外の問題は責任をもたしてくれと約束した。外務、防衛の二つはタッチできないことであるからである。

2、昨日の採決については、総理も私も知らなかった。与野党のあいだには、18日頃ということは噂されていた。それは参議院との関係があったからである。
3、野党は〈返還協定〉粉砕と言っていたので、参議院との関係で、タイムリミットやカケヒキなどがからみ合っていたようである。
4、主席上京の日に採決したことは申し訳ない。担当大臣としてお詫びしたい。
5、土地法案と内政法案があるが、私関係の5法案は、県民の一人一人の生活に密着し、県政に

■ 沖縄国会の経緯

1971

- **10月16日** 第67回臨時国会（沖縄国会）始まる
- **11月11日** 米上院、沖縄返還協定批准可決
- **11月16日** 「復帰措置に関する建議書」完成
- **11月17日** 屋良主席上京。羽田到着前に衆院沖縄返還協定特別委が同協定を強行採決
- **11月19日** 社共両党、総評が返還協定批准反対全国統一行動
  復帰協主催の県民総決起大会
- **11月24日** 衆院本会議、返還協定批准を採決

衆院本会議で社会、共産、無所属欠席のまま沖縄返還協定を採決＝1971年11月25日

- **12月14日** 衆院本会議、返還協定関連法案採決
- **12月22日** 参院本会議、返還協定など採決。同協定など成立

関係する問題であるので、十分審議を尽くしてやりたい。土地法案は他ときりはなしてやりたい。こまかい事については事務局でつめさせる。総理府の出す内政法案については、県民の法律であるので、十分審議を尽くし、今臨時国会で間に合わないときは、次の通常国会に出してもよい。

6、総務長官としては、三つの委員会に分けられたのは、不満であるが、私に関係するものに限り、形式的にも内容的にも十分審議をつくしたい。

7、総理も複雑な心境でおられることと思う。愛知外相だったら、これまでのイキサツをよく知っていたので、説明もうまく行っただろうが、福田さんはプロセスを十分知っておられないために、内容の説明が十分でなかったように思う。

8、建議書で要望されている点の大部分は政令で相当とり入れられている。

9、具体的な要求事項について。(後略)

総理大臣　山中大臣

① 抗ギした。

1、返還協定については、やり直しは不可能。国会については評論はさけて居《お》られた。残り国内関連法案については、これからであるからその中に慎重に審議する機会があると思う。

2、自分〈首相〉は沖縄返還については一生懸命努力、最善をつくした積りであるが、この様に反対が起るとは知らなかった。

3、残り関連法案については昨日の様な強行採決のない様に強い申し出をしてあると、〈山中〉総務長官が側《そば》から発言があった。

4、〈屋良〉沖縄の不安、疑惑に対しそう云う事のない様に政府は責任をはっきりさせてもらいたい～〈首相〉その通りである。
5、時〈事〉前協議に対し、
〈屋良〉県民にしわ寄せさられる事に対し、国益の為と称して沖縄に犠牲を与えぬ事。

〈首相〉国益とは戦争に巻き込まれない事だから、沖縄にしわ寄せされる事はない。Ｙｅｓ、Ｎｏも云える丈でＮｏと云う。
6、基地からくる不安、社会生活上の不安、その解消に対し絶対に責任をもち、具体的にそれを示してもらいたいと言う事に対し、〈首相〉そうすると答えた。

参議院議長　2：10～2：30
1、これまで参議院は衆議院で通過したものは、そのまま通過させているとの批判があったが、今はそうでない。沖縄問題については、参院において十分内容をつめていきたい。
2、今回衆議院でやったことを十分補足するために、日数をかけて努力したい。
3、参院は協力しあって、審議をつくすことを与野党約束してある。
4、主席の要求はいちいちもっともであるので、期待に添うべく努力する。しかし、意図通りいくかどうかは保証できないが、少くとも衆議院のような形はとりたくない。

衆議院議長　2：30～3：10
衆議院議長船田中先生、荒船副議長

1、主張の点はよく了承した。昨日の衆院の採決に関する有効、無効は衆院で決定すべきもので、あの事態は穏当とは言えないが、従来の慣例からして、委員長の報告によれば「内外の状況を勘案し、しかも正式有効に結果をえた」と報告されている以上、議長の権限で、これを当該委員会に差し戻すわけにはいかない。

2、議長としては、この問題を円満に収拾するため、各党と話し合って円満に審議が行われるようお願いしてある。各党の議運の理事間で懇談していただいて、どの程度なら審議できるかとかいろいろ検討してもらっている。

3、沖縄選出の与野党の議員に対して、十分発言の機会を与えるよう取計ってきたつもりであるが、例えば安里、瀬長両議員の発言の予定を組んであったが、その前にあゝいう事態（強行採決）に至ってしまった。

4、この建議書の取扱いについては、沖縄県民に疑惑が残らないよう、各党に協力をお願いしたい。

5、国内関係法案は〈衆院〉沖特委（床次委員長）で審議されるので、質疑応答の中で、ただされると思われる。国内関連法案については、十分時間があるので、十分審議していただけるものと思う。

参議院　4：00～4：30
返還協定特別委員長　安井謙
沖特委員長　長谷川仁

1、安井委員長

①主席の要求はもっともである。長谷川委員長も私ももと総務長官であり、琉球政府や沖縄県民の疑念、不安、要求はよくわかる。

②この建議書は貴重な資料なので、これを委員会や全議員に配布し、十分検討させ、十分審議を尽くしたい。

2、長谷川委員長

沖縄については、十分理解しているので、参議院においては、十分審議をつくしてやるという態度は、良識の府として与野党一致している。

外務大臣　4：40〜5：20

1、主席の気持はよくわかる。われわれは主席の気持をよく理解した上で、進めてきたつもりである。しかし、沖縄にあるいは野党側に、協定やり直しという主張があるが、それは無理である。やりかえる場合、それではいつできるかとなると自信はない。そこで、その不十分な点は、今後の行政的配慮によって解決していきたい。（国内法や予算面で補っていきたい）

2、「核」については、むずかしい問題であるが、返還時には「核はない。再びもち込まない」ことについては全責任をもつ。

3、沖縄だけ、特別に自由発進をゆるすことはありえない。そのことについても責任をもちたい。

4、基地の整理縮小については、具体的には今の時点において、むずかしいが具体的に相談をすすめている。

11月19日（金）晴

八時から大浜先生、吉田氏と朝食会。十時、床次先生、どうも公聴会を沖縄現地で開くらしい。むしろ困った事になるかも知れない。十一時前、桜内義雄氏。返還協沖縄国会抗議大集会あり。あちこちで暴れに暴れたようだ。人も死に火事も起った。〈衆院沖縄返還協定特別委員会〉委員長に会〈い〉抗議する。強行採決せざるを得なかった経緯説明。大外何も得る所なし。次に衆〈院〉大蔵委員長に会う。昼はしばらく事務所に休み一時半、副主席と電話。二十七日に臨時議会召集との事。やむを得ない。二時から対策庁長官と一時間程会う。差益取扱いについて話し合う。難題だ。ホテルで四時半から記者会見す。（後略）

強行採決に抗議し、沖縄返還協定批准反対、佐藤内閣退陣要求を決議した県民総決起大会＝1971年11月19日、琉球政府前広場

1971年11月19日

衆議院沖縄返還協定特別委員会・桜内先生

1、主席の県民代表としての抗議を有難く受けた。誠に申し訳なく思う。ただ、弁解になるかも知れないが、私がどんな考えをもって、あの採決をやったか、参考のために申し上げたい。それは

①衆議院の協定委において、この問題についての本格的論議が行われたのは、10日からであった。そこで、22、23日までには本会議を含め、他の委員会を経て、あげなければならないという日程があり、委員長として各般の情勢を勘案し、大局的立場からあのような措置をとった。また憲法61条〈条約の承認に関する衆院の優越〉によってこの10日以内にやらなければならぬようせまられていた。

②新聞などで18日頃に強行採決になるだろうと報道されていたように、19日までにはどうしても採決したいとの方針であった。そこで、19日をはずすと日曜、祭日を含めて、次の機会は25日になる。そうなると強権を発動しなければならないことになる。従って、19日に間に合わすためには、予想される18日となると大混乱し、血に染まる恐れがあったので、私は委員長として慎重に考えた結果、17日にやるべきだと判断した。

③沖縄選出の安里、瀬長両議員の発言を封じたことに対し、西銘議員も委員会において涙を流して抗議していた。

④安里、瀬長議員の質問は民社、共産のそれぞれの時間に組み入れられていた。ところが、今回は、とくに時間の制限をしないとのことでやってきたので、野党の質問時間をひきのばす方便であると私は判断した。
⑤公聴会については、なるべく早い方がよいと思い、自民としては、ぎりぎり17日と考えていたが、野党は19日を主張した。ところが去る14日、コザ騒動のようなことがで〈お〉き、警官が殺され、また19日は全国統一行動が計画されていたので、むずかしくなった。
⑥こういう状態の中で、沖縄代表6、7名程度ならば、東京によんでやったらと提案したが、それも反対されたため実現しなかった。
⑦そこで私は屋良主席と星議長を参考人として17日に出席していただいたらと考えた。しかし、主席の出席は野党側から断られた。
⑧沖縄選出二人の議員の発言ができなかったことは申し訳ないが、それは別にとることもできるので、血をみてやるよりは、17日に採決した方がよいと判断した。
⑨協定はすでに米国議会において承認されたことであり、それをやりなおすことは不可能であるので、早く採決した方がよいと判断した。
⑩沖縄選出議員の発言は、沖縄特委において、また本会議においては補足質問という形で、発言できるよう議長に進言し、瀬長さんとも約束した。
⑪核弾導〈道〉弾の部分は、素朴な感情からはものすごいものと考えられているが、それは簡単なものらしい。そこで撤去するときには、そのことをはっきりさせるべきではないかとの意見もあるが、高度な問題であるので、はっきりは言えない。
⑫復帰後、沖縄に国連大学をはじめ、国連機関をもってくるようにし、沖縄へはだれも侵害で

きないような平和な島にもっていくべきであると思い、それを総理にも進言してある。主席にもそれを申し上げておきたい。

11月24日（水）晴

何よりも苦悩の種子は国保の措置[*1]である。厚生局がどの程度話しをつめているかが問題である。（中略）十二時から弁務官邸で高瀬大使と昼食会。治安維持の件が話の中心になる。二時から国会本会議で返還協定決議さる。後で記者会見をする。（中略）記者会見でも変った事なく平凡の話し。心にもない空しい毎日、今日この頃である。それは政治の世界が人間的な考えからして全く虚空の世界の様な気がして空しい世界の様な気がするのである。誰か話しの相手もあれば救われる一ときもある。正子さん八時頃から来訪してくれたので二時間程話して和やかな時間を過ごす。帰られた。私の日々の生活に家内も気をつかい過ぎて今朝血圧が上ったと聞いて心配する。私も体はたえねばならぬ。家内は更に元気でたえてもらわねばならぬ。

＊1　沖縄の医療保険は実施が遅れ、1970年度に全県民をカバーする国民健康保険（国保）を実施することになっていた。国と同じように市町村が運営する琉球政府案に対し、3師会（医師、歯科医師、薬剤師）は琉球政府が運営するよう求めて対立していた。数に優る野党自民党は3師会案を取り上げ単独で成立させた。後は主席の署名待ちになり、1971年11月27日の署名期限が迫っていた。

解説

最後の声、数の力で封じ込め

宮城　修

1971年11月17日午後3時17分、自ら「はじめに」を執筆した「復帰措置に関する建議書」を抱えて屋良は東京・羽田空港に降り立った。「沖縄県民最後の声」を国会に届けるはずだった。

しかし、到着直前の午後3時15分、衆院沖縄返還協定特別委員会は、与党自民党が数の力で審議を打ち切り、返還協定を強行採決していた。宿舎の東急ホテルに到着した時、記者団から知らされ「めちゃくちゃだ」と絶句した。日記に、破れた草履を意味する「弊履《へいり》」にたとえて、「沖縄県民の気持ちと云《い》うのは全くへいりの様にふみにじられる」[*1]と憤激した。

採決記録なし

強行採決した17日の衆院沖縄返還協定特別委員会は、午後1時13分から始まった。午後2時すぎ、県選出の上原康助（社会）が質問に立つ。上原は核抜き・本土並み返還の実態について首相佐藤栄作、外相福田赳夫らを追及した。その後「爆弾男」の異名を持つ楢崎弥之助（社会）が岩国基地の核兵器貯蔵について詰め寄り、大出俊（同）の質問に外相が答弁した直後だった。

「委員長ー」。突然、自民党理事が叫び質疑打ち切り動議を提案。与野党議員が全員立ち上がり、委員長桜内義雄の席に殺到した。当時の報道によると、与野党入り乱れ大混乱のうちに採決したことになっている。公聴会も開かず、国会に参考人も呼ばず、審議時間はわずか23時間余りだった。[*2]強行採決の後、記者会見した桜内は「（審議）時間は不足しているが、採決は適正かつ合法的に行われた」と説明した。[*3]ところが国会議事録を見ると、怒号の中で委員長の声は聞き取れず「採決」したという文言は見当たらない。

〈○青木委員　本件に対する質疑は……（発言する者多く、聴取不能）……たい……（聴取不能）

○櫻内委員長　青木君の……（離席する者、発言する者多く、聴取不能）

〔議場騒然〕

〔委員長退場〕

午後三時十六分[*4]〉

この日、質問に立つ予定だった安里積千代（社大）、瀬長亀次郎（人民）の質問は封じられた。施政権返還前に沖縄の国政参加が実現したのは、返還協定の審議に加わるためだったはずだ。しかし、自らの運命にかかわる重大局面で、沖縄代表と県民の声は無視された。

琉球政府への工作

返還協定を国会で成立させたい日本政府は、返還交渉のやり直しを求める革新陣営の主張に、屋良が同調しないよう期待した。初の公選主席として屋良の影響力は無視できない。屋良が支持母体が主張する協定反対側につけば、沖縄の政治状況は、日米両政府が制御できなくなるほど緊迫する可能性があるからだ。

琉球政府がまとめた「建議書」の作成作業にとりかかっていた10月17日、末次一郎が屋良を訪ねた。陸軍中野学校出身で政官に太い人脈を持つ末次は、当時は安全保障問題研究会（安保研）の事務局長を務めている。屋良とは沖縄に「日の丸」を送る運動などを通じ、教職員会長時代からの付き合いだ。当時、末次は訪米して返還協定批准をめぐる米国の動きを探り、「沖縄返還協定批准促進のための方策」[*5]という資料をまとめている。

外務省で回覧された秘密扱いの同文書は、各方面への対策が記されている。その中に「琉球政府への工作」という項目がある。「屋良主席への説得」として、正念場で毅然とした態度をとるよう求めるという内容だ。末次本人が、その役割を担った可能性がある。

屋良が信頼する沖縄大使高瀬侍郎も一定の役割を果たした。「建議書」を携えて上京する前日、屋良は高瀬を訪ねて、胸の内を明かしている。復帰協発足前の1950年代から日本復帰運動を担った屋良にとって、一日も早く復帰を実現させたい。だが革新陣営は返還協定に反対し、やり直しを求めている。苦悩する屋良は高瀬に胸の内を告げた。

屋良は協定反対、やり直しについて「主席として到ていその責任を負えず、協定不成立による最大のひ害者はおきなわ」と述べた上で「行政府の立場は支援政党団体とは異なる」と明言した。[*6]高瀬は、外相あてに極秘の至急電を打ち屋良の姿勢を伝えた。

さらに高瀬と高等弁務官ランパートは、屋良が日米の期待通りに動くよう、双方連絡を密にしながら屋良を「指導」する事で意見が一致している。[*7]沖縄代表に対し、パターナリズム（父親のような姿勢）で接していたことがうかがえる。

協定成立を急ぎたい外務省は、高瀬の極秘公電によって、屋良が返還協定やり直しを求める革新陣営と一線を画していることを確認した。後は自民党が強行採決のタイミングを見極めるだけだった。[*8]

「陳情」扱い

強行採決の翌18日、屋良は佐藤に抗議した。屋良は、沖縄返還後も米軍による基地の自由使用が続き、再び核が持ち込まれないかと懸念した。佐藤は「沖縄にしわ寄せされる事はない」と約束し、核再持ち込みの事前協議があった場合「Ｎｏと言う」と断言した。[*9]

だが、これは事実に反する。69年11月の返還交渉で、有事の際、沖縄への核再持ち込みを容認する密約が結ばれているからだ。この日、佐藤の日記はそっけない。

「午後一時半には琉球主席屋良朝苗君が山中長官と共に陳情にやって来る[*10]」。佐藤の目には、沖縄代表の最後の訴えは「陳情」程度にしか映らなかったのだろうか。

「政治の世界は全く空しい」。返還協定が衆院本会議で可決した11月24日、屋良は、日記にそう書いた。日本政府にとって沖縄問題は最大の山を越えたかもしれないが、沖縄は逆に「復帰不安」がどんどん募っていく。

＊

1 『屋良日記』1971年11月17日付。

2 『朝日新聞』1971年11月18日付朝刊。

3 『琉球新報』1971年11月18日付朝刊。

4 衆院議事録（国会図書館・国会会議録検索システムより）。

5 「安保研作成　沖縄問題資料」0120-2001-10528（外務省外交史料館所蔵）。

6 本書「外務省文書」297ページ参照。

7 本書「外務省文書」298ページ参照。

8 本書「琉球政府メモ」1971年11月19日付②の桜内氏の説明289ページ参照。

9 本書「琉球政府メモ」1971年11月18日付285ページ。

10 佐藤『佐藤榮作日記　第四巻』1971年11月18日付。

——日米緊密に連携し指導

■1971年11月16日付高瀬大使発外務大臣あて公電　ヤラ主席上京　第1180号

極秘至急

ヤラ主席本日午後本使を公ていに来訪、明17日上京すること及びその目的につき左記の通り説明する処ありたり。（中略）

返かん協定につきて、ふんさい、反対、やり直し等の意見存する処《ところ》、ふんさいは論外にして話にならず、反対、やり直し等はそれによりて生ずる結果につき何人が責任を負うか、主席としては到ていその責任を負えず、協定不成立による最大のひ害者はおきなわなるべく、行政府の立場は支援政党団体とは異なるものなることを上原代議士及び各政党等に明言したるが反論なかりしことを申し述ぶ。（後略）

（外務省外交史料館所蔵、ファイル管理番号0120-2001-02524）

◀外務省文書▶

1971.11.16／11.19

■ 1971年11月19日付高瀬大使発外務大臣あて公電　本使・ランパート高等弁務官との会談　第1195号極秘至急

帰米中なりしランパート高等弁務官と本日ちゅう食を共にしこん談したる処《ところ》左記の通り。

1、本使より、返かん協定衆議院特別委員会を通過したること及びその経緯につき説明、弁務官よりしゅく意の表示ありたり。なおヤラ主席が持参上京したる建議書の成こうに至る経緯、及び往電第1180号のヤラの心境につき概要を説明したる処、弁務官は大いに多とし、自分も右ラインに副《そ》うよう努力すべしと約したり。なお本使より、上京直後に委員会可決の報を受けたるヤラの発言として、新聞の報ずる処《ところ》は可《か》成《な》りどうてんし居る様子なるが、ヤラは平常れいせいなる心情においてはわれわれの期待する動きを以《も》って応《こた》え得る心境にありと判断さるるにつき、日米双方は今後緊密なる連絡を以って指導することを提議、弁務官もその様努力することを以《も》って応えたり。（後略）

（外務省外交史料館所蔵、ファイル管理番号0120-2001-02513）

復帰不安

5月15日返還を決定
通貨、尖閣、天皇　難問が噴出

日記● 1971年12月17日〜1972年4月7日

もう退いてよい潮時だと思うが

1971年12月17日（金）晴

（前略）三時半から院内で〈福田赳夫〉外務大臣に会う。弗〈ドル〉交換要請。技術上の問題だとの事。それさえかい決つけば外交交渉は可能。技術上の検討、大蔵省にさせるとの事。（後略）

12月20日（月）晴

（前略）二時から臨時局長会議をもつ。固定相場制への切りかえ、対策について話す。対策協をつくり対策樹立、行動する。（後略）

12月24日（金）晴

（前略）弗切りかえ対策について混乱の様相をおびてきた。これが又差損補償以上に難渋しそうだ。協議会をつくった方が良かったかどうか疑問になってきた。[*1]（中略）弗問題解決、最大難行〈航〉する。政府の浮沈にかかわる問題となる。（後略）

12月31日（金）曇

十時からドル通貨の件で対策。（中略）ドルの変動相場制以来、沖縄の蒙《こおむ》っている被害を具体的に□根本的対策は原点立ち戻って確認の件を含めて早く弗を円に交換する事にある。総理にはその件を訴え不利益の分については完全に補償せよとの事であった。大晦日と云うのに八時頃までこの問題で悩みぬく。夜は九時頃から紅白歌合戦も始っていたが全然興味なし。十一時半から奥武山球場に聖火祝賀の民芸大会あり。そこで年を越す。（後略）

1972年1月1日（土）晴

九時十五分聖火見送り、空港。私は万才三唱の音頭をとる。いよいよ復帰当年を迎えた。今年は復帰する。アメリカの施政下最後の元旦だと思った時には人知れず感深いものを感じた。これは空港歓迎式での感じであった。復帰の内容はともかくとして終戦来今日までの歩みがすべて復帰の基盤的運動であり、その準備であった。私が今復帰最後の準備をすすめて来て遂に主なる条件は大体整えられて復帰当年を迎えた四七年元旦である。無量の感慨湧き出ずるを禁じ得ず。私の来し方の歩みと現在の立場と此の時期を思い合わせた時、人の世の運命と云うのを感ぜざるを得なかった。数年前までのこの運命のめぐり合わせを誰が感じ得ただろう。私は年

＊1　屋良が設置した主席の私的諮問機関「通貨問題対策協議会」が12月24日開かれた。ドル問題について①即時１ドル＝360円で通貨切り替え②債権、債務、諸契約（給与含む）なども１ドル＝360円で読みかえる③換算にあたっては不当な利益を避けるため、重複加算などがあってはならない④８月28日の変動相場制移行後、通貨切り替え時点までに発生したすべての損失についても、本土政府は完全に補償すること―との結論を出した。（『琉球新報』1971年12月25日付朝刊）

末から年始にかけて余りにも心が忙しく全然気分は出ず。これでは年をこす暇もなく年をとるひまもない。夜も一、二御客があった位。かくして復帰当年一九七二年、昭和四七年の正月最後の主席として元旦は終る。よい年であれかしと祈る。（後略）

1月4日（火）晴

朝、喜久川局長と勉強会。一〇・四〇分、外務大臣、約三〇分会談す。通貨問題、復帰前の弗交換、佐藤―ニクソン会談に乗せる予定のない事。交換一：三六〇は不能。只、県民の長い間の苦労に応えて三六〇となる様に補給する措置しかとれぬと云う。私は意外には思わぬ。行政府としても県民に不利を与えずに取れる方法は実質的に一：三六〇の効果をもたらす方法を取る外に道無しと考えていたからである。しかし不利益を与えぬ措置としても百％の目的達成は不能である。その百％にどれ程近づけるかにある。会談の日程に返還期日、基地の態様、核抜きの件等話し合われる事。

引き続き十一時半、田中角栄大臣に会う。ビールを出して祝杯。通貨問題については外ムも田中さんも投機弗が技術上の難問題、通貨確認後の変動は各個人には無理、沖縄全体として補償する道しかないと思うと云われる。昼は東京事務所で両大臣の話を整理。四時半から〈水田三喜男〉大蔵大臣に会う。通貨問題について沖縄の苦しい事情をいろいろ話し、早期通貨の切りかえ要請。アメリカ当局と話し合って見る。事ム当局に検討させ沖縄側当局と話し合いさせる事承知。

通貨交換は一：三六〇不能。一：三〇八でしか出来ぬ。只三六〇に見合う補償しか考えられぬとの事。結局、何れの大臣からも感じ得る事は行政府の考えている以外の事はないと云う事だった。（後略）

1月5日（水）曇後雨

九時過ぎ出る。九時三十分、山中長官に会ってしばらく懇談し、その後九・四〇分、長官の案内で佐藤〈栄作〉総理に会う。総理はにこにこして愛想良し。返還期日は出来得れば四月一日要求。核ぬき確認の件、基地の整理縮小の件、強く折衝方要請。総理は四月一日主張すると云って居られた。しかし、核兵器撤去が出来なければのびるかも知れないと。外相の意見とはかみ合わない。おくれる原因が異っている。通貨問題については米側と話し合わねばならぬだろうと。これも外相が議題になっていないと云う事とかみ合わない。国内で処理出来る緊急対策については事務当局に検討させるべく指示してくれと頼んだら、指示すると云われた。今日から早速、瀬長、喜久川君等大蔵の参事官に呼ばれている。両人からいろいろ説明はされただろう。

一時二十分、羽田に見送りに出発。大浜先生同乗、私が見送りに行って皆びっくりしただろう。私もテレた。ひややかにあいさつしている人々もいた様に思う。（後略）

■沖縄返還協定手続き

年	日付	事項
1971	9月21日	米大統領、返還協定を上院に送付
	11月2日	同委、全会一致で支持決定
	11月10日	上院本会議、84対6の賛成多数で返還協定承認
	12月19日	1ドル=308円に固定（スミソニアン合意）
1972	1月5日	屋良主席、佐藤首相と会談
	1月8日	日米首脳会談で共同声明。施政権返還は5月15日と発表
	1月28日	米大統領、返還協定批准書に署名。米側手続き完了。
	3月15日	沖縄返還協定批准書交換

1月8日（土）曇

六時まで八汐荘ホール。佐藤―ニクソン共同声明テレビで見る。各局長も一緒する。七時から八時、テレビを見る。感きょう〈興〉も湧かず。

返かん期日は五月十五日決定。その他変った事なし。いよいよ返かんが完全実施することとなる。やはり感がい深し。終戦二七年、一途に復帰を地道に堅実に願い続けてきた私にとっては自分が主席時代に責任者となって立ち合う。やはり沖縄の歴史にも私の人生にも運命と云うものがあると実感する。かくて復帰は刻一刻と足音高く近づいてくる。

1月10日（月）晴

（前略）二時半から羽田へ総理一行を迎えに行く。沖縄側も星さん*2はじめ経済人代表者迎えに見えて居た。定刻着。山中長官とも会い、あいさつ。一緒に迎えに出る。久し振りに愛知〈前〉外相にも会う。報道人〈陣〉から前に出てもらい度いとの事で前愛知外相と並んで立っていた。山中大臣がつれに来られてずっと前の方に立たされた。山中大臣と並んで立つ。総理と握手。精一ぱいやって来たがあれだけの結果だと、けんきょな挨拶だった。御苦労様でした。有りがとうございましたと挨拶を交した。（中略）突然、屋良主席のあいさつを拝命され戸惑う。人の波をかきわけて出てあいさつする。五分位のあいさつだったと思う。こうならば前以《もっ》て連絡してくれたら良かったのにと思った。何とかあいさつをして引き下がる。総理への義理も何と〈か〉たったと思う。山中長官も大喜び。仕事も仕安くなったと喜んで居られた。（後略）

2日間にわたる日米首脳会談を終えて笑顔の佐藤首相（左）とニクソン米大統領＝1972年1月7日、米国サンクレメンテ

＊2　星克（ほし・かつ）　1905～1977年。宮良間切（現石垣市）生まれ。戦後の保守政党のリーダー。群島議会議員を経て立法院議員。立法院文教社会委員会委員長、立法院最後の議長を歴任。

1月19日（水）晴

（前略）五〈時〉革新共闘幹事会。知事候補決意表明要請。七時頃まで話す。ここまで追い込まれて来ては受諾する以外に道はない。解放してもらえれば私としては好都合であり、公職をしりぞくよい花道であると思う。復帰という大事業が曲りなりにも一段落ついた。たえず復帰を念じ、その基盤造りに人生の大半を消費してきた私が、めずらしくも主席の地位に立たされ、沖縄側の復帰の責任者となる。これも運命。ここで歴史の区画がついたから、もう退いてよい潮時だと思うが、しかし意のままにならぬ。沖縄の歴史始って以来の初代の公選主席となってこの事業に取組む。そして一段落ついた。次に知事選の難事業がひかえている。（中略）八時半頃から朝夫夫婦、澄夫君、朝樹君、昭ちゃん正子さん等に来てもらって、いよいよ決意せざるを得ないこと、その決意を伝え、家内にも決意を新たにしてもらうよう指示し、協力を求める気持であった。

1月20日（木）晴

（前略）一〇～一二、定例局長会議。植樹祭、天皇皇后両陛下の御来県、瀬長〈浩〉君から慎重論の発言があり、大浜先生、吉田氏との意見と同じ。独走しない様に考えていきたい。（中略）三時半から励す会に出席（教育会館）。三時という時間で而《しか》も突然のことであったが、集り良くそこで知事選出馬決意をお伝えする。皆安心し喜んでもらった。*3 教職員会長室でしばらく休み、宮里副主席の私のあいさつ原稿を整理させ六時の声明発表、知事選出馬要請に対する回答文の準備をする。定刻六時

＊3　1月20日、那覇市内の教育会館ホールで革新共闘会議主催の「屋良さんの決意表明・激励会」が開かれた。席上、屋良は「重大な歴史の転換期にあたって、県民大衆とともに郷里の新しい歴史を切り開いていくことは県民に与えられた崇高な使命であり、私もその先頭に立って新生沖縄の建設に参加すべきであると考え、これ（知事選出馬）を受諾することにした」と述べた。（『琉球新報』1972年1月21日付朝刊）

前に入場。革新共闘の皆さん、立法院議員、各政党、国会議員、励す会代表、革新市町村代表（市町村長、議長等）教職員組合代表約三〇〇名参集。そこに報道人が一ぱいつめかけて大変な熱気に充たされていた。中今信先生、三つの琉歌を披露さる。皆の熱気とは反対に私は全く冷静そのものだった。発表文も力むことのないたんたんたる文章であり、私もたんたん冷静そのもので読みあげていった。全くもえ上らなかった。やはり試練のせいか、年のせいか。（中略）長いもたもた一応決着。これはつらい大仕事を一つかかえ込む事になる。

1月24日（月）晴

（前略）七時頃羽田つく。はじめて青山会館に案内される。特別室は立派である。広さもよいが、客室は少しせまい。吉田氏に電話。海洋万博の敷地、北部に決定の審議員会の結果に大浜先生驚いて居られるとの事。北部決定するまでにはいろいろの暗やくがあった由。私は動かなくて良かったと思う。その行動は直ぐばれて評価されるものだ。どうしても中部残波岬でなければ開催には準備上間に合わし得ないと云う。大変な事になった。これはまた命とりにもなりかねない。明日は大浜先生と話し合って見る事にする。吉田氏に電話して良かった。（後略）

1月25日（火）晴

八時半から九時半、赤坂プリンス食堂で大浜先生と朝食会。久し振りにプリンスホテルに行く。北部に海洋万博の用地を決定した事を非常に残念に話して居られた。先生の御意見では残波岬がよいとの事だった。十時から十一時、海洋万博発起人会。今日の会合にはどうしても地元の主席として欠席するわけにはいかなかったと感じた。復帰が五月十五日と決っていよいよ復帰の切実感を味

〈わ〉った様に、今日の会合でいよいよ万博が現実の問題として身に迫った感じである。(中略)植樹祭の天皇皇后両陛下の行啓幸奏請の件で四苦八苦懊悩苦汁する。従来の難問より更に難題である。総務局長からも与党運営委で反対の意志の伝えあり。(後略)

1月26日(水)晴

十時半から山中大臣に会見する。はじめは単独会見する。(中略)天皇、皇后の奏請についての沖縄の情勢を説明し、それに対する対策を話し合う。一応私が植樹祭、国体二回の行幸啓を奏請し山中長官から根まわしをしてもらって出来る丈その中立の体育大会の時の御出でを願ったらと話し合った。そう出来れば幸であると思って御配慮を御願いする。差損補償十三億決定との事。(中略)新垣総ム局長からの連絡で沖縄での天皇皇后を迎える事についての反対運動は大変との事。高教組、実力阻止決定。県労協も同じ。沖教組からも警告があった由。夜、県労協からは物すごい電報が来てショックを受けた。これでは立候補は恐らく断念せざるを得まい。(後略)

1月27日(木)晴

八時出発、十時頃羽田発。十二時四〇分ナハ着く。一時半記者会見。両陛下の行幸啓奏請の件質問の焦点となる。頭のいたい問題である。どうして切りぬけていくか、従来にもまして大問題としてのしかかってくる。[*4]大田政作氏、[*5]知事選出馬決定の由。[*6](中略)海洋万博の用地の決定、天皇皇后の御迎えの件、大変な難事業となった。二大行事いざ実施となると具体的に次々困難ながあらわれる。国家的行事というのも容易ではない。

3月9日（木）雨模様

（前略）三・三〇分、福田外務大臣それに吉野北米局長[*7]、北米課長。全軍労問題、尖閣列島、通貨問題等について要請す[*8]。全軍労の件では施設庁と連絡。所要経費を算出し米国との問題は検討をする。尖閣列島は日本の領土であることは一点の疑義もない。宜蘭地区の一部であるとの宣言は取り消すよう申し入れてある。沖縄漁民は従来通り出漁して良いし警察警備も従来通りで良いとの事。

通貨問題については十月八日チェックされた分だけは三六〇円補償は容易だがその時の確認もれの分、給与換算等その他の問題は通貨交換とは別の問題が一緒になって混がらがって解決を困なんにしている。三六〇円でチェックされた金以外交換するとした時、その弗は三六〇で交換する資格がある通貨かどうかチェックの方法なし。カワセ管理の方法がない現在では技術的に非常にむつかしい。やり得る手はチェックされた分三六〇円保証しその外の弗は実勢レートで交換する以外に道なしという。大蔵当局も要望の実現

＊4　屋良は天皇皇后の行幸啓について1月26日に要請せず27日に帰任した。記者会見で植樹祭は「国家的行事でもあり両陛下をお招きすることは慣例になっている。沖縄でも慣例に従ってご招待申し上げるべきだと思う」と語った。（『琉球新報』1972年1月29日付朝刊）

5　大田政作（おおた・せいさく）1904 ～ 1999年。長崎、那覇、熊本などで判事として勤務。戦時中は台湾総督府の澎湖庁長を歴任。1959年に第3代行政主席に就任、5年間在任した。1960年6月、アジア歴訪の途中来沖したアイゼンハワー米大統領と会談、戦後処理や日本への施政権返還の必要性などを訴えた。

6　自民党は1月27日に議員総会を開き、日本復帰後初の知事選候補に元行政主席の大田政作を擁立することを全会一致で決定した。

7　吉野文六（よしの・ぶんろく）1918 ～ 2015年。東京帝国大法学部在学中、1941年外務省に入省。71年1月～ 72年6月に外務省アメリカ局長を務め、米国との沖縄返還交渉を担当。密約を示す米公文書の存在が明らかになった後の2006年2月、沖縄の米軍用地の原状回復補償費400万ドルを日本が肩代わりするとの密約の存在を、政府関係者として初めてメディアに認めた。

8　要請は①基地労働者の間接雇用移行に際して基本給の本土並み引き上げ、四種雇用員の間接雇用の実現②尖閣列島問題はトビウオ漁の時期に入っているので漁民の出漁に不安のないような措置をとってもらいたい③通貨問題は資産の1ドル＝360円切り替え、労働者賃金の1ドル＝360円換算保証実現―など（『琉球新報』1972年3月10日付朝刊）

は非常に困なん視している。結局見通し暗し。（後略）

3月10日（金）曇

（前略）一・三〇民社委員長春日氏訪問あいさつ。二時公明党竹入委員長訪問。正式に〈知事選〉支持表明するとの事であった。沖縄にも乗り込んでいくと云って居られた。一二・三〇、美濃部都知事訪問。応援に来県されるとの事、有がたい。四時大蔵省鳩山事務次官、相沢主計局長、次長、官房長等に会うて通貨問題について要請したする。何も得られず。（後略）

4月2日（日）晴

（前略）四時に又吉一佐、三木一佐来訪。六時前まで話す。不発弾処理、その処理現場、遺骨の処置等の件で話し合う。これは気がつかなかったが重要な問題で、検討しなければならぬ。（後略）

4月7日（金）雨

（前略）四時、島田防衛庁長官一行来訪。記者会見。今日。宮里氏、補正予算案立法院に送ったとの事。七時、〈料亭〉左馬で加藤事務局長の招きで全局長懇談会。通貨切りかえの件、今日閣議で決定。五月十五日以降、一週間の中に実勢レートで切りかえの事。既にその事は知っていたので別に驚かなかった。午前中に記者会見する。

解説

日米、通貨問題を放置

宮城　修

1972年1月6、7の両日（現地時間）、米カリフォルニア州サンクレメンテで日米首脳会談が開かれ、沖縄の施政権返還期日は5月15日に決まった。記者会見で首相佐藤栄作は次のように説明している。

「日本側のいうように一方的に4月1日というわけにもいかず、米国も7月1日を主張したわけで、うまいこと中をとってこれが決まった[1]」

米国は沖縄に配備している核兵器の撤去が完了できないとして、4月までの返還に難色を示していた[2]。この点について屋良は佐藤からあらかじめ伝えられていた[3]。さらに膨大な事務をこなさなければならず、日米両国とも4月1日は不可能だという共通認識があった。

日米共同声明は沖縄の核兵器撤去を米政府が確約し、できる限り在沖米軍基地を整理・縮小する必要があるとの日本の考えを考慮するという内容だ。しかし、これらは政治的演出でしかない。例えば、屋良が最も苦悩していた通貨問題は、何も決まらなかった。屋良は「大きな不満」との談話を発表した[4]。

スミソニアンの衝撃

金とドルの交換停止を表明した71年8月15日（日本時間16日）のニクソン・ショック以降、円は変動相場制に移行した。４カ月後の12月17日（同18日）から各国通貨の新しい基準を決める10カ国蔵相会議がワシントンのスミソニアン博物館で開かれ、1ドル＝３０８円に固定する通貨調整を決定した。

ドル経済圏で生活する沖縄にとって、円の16・88％大幅切り上げは深刻だ。住民が保有するドルが切り下げられるからだ。損害は沖縄経済全体で2億に達すると推定された。

屋良は苦悩の末、72年1月4、5の両日、外相、蔵相、首相と相次いで会談し、施政権返還前に一日も早く1ドル＝３６０円で通貨を切り替えるよう要請した。蔵相水田三喜男は「施政権返還前に通貨切替えが可能かどうか、渡米にあたって問題にしたい」と前向きな発言をした。蔵相発言の真意について大蔵省は「本件についての方針が決まっているわけではない」と外務省に答えている。[*5]大蔵省内ではすでに返還前の円切り替えに応じない方針を固めていた。71年9月29日に、沖縄で復帰時に通貨交換業務を担う日本銀行に対して事前の通貨交換は「立ち消えになった」と伝えている。[*6]

サンクレメンテの日米首脳会談の際、蔵相水田と財務長官コナリーが会談した。水田は沖縄側が復帰前の円・ドル交換の希望があることを伝え、早期通貨交換の可能性について日米で検討することになる。米財務省との折衝は2月17、18の両日、23日の3日間行われた。米側は返還まで3カ月足らずのこの時期に、通貨交換することは米国にとって具体的なメリットがないと主張して、理解を示さなかった。その後の協議はほとんど進展しなかった。[*7]

早期通貨交換を断念

琉球政府の物価監視が不十分なため、円切り上げは消費者物価の高騰につながっていた。値札は頻繁に書き換えられ、食堂で出される肉は小さくなり、そばの量も少なくなった。

こうした事態に女性たちが立ち上がった。県労協婦人部（大城貴代子部長）は、円切り上げに伴う物価の影響を把握するため、物価追跡調査を実施した（72年1月26～28日）。130品目のうち、半分近くの61品目が住民の知らないうちに値上がりしていた。魚、肉類、昆布、タマネギなど39品目は10％以上値上がりしていた。[*8]

沖縄婦人団体連絡協議会は2月12日、物価値上げ反対消費者大会を開き、即時360円の通貨切り替えを要求した。

これまでドルで支払われていた賃金を円に換算する際、1ドル＝360円ではなく、308円で計算されると、実質収入減となる。物価高と収入減。沖縄住民は二重苦に見舞われていた。大規模なストライキが相次ぎ、経済不安が広がる。

市場に円札が登場。物価高騰で庶民の暮らしが混乱した＝1972年5月15日、那覇市の公設市場

有効な手立てが講じられないまま返還期日が迫り、日本政府はついに返還前の通貨交換を断念した。沖縄住民は71年10月８日に通貨確認した分は１ドル＝３６０円で交換できるが、その後の現金と預貯金は３６０円で交換できなくなった。返還時の交換レートは、スミソニアン合意の３０８円よりさらに切り上げられ１ドル＝３０５円になった。

その結果、返還直後の１９７２年６月の那覇市の消費者物価指数は、前月に比べ14・５％暴騰した。特に食品の高騰は深刻だ。飲料30・０％、菓子27・０％、外食は25・３％上昇した。円高ドル安によって現金22億８７２３万円、預貯金４０８億３３７０円が目減りした。返還に伴い沖縄経済は莫大な損失を被ったことになる。[*9]

沖縄県内移設

サンクレメンテの日米首脳会談で、那覇空港から米海軍の対潜哨戒機Ｐ３を移転させる問題が話し合われている。米国政府は那覇空港のＰ３機の移転に慎重だったが、外務省の強い要請を受け、移転費用を日本が負担する条件で移転を検討していた。１９７２年１月の日米首脳会談議事録によると、米側は岩国（山口県）か三沢（青森県）に移転する意向だが、岩国は首相佐藤栄作の選挙区であるため、外相福田赳夫が「政治的な問題を生じさせる」として沖縄内の移転を要請した。

これに絡んで米側はＦ５訓練機とＡＳＷ（対潜哨戒）機の購入について触れている。Ｆ５を製造するノースロップ社はニクソンの選挙地盤（カリフォルニア州）にある。11月の大統領選でニクソンは再選を目指していた。米側からこの話を持ちかけられた佐藤は「Ｐ３機を岩国基地に移さないことを検討するならＦ５機の購入を検討してもよい」と提案した。[*10]

72年春の段階で那覇空港のＰ３を米軍普天間飛行場への移転、普天間のＫＣ１３０空中給油機を岩国基地への移転、岩国基地のＰ３の三沢基地への移転という玉突きが真剣に検討されていた。[*11]結局、Ｐ３は普天間ではなく嘉手納基地移転で日米合意している。日米それぞれの政治的な思惑によって、米軍の機能を沖縄県外に移設するのではなく沖縄県内に移設することになる。共同声明に盛り込んだ在沖米軍基地の「整理・縮小」は、発表前に破綻していた。

＊

1 首相佐藤栄作の会見要旨『琉球新報』1972年1月8日付朝刊。
2 『琉球新報』2011年12月23日付朝刊。
3 『屋良日記』1972年1月5日付。
4 『琉球新報』1972年1月8日付朝刊。
5 1972年1月5日、円ドル問題（大蔵大臣発言）0120-2001-02650（外務省外交史料館所蔵）。
6 新木文雄『沖縄日記より－那覇支店開設準備室の活動－』。
7 1972年2月23日「オキナワの通貨交換の復帰前実施に関する対米せっしょう」0120-2001-02650（外務省外交史料館所蔵）。
8 『琉球新報』1972年2月1日付、本書 大城貴代子氏「あの時」318ページ参照。
9 琉球銀行『戦後沖縄経済史』参照。
10 本書「開封」315ページ参照。
11 1973年3月8日「衆院外務委員会議事録」大河原良雄外務省アメリカ局長答弁。

「復帰不安」とびらの写真（299ページ）は、物価値上げ反対消費者大会に参加後、生活を守ろうと訴えデモ行進する女性たち＝1972年2月12日、那覇市内の平和通り

――P3めぐり取り引き

日米首脳会談で沖縄返還が協議された。沖縄県公文書館所蔵資料から一部紹介する。

(抄訳　仲本和彦・戦後史研究家)

■1972年1月7日首脳会談議事録（ニクソン大統領文書・000015128）

「沖縄返還」

福田外相は、沖縄に関する共同声明のすべての文言について、ロジャーズ国務長官との検討を終えたと報告し、次のように述べた。期日については、大統領と総理大臣が決定するものとして空白のままにしてある。長官からは5月31日との提案があったが、検討の余地を残した形となっている。

大統領は、総理大臣が7月1日よりも返還を早めることの重要性にこだわったことに言及をすべきか尋ねた。

総理大臣は、時期を早めることは政治的にたいへん有利になると述べ、次のように続けた。4月1日はエイプリル・フール・デーだが、日本政府は、その日をずっと望んできた。

大統領は顔をしかめて、我々の軍をからかうようなことはしたくないと答えた。

総理大臣は6月23日は沖縄で戦闘が終わった節目の日だが、日本本土や沖縄では、その日は日本の施政権下で祝いたいという強い願望があることを説明した。

開封　*一次資料を読む*
◀ニクソン大統領文書▶　1972.1.7

大統領は、5月31日はどうかと尋ねた。

総理大臣は、それだと5月は最後の一日だけ施政権を行使することになって（予算など）技術的な面で問題が生じるため、6月1日のほうがよいと答えた。

大統領は、自分は寛大な性格であり、安全保障担当者らにもっと良い日はないか調べさせてみたと述べ、5月15日はどうかと提案した。

大統領と総理大臣は、この取引に合意し、握手を交わした。

福田外相はそれから、ロジャーズ長官との復帰後のゴルフコースとビーチの返還の可能性に関する協議について報告した。

ロジャーズ長官は、ゴルフコースについては難しくないが、下士官兵が使うビーチについては問題が生じるとし、次のように答えた。沖縄を返還すること自体が大きなステップで、日本及び米国の安全保障の利益のために軍事基地の維持を確実にする必要がある。施設についての再協議は、政治的な問題となり得るため、そのような追加要請をする理由を可能な限り率直に話してほしいと述べた。

福田外相は、特定のゴルフコース、ビーチ、あるいは施設名を挙げるつもりも、復帰後の施設の返還に関する米国の合意を発表するつもりもなく、内々にしておくつもりであると述べた。そして、そのような合意は、総理大臣による国会答弁に力を与えることになると述べた。

大統領は、それは総理大臣が基地の再編・統合に関する国会の質問にうまく対応できることを意味するのかと尋ねた。

福田外相は、そうだと答えた。

大統領は、それなら米国は復帰後にゴルフコースを返還することに理解を示すことを約束した。

（中略）

福田外相は、那覇空港と米海軍のＰ３機に話を向け、次のように述べた。米国は、復帰の日までに那覇空港を日本の排他的管理下（民間機と航空自衛隊による利用）に戻し、Ｐ３機を別の場所へ移駐すると約束している。Ｐ３機は岩国基地（総理大臣の地元選挙区である山口県）か三沢基地に移駐することになりそうだが、ロジャーズ長官と協議したように、それは政治的な問題を生じさせる。外相は、長官に対してＰ３機は日本本土ではなく、沖縄の別の基地に移すよう要請したことを報告した。

ロジャーズ長官は、航空機自体は移駐できても、航空機に必要な那覇空港の代替支援施設は、そう早く建設することはできないため、この件については慎重に検討しなければならないと答えた。

この線に沿って、ロジャーズ長官は日本政府によるノースラップ社のＦ５訓練機（カリフォルニアへ多くの資金が落ちることを意味する）とグラマン社のＡＳＷ機の購入に関する協議に触れた。（中略）

総理大臣は、次のような取引を提案した。もしも米国がＰ３機を岩国基地に移さないことを検討するならＦ５機の購入を検討してもよい。

不安解消へ 女性動く

官公労婦人部長（当時）
大城貴代子

1967年に12団体を束ねる形で沖縄婦人団体連絡協議会（婦団協）が結成された。琉球政府職員でつくる官公労婦人部の一員で参加した私は、女性たちが保育所増設や物価値上げ反対の声を上げて立ち上がる姿に感動した。そこから官公労婦人部長を務め、県労協の婦人部結成にも携わった。沖縄が復帰へと向かう激動の時代は、沖縄の女性運動が立ち上がった黎明《れいめい》期でもあり、私自身が婦人少年課で働きながら2人の子どもの育児の真っ最中で、公私とも無我夢中の時期だった。

71年8月のニクソン・ショックでドルに対し円が切り上げられると、生活用品の大半を本土からの輸入に依存していた沖縄ではインフレが加速度的に進み、物価高、公共料金が家計を圧迫していた。本土に仕送りしている世帯では送金負担が重くなる。さらに日本に復帰すると手持ちの現金の価値が損なわれてしまうのではないか、ドルで受け取っている給料はどうなるのかといった復帰不安が広がった。そこで婦団協は生活防衛の立場から、復帰不安を解消するよう声を上げた。1ドル＝360円レートでの補償を求める要請書を携えて女性代表35人が上京し、佐藤栄作首相や国会に直接、要請行動した。

また復帰に便乗した値上げを監視するため、県労協婦人部として市中の物価調査も実施したことも思い出深い。保育園から迎えた子どもたちを組合事務所の中で遊ばせながら、琉球政府の統計調査官を招いて調査手法の学習会を仕事帰りに重ねるなどよく勉強した。１９７２年１月26日から28日にかけて那覇、中部、北部、宮古、八重山の５地区で市場や商店街を１３０品目の価格を調べ、結果と分析を発表した。

復帰直後にも同じ調査を行い、1ドルの定価だった商品に４００円の値札がついているといった便乗値上げもあったし、トイレットペーパーは値段は同じでも長さが短くなっていないか、といったことも調べた。海洋博まで狂乱物価が続き、私たちの物価調査も１９７８年まで継続した。

本土の女性団体と連帯する中で、保育所増設や売春問題、基地従業員の解雇阻止といった沖縄の問題を掘り下げていった。本土では女性運動も労組や政党ごとに分かれてしまっているのに、沖縄の女性たちが一つにまとまることは驚きをもって受け止められた。婦団協では右から左まで立場がある中で、皆で決めたことは皆で守るという全会一致の原則を掲げた。女性たちで何かを動かすには、一緒に手をつないで要求するしかないということを常に肝に銘じてきた。それは屋良主席が大衆運動について語った「鈍角的な対応をとりなさい。鋭角ではいけない」の言葉に重なる。沖縄の女性たちの取り組みは、現在のオスプレイ配備撤回や米兵事件・事故に抗議する超党派のまとまりに通じている。

（文責・与那嶺松一郎）

世替わり

「復帰」に感慨と不安
主席から初代「知事」に

日記● 1972年4月1日～5月15日

私に天は復帰の〆くくりを完成させた

1972年4月1日（土）晴

（前略）十一時頃、山中大臣より全軍労の件で電話あり。琉球政府創立記念日で休み。これで最後の記念日休みとなる。一つ一つ米施政下の遺物は消え去っていく。感がい深し。

4月21日（金）晴

午前中在舎勉強。副主席に来てもらって勉強。二時→七時総括質問。自民党五名質問。〈知事〉選挙向け攻げき的質問で思う様な答ベンは出来ず、不出来であった。立法院最後の質問だったが、どうも私は拙《まず》かったと思い後味悪し。野党の質問態度全く人を馬鹿にした非民主的な態度が見えた。人柄、人品、教養の程うかがえて残念。立法院の品位にも関する事だろう。しかし私も全般的に把握足りず拙かった。*1（後略）

4月28日（金）曇

（前略）一時、臨時局長会議、六時に復帰協主催県民大会あいさつ。七時半頃からフィアリー民政官レセプションに一人で出席する。

4月29日（土）晴

（前略）昨日の復帰大会は長い歴史の中で最後の大会となる。感深い。この集いの果して来た役割けだし甚大。（後略）

5月9日（火）晴

（前略）七時からベン務官夫妻、フィアリー夫妻、サンキ夫妻[*2]、藤田氏送別会。於左馬。此の前は高瀬大使、吉岡公使、加藤局長と御別れの夕食会を共にしたが、今夜ベンム官一行と夕食会をもち一刻一刻復帰への歴史的歩みが迫って来た感でますます緊張を増す思いである。

5月12日（金）晴

（前略）

二時半、民政府閉庁式。ズケラン〈瑞慶覧〉の映画館〈フォートバクナー劇場〉で行われる。遂に民政府閉庁の幕降りる。来るべきものが来た。感深し復帰の前しょう、歴史的瞬間である[*3]。（中略）通貨交換実勢レート交換三〇五円になったとか。記者会見をする[*4]。（後略）

＊1　屋良は3年余に及ぶ成果について「主席に就任して祖国復帰の県民の熱意が台頭し、一年後には佐藤・ニクソン会談によってメドづけが行なわれ、私のいっていた最後の主席でありたいということが実現した。さらには自治権が拡大され、国政参加も実現したように沖縄に内在していた根本問題が実現した。さらに経済的な面では、七〇年八月に長期経済開発計画を発表して将来の開発の指針を明らかにした」と述べた（『琉球新報』1972年4月22日付朝刊）

2　ジョージ・K・サンキー中佐。1963年から1972年まで歴代高等弁務官の副官で通訳。日本文化、沖縄文化、歴史、言語担当。

5月13日（土）晴後曇

九時から琉球政府閉庁解散式を行う。式辞[*5]を読む時やはり感慨無量なるものがあり、涙が出た。遂に琉球政府二〇年の歴史は終る。二〇年二昔《ふたむかし》にして沖縄県はここによみがえった。

十時から局長会議。最後の局長会議で私から一場の感謝のあいさつをする。ほんとに長い間皆さんに御苦労をかけた。今朝の琉球新報に世論調査の発表あり。復帰を考えるのに非常に参考になる世論があらわれている。[*6]知事せん挙等についても世論調査がなされている。相手の攻勢は却《かえ》って激化する事になるのではないかと思う。（後略）

5月14日（日）雨

（前略）

七時半から将校クラブ〈瑞慶覧〉に於いて〈ランパート〉弁ム官の最後の晩さん会があった。立ち話をして正式に食堂に入場する。一般の御客が席につき、星議長夫妻、民政官夫妻、私夫妻、高瀬大使、山中大臣、ランパート夫妻の順序で入場。これが主賓と云うことだろう。型通り食事が始まり終わり、ランパート弁務官、離別のあ

＊3　解散式後に屋良は「きょうはいよいよ米軍の終幕がきたという感じで、厳粛な気持ちがする。これで沖縄県の発足が現実のものとなった」と語った。一方、高等弁務官ランパートは最後の会見を開き①現在の在沖米軍の諸活動は復帰後も変化しない②27年間の沖縄統治は成功だった③核抜きの証明については権限外でなんともいえない④復帰後も第二兵たん施設には変化はない⑤在沖米軍人の数が近い将来減少するとは考えていない一などと語った。（『琉球新報』1972年５月13日付朝刊）

4　屋良は「県民の要求どおり１ドル＝360円の交換が実現しなかったことは遺憾である」と述べた。（前掲『琉球新報』）

5　屋良は「復帰は県民の願望が必ずしもいれられていない。これからも、なお厳しさは続き、新しい困難に直面することも予想されるが、復帰の原動力となった県民の実績と自ら発揮した自治能力は高く評価されるべきで、新しい沖縄県の基礎づくりと発展のために力をふるってほしい」とあいさつ。

6　琉球新報協力による毎日世論調査。復帰「喜ぶ」71％、本土大企業進出「公害の心配」87％、在沖米軍基地本土並み「戦争に巻き込まれる」52％、自衛隊配備「不要」42％、自衛隊は「憲法違反」47％、佐藤内閣の沖縄政策「満足しない」「あまり満足していない」67％、復帰後「本土と同じになりたい」11％など。

いさつ。

続いて山中長官の長いあいさつ、弁ム官に勲一等の勲章がおくられる事等のべられ話を結び、続いて高瀬大使のあいさつ。次に私のあいさつ。私の場合は一応私があいさつ、訳して大城〈盛三・特別秘書官〉君が訳文を読み上げた。

十一時過ぎまでかかってかつてない二時間半以上の御別れパーテーだった。それから直ぐヒ行場へ弁務官を見送りに行く。十二時十五分弁ム官見える。簡単な弁務官のあいさつ[*7]の後、居並ぶ見送り人に握手。かくて軍旗（弁ム官旗）の受け渡しがあり、機上の人となる。十二時二〇分頃だった

■沖縄施政権返還まで

1972

3月27日 衆院予算委で日米が密約を交わした外務省の秘密電報暴露

4月17日 自衛隊沖縄配備が正式決定

5月4日 防衛庁、返還後の沖縄の防空識別圏（尖閣諸島含む）を決定

12日 米国民政府解散式
米国政府、琉球および大東諸島の施政権を日本に返還する旨、国連に通告
日本政府、沖縄の通貨1ドル＝305円で交換と決定

13日 琉球政府閉庁式

琉球政府閉庁式で職員にあいさつする屋良主席＝72年5月13日、琉球政府庁舎前広場

15日 ランパート高等弁務官、嘉手納基地から帰米。日米合同委員会開催「5・15メモ」署名／第1回沖縄県議会開催／沖縄県開庁式／沖縄開発庁発足／沖縄進駐自衛隊の編成式／日本政府主催「沖縄返還式典」（東京・沖縄）／沖縄県発足式典／5・15県民総決起大会／各地で通貨交換実施

米統治の象徴「琉球住民に献呈する」との銅板が外され「沖縄県庁」の表札に掛け替え＝72年5月15日

と思う。

　復帰の時間は後十分、後五分、後一分、秒読みにうつり遂《つい》に十二時サイレン。キテキ〈汽笛〉は聞えなかった。遂《つい》に復帰は実現した。感慨殊の外に深いが実感が湧かない。私は遂に主席から知事になった。知事となり一路県庁。知事室に戻る。一時間位もかかったがあいさつ。議会開会準備のなすべき署名、日中の日程を打ち合わせて内へ帰る。三時頃になっていたと思う。もう沖縄県になり公舎は知事官舎に代っている。早速寝につき五時半に起きる。徹夜と思ったが二時間位はねむった。最十五日になっている。

5月15日（月）雨

　昨夜来の雨は止まない。軽く朝食をかき込み、六時半に登庁。直ぐ初県〈議〉会場に出席、あいさつ。議案を一括提案して戻る。七時二〇分、ＲＢＣ。これは市民会館の玄関であった。続いてＮＨＫの

復帰前夜、高等弁務官主宰の晩餐会であいさつする屋良主席。左端はランパート高等弁務官＝1972年5月14日（大城盛三氏提供）

＊7　ランパートは「わたしは3年有余の間、全琉のほとんどの島をまわったが、沖縄の将来の発展と繁栄のために観光事業がきわめて重要な貢献をなすものだと確信している。沖縄はアジアや太平洋地区で最高の生活水準を持つ地域の一つになったが、農業や産業など適切な計画と奨励を施すことにより将来の経済発展と繁栄のために多くの寄与ができる」とあいさつした。（『琉球新報』1972年5月15日付朝刊）

一〇二番組のインタビュー。それが終って県庁に帰り、庁舎の標札を取りかえる式に立ち合い、長い間はりつけられていた標札も遂に撤去。文化財委員会委員大城立裕氏にそれを托し次に県庁門札の除幕式に出席、除幕に立ち合った。児童の一人は正子であった。終って記念植樹。県庁の行事を終り、市民会館に向う。車が混みひやひやした。

十時五分頃に公舎に帰り家内を案内して市民会館に向う。私はひかえ室には入り、家内は直ちに会場に入場す。ひかえ室でしばらく待ち、山中〈貞則〉長官に案内されステージに上り向って左側に来賓、右側に本土政府側。

先ずしばらく待つ。東京の記念式典から君〈が〉代斉唱が流れ、佐藤総理の感激のあいさつあり。その後に天皇の御言葉を聞き[*8]、その後に黙とうしそれから沖縄における国の記念式典の本番には入る。

山中長官の総理大臣代理あいさつ、その後に私のあいさつ。星〈克〉さんのあいさつ。それから衆院代表床次〈沖特委員長〉先生、参院代表長谷川仁〈沖特委

復帰して初の県議会に出席＝1972年5月15日（屋良朝夫氏提供）

＊8　式典会場に流れたテレビと電話による佐藤のあいさつは「戦争によって失われた領土を平和のうちに外交交渉で回復したことは史上きわめてまれなことである」。昭和天皇の「おことば」は「さきの戦争中および戦後を通じ、沖縄県民の受けた大きな犠牲をいたみ、長い間の労苦を心からねぎらうとともに、今後全国民がさらに協力して、平和で豊かな沖縄の建設と発展のために力を尽くすよう切に希望します」（前掲『琉球新報』）

員長〉氏、最高裁代理〈吉田事務総長〉あいさつ。米国沖縄駐在の〈ピートリー〉総領事のあいさつあって万才三唱の後、国の式典は終り一応閉式。ひかえ室に戻り昼食。会場には午後の式典の為に居残ると思ったが殆ど出払ってしまって心配する。

午前の国の式典には革新系議員等は欠席。全く子供見た様に思う。そう云う事があったから午後〈の新沖縄県発足式典〉は保守的の人々は参加しない現象があらわれはしないかと私は大変心配になる。

0時半から古典芸能の鑑賞会あり。皆さんを案内してみてもらう。七番出たが一流の人々のみの出演で皆感動して居《お》られた。この計画は上首尾であった。はじめは空席が多く私の不安は一段と増す。一時四〇分頃に終り一応ひかえ室に戻り二時に来賓案内、入場した時は一ぱい席は埋り段々来場、遂には満席。午前の式典をはるかにしのぐ満員振りにやっと安どの胸をなでおろす。中央壇上に梯梧の造花の花を盛りありあげ盛観。ステージの模様は国の場合よりけんらんなるものがあった。

君代の斉唱はなかったが開会の前後の音楽は壮大ですばらしかった。あの音楽は迫水秘書官も絶さんしていた。県の発足式典は花はサンゴ礁を両側にして中央に梯梧の花を一ぱい盛り国旗は客席から向って左側にかざり、中央にはスローガンをかざり右側には県章がかざられ、式中或《ある》時期に明りを消して照明で県章を照らし、そして県花の発表等ユニークなアイデアーが織りこまれて演出は百%良かった。更に私が良かったと思ったのは県の式典には参加者一階の如きは超満員で熱気溢《あふ》れている事であった。

私の琉球政府解散と沖縄の発足宣言も非常に力強くなされたと思うし、引続いての私の式辞も熱血たぎり燃ゆる様な情熱に、よしやるぞと云う闘志が万身から湧いた。非常に力強かった〈と〉の印象を聴衆、否全県民に与えたようだ。(中略)

七時から山中長官夫妻を那覇に迎えて私共夫婦でかつてない歴史的夕食会を催す。十時頃まで非

県庁書類に初決済する屋良＝1972年5月15日（沖縄県公文書館所蔵）

常に楽しく語り、心から御礼感謝をのべ芸能をかん賞し一日の幕を閉じる。（中略）

今日は二時間位しか休んでいない上に長い間の緊張の連続も重なっていたので疲れも出たはずだが、何のつかれもなく何の支障もなく無事にこの世紀の大行事を終る事が出来た。安心した。はじめて開〈解〉放された。沖縄県が生まれた喜び、今までの心配事から開〈解〉放された喜び、沖縄の歴史の前后に只《ただ》一回しかない頂点に到達し無事に乗りこえた喜びが錯綜し、戦後二度目の喜びにめぐり合った。かくて今日から主席ではなく沖縄県知事となった。而《しか》も初代知事になった歴史的一日の幕を閉じた。

終戦以来復帰を希求し、必ず実現するとの大前提に立ってその準備にそなえて一仕事、一仕事を地道に計画し実践して来た。私に天はその復帰の〆《しめ》くくりを完成させた。

運命のめぐり合わせと云おうか、私の運命でもあり、沖縄の運命でもあったのではないか。私が全く無私没我の状態でこの難苦行にさいなまれて来た。しかし私は心身共完全健康を維持して来た。われに神仏の加護があったと信ずる。

題はなお複雑なものがあります。幸い、私ども沖縄県民は名実とも日本国民としての地位を回復いたしましたし、政府ならびに全国民の皆さまにおかれては、沖縄問題を新しい立場から共通の課題として止揚していただき、その完全・全面的解決のためこれまで以上のご関心とご協力を賜わりますよう念願するものであります。

沖縄は、長く、苦しかった試練を乗り越え、いまここにその夜明けを迎えました。復帰は、まさしく沖縄という新しい生命の誕生でありますし、私ども県民は、これまでの基地の島という暗いイメージを払拭し、新たな自覚にたって県民自治を基調とする「平和で、明るい、豊かな県づくり」に邁進するとともに、文化豊かな社会の建設に真剣に取り組み、国家繁栄のために貢献する決意であります。

沖縄の戦後はまさに茨の道でありましたが、県民の体験はまた貴重なものであります。私どもは、きのうのきょうではなく、歴史上銘記さるべきこの日を転機としてとり残されてきた歴史に終止符を打ち、体験を生かし、国民の皆様のご協力も得て復帰の意義と価値を高め、その正しい位置づけに十分努力するつもりであります。

本日の式典にさいし、私どものためにいろいろと、おはげましを賜わりました皆さまのご好意に対し厚くお礼を申しあげ、皆さまと国のこの上ないご繁栄を祈念してごあいさつといたします。

「沖縄復帰記念式典における『沖縄県知事あいさつ』」（沖縄県公文書館HP）参照

沖縄県庁表札除幕式=1972年5月15日

屋良知事 沖縄復帰記念式典あいさつ

県民福祉の確立を

沖縄百万県民の長年にわたる祖国復帰の願望が遂に実現し、本日ここに内閣主催による沖縄復帰記念式典が挙行されるにあたり、沖縄県民を代表してごあいさつ申し上げることができますことを生涯の光栄に思います。

私は、いま、沖縄がこれまで歩んできた歴史の一齣《こま》一齣をひもとき、殊に終戦以来復帰をひたすらに願い、これが必ず実現することを信じ、そしてそのことを大前提としてその路線に沿う基礎布石、基盤づくりに専念してきた者として県民とともにいい知れぬ感激とひとしおの感慨を覚えるものであります。

私は、復帰への鉄石の厚い壁を乗り越え、けわしい山をよじ登り、茨の障害をふみ分けて遂に復帰に辿りついてここに至った県民の終始変わらぬ熱願、主張、運動、そこから引き出された全国民の世論の盛り上がり、これにこたえた佐藤総理大臣をはじめ関係ご当局のご熱意とご努力、さらには米国政府のご理解などを顧みて深く敬意を表し、心から感謝を申し上げるものであります。

それと同時に、きょうの日を迎えるにあたり、たとえ国土防衛のためとはいえ、さる大戦で尊い生命を散らした多くの戦没者の方々のことに思いを馳せるとき、ただただ心が痛むばかりであります。

ここに、謹んで沖縄の祖国復帰が実現いたしましたことをみ霊にご報告申しあげますとともに、私ども沖縄県民は、皆さまのご意志を決して無にすることなく、これを沖縄県の再建に生かし、そして、世界の恒久平和の達成に一段と努力することを誓うものであります。

さて、沖縄の復帰の日は、疑いもなくここに到来しました。しかし、沖縄県民のこれまでの要望と心情に照らして復帰の内容をみますと、必ずしも私どもの切なる願望が入れられたとはいえないことも事実であります。そこには、米軍基地の態様の問題をはじめ、内蔵するいろいろな問題があり、これらを持ち込んで復帰したわけであります。したがって、私どもにとって、これからもなおきびしさは続き、新しい困難に直面するかもしれません。

しかし、沖縄県民にとって、復帰は強い願望であり、正しい要求でありました。また、復帰とは、沖縄県民にとってみずからの運命を開拓し、歴史を創造する世紀の大事業でもあります。

その意味におきまして、私ども自体が先ず自主主体性を堅持してこれらの問題の解決に対処し、一方においては、沖縄がその歴史上、常に手段として利用されてきたことを排除して県民福祉の確立を至上の目的とし、平和で、いまより豊かでより安定した、希望のもてる新しい県づくりに全力をあげる決意であります。

しかしながら、沖縄に内包する問

新沖縄県発足式典であいさつする屋良＝1972年5月15日、那覇市民会館

解説

主体性の堅持を決意

宮城　修

27年に及ぶ米国統治が間もなく終わろうとしていた。１９７２年5月14日夜、屋良朝苗はキャンプ瑞慶覧の将校クラブで、高等弁務官ランパート主催の晩餐会に出席していた。その模様を日記につづっている。[*1]

あいさつに立ったランパートは「復帰のために主席になった人と思った。（中略）沖縄の住民代表に最もふさわしい人だった」と屋良を評した。

屋良は率直にあいさつした。

「政治的に私は素人かもしれないが、県民生活の立場から基地が障害になっているのは動かせない事実だ。（中略）基地問題はいまなお解決されていないので、あなたもアメリカでパイプ役になってもらい、歴代高等弁務官ともどども協力してほしい」[*2]

晩餐会が終わると高等弁務官夫妻を見送るため嘉手納基地に向かう。この時、屋良は一心に腕時計に見入っていた。

「後十分、後五分、後一分、秒読みにうつり遂《つい》に十二時サイレン。遂《つい》に復帰は実現した」[*3]

午前0時10分、ムーアから数えて6人目で、「沖縄の帝王」と呼ばれた高等弁務官を乗せた特別機は、嘉手納基地から離陸した。米国統治から日本への「世替わり」を象徴する場面だ。

「5・15メモ」

屋良がランパートを見送っていたころ、外務省で日米合同委員会が始まった（15日午前0時1分）。5月15日、日米が最初に手がけたのは、日米地位協定に基づいて、沖縄の米軍基地を提供するための取り決めだった。日本政府が沖縄に説明してきた「本土並み」返還とは、日本の基地に適用されている地位協定を沖縄にも当てはめることだったからだ。

日本側代表は外務省アメリカ局長吉野文六、米側は在日米軍司令部参謀長で少将のR・M・リー。席上、日本側は日米地位協定に従って嘉手納基地など87施設を提供すると説明、沖縄の基地の個別の基地の使用条件を決めていった。

例えば、伊江島補助飛行場、キャンプ・シュワブ、嘉手納基地、普天間飛行場など今も残るほとんどの施設は、返還後も米軍が「無期限」（Indefinite）に使用できることになった。そして多くは地位協定第2条第1項（a）に基づく米軍専用施設となった。返還から40年以上たった現在でも、日本の国土面積の0・6％の沖縄に、全国の米軍専用施設の70・38％（2017年3月31日現在）が集中している。使用条件は「返還以前の期間において使用していたとおり」と記述してあり、無条件に米軍の自由使用を認めている。[*4]

地位協定は使用条件だけでなく、裁判権の問題など米軍人・軍属を優遇する不平等な内容だ。沖縄県民は施政権返還後、地位協定の壁にはばまれ、深刻な被害、不利益を被り続けている。この日米合意議事録は「5・15メモ」と呼ばれ、秘密扱いとされた。沖縄県民に全文が公表されたのは25年後の1997年だった。

日米の利害一致

沖縄の施政権返還を祝う日本政府主催の「沖縄復帰記念式典」は5月15日午前10時半から、東京の日本武道館と沖縄の那覇市民会館で同時に開催された。

東京の式典で首相佐藤栄作は「戦争によって失われた領土を平和のうちに外交交渉で回復したことは史上きわめてまれ」とあいさつした。米副大統領アグニューは「一時代の終わりを意味するが、より以上に重要なことは、偉大なわれわれ両国のさらに一層大きな利害の一致を期待できる新しい時代が始まる」と述べた。[*5]

アグニューの言うように日米両国にとって沖縄返還は「大きな利害の一致」という意味合いが強い。日本は戦争で失った領土を「回復」（佐藤）する。一方米国は、沖縄の施政権を日本に返す代わり、在沖米軍基地の自由使用を手に入れた。既に「5・15メモ」に署名済みだ。緊急時に沖縄へ核を再持ち込みする権利と、返還に伴う日本側の財政負担も密約によって獲得している。

早晩、日米両国の利害と沖縄の主張が衝突することは明らかだった。那覇市民会館で開かれた沖縄復帰記念式典で、屋良は次のようにあいさつした。

「米軍基地の態様の問題をはじめ、内蔵するいろいろな問題があり、これらを持ち込んで復帰したわけであります。したがって、私どもにとって、これからもなおきびしさは続き、新しい困難に直面するかもしれません。（中略）私ども自体がまず自主主体性を堅持してこれらの問題の解決に対処し、一方においては沖縄がその歴史上、常に手段として利用されてきたことを排除して県民福祉の確立を至上の目的とし、平和で、いまより豊かでより安定した、希望のもてる新しい県づくりに全力をあげる決意であります[*6]」

　これからの沖縄は大国に翻弄されることなく自治権を行使していく、とも受け取れる内容だ。一方、どしゃ降りの雨の中、式典が開催された那覇市民会館隣の与儀公園で約1万人が参加する祖国復帰協議会（復帰協）主催の「沖縄処分」抗議県民総決起大会が開かれた。「今日の復帰は県民に引き続き差別と犠牲を強いる〝沖縄処分〟だ」と糾弾する声が響いた。

　沖縄の将来がまだ霧に包まれていた1950年、沖縄群島政府文教部長に抜擢された屋良は、闇を貫き前途を照らす「一条の光」になろうと決意した。それから22年。教育の復興、自治権の拡大、日本への「復帰」に奔走してきた。初の公選主席として、時に神仏にすがりながら孤独で苦悩の日々を過ごした屋良にとって、5月15日は重責から解放された日ではなかった。沖縄問題が「完全な解決へ大きく一歩を踏み出した[*7]」日にすぎない。前途は多難だ。沖縄はなお屋良朝苗を必要としていた。

＊
1 『屋良日記』1972年5月14日付。
2 琉球新報社編『世替わり裏面史』18ページ参照。
3 『屋良日記』1972年5月14日付。
4 『日米合同委員会第251回議事録』。
5 『琉球新報』1972年5月15日付夕刊。
6 「沖縄復帰記念式典における『沖縄県知事あいさつ』」（沖縄県公文書館HP）参照。
7 「屋良主席談話」『琉球新報』1972年5月15日付朝刊。

「世替わり」とびらの写真（321ページ）は、沖縄復帰記念式典であいさつする屋良＝1972年5月15日午前、那覇市民会館（沖縄県公文書館所蔵）

激しい雨をついて施政権返還を「沖縄処分」と糾弾する復帰協主催の５・15抗議県民総決起大会＝1972年5月15日、那覇市の与儀公園

あの時

次代に託す真の復帰

特別秘書官（当時）
大城盛三

米国留学の経験があった私は、屋良さんの主席就任から8年間、専属の通訳として特別秘書官のポストを用意され、対米・対日交渉のどのような場所でも常に屋良さんの傍らにいた。屋良主席にとって自治権の拡大と米軍基地を本土並みに撤去することが復帰準備の柱だった。特に基地問題に多くの時間を費やした。

初めての公選主席に、県民は一国の代表者のような交渉当事者としての役割を期待した。そして屋良主席は高等弁務官に対しても「私はあなた方に要望し、抗議もすれば、お礼も評価もする。私の背後には90万県民の福祉があり、沖縄の立場をはっきり言わせてもらう」と常に毅然と振る舞った。

しかし現実には、USCAR（米国民政府）が琉球政府を交渉当事者として認めることはなかった。アンガー高等弁務官は「主席の要求は私の権限外だ。我々は大統領行政命令により琉球政府のwindfall profits（偶発的利益）を避けるよう言われている」と屋良主席の主張を受け付けなかった。「windfall profits」は会計の専門用語だが、対等な立場にない琉球政府の要求を通すことは、〝棚からぼた餅〟で沖縄に利益が転がり込むようなものだという米側の認識を如実に示すものだ。

外交権を持たない人間として統治者である米国と向き合うことに逡巡《しゅんじゅん》し、そして県民の期待とのはざまで懊悩《おうのう》し続けたのが屋良主席だった。

そうした困難が続く状況にあっても、屋良主席が「復帰の実現に向けて私が行き詰まることはない」と揺るぎなく公言していた背景のひとつが、ノーベル賞物理学者の湯川秀樹さん、東大総長の茅誠司さんら名誉後援会の存在だった。佐藤栄作首相に直接進言できる立場にもあった日本を代表する知性たち。主席が上京するたび名誉後援会の面々が懇親の席を用意し、そうそうたる顔触れに恐縮しながら、私もその場を共有させてもらった。

その席で屋良さんが「『ヒト』は人と人の間でもまれて『人間』となるんです。君はヒトですか？　それとも人間ですか？」と私に語り掛けた言葉が強烈に脳裏に残る。

いよいよ復帰を翌日に控えた1972年の5月14日、最後の高等弁務官となったランパート中将の送別で嘉手納基地に向かった。日付が変わる直前の午後11時45分だった。屋良さんは「お互いにやれる限りのことをやったことを評価したい。知日派の一人として沖縄問題の解決に努力してほしい」と言葉を贈り沖縄を飛び立つのを見送った。「評価（appreciation）」という言葉は使ったが、会場に向かう途中で「満足」という表現までは踏み込まないでおこうと私と2人で打ち合わせていた。

内実に問題はあったが、復帰できたことは一定の成果であった。ただ屋良さんは基地ある限り沖縄の真の復帰はない、この解決を次代の知恵に託したいということを後年も言い続けた。

復帰は終わっていないという思いはまさにその通りだ。オスプレイ配備などが押し寄せる今の沖縄で、屋良主席ならどんな行動をとっただろうかと思い巡らせてしまう。

（文責・与那嶺松一郎）

屋良は1972年6月25日に実施された第１回県知事選挙で、自民党の大田政作氏（元主席）を破り当選した。同時に実施された県議会選で与党は過半数を獲得した。屋良は紙吹雪の祝福を受けて初登庁した＝1972年6月30日（沖縄県公文書館所蔵）

沖縄群島政府文教部長時代の屋良朝苗（前列左から５人目）。左隣は比嘉秀平氏（初代琉球政府主席）。当時、屋良はこう考えた。「暗ヤミのなかで自動車は、誤りなく走るためヘッドライトで前途を照らす。自分で照らす光に自分が導かれる。沖縄の将来も霧やもやに包まれている。その中を県民が向かうべき方向を誤らずに進んでいくためにはやはりヤミを貫き前途を照らす一条の光が必要である。この一条の光こそ教育である――。かくして教育に沖縄の運命を託する」（日本経済新聞社編『私の履歴書』）。

「基地ある間、復帰完了しない」

沖縄問題「矛盾の塊」――屋良元知事、退任時に指摘

『琉球新報』2016年5月15日掲載

初の公選主席で、最初の県知事を務めた屋良朝苗さん（1902～97年）が76年6月24日に那覇市の県庁前で開いた知事退任式でのあいさつや、同日に県庁で開いた記者会見の様子を録音したカセットテープを、当時琉球新報記者として取材したジャーナリストの三木健さん（76）＝浦添市＝が保管していた。屋良さんは復帰に伴い表面化した多様な課題を「複雑にして怪奇、矛盾の塊のよう」と語り、「基地のある間は沖縄の復帰は完了したとは言えない」と復帰44年を経た現在にも通じる課題を指摘していた。

＊　＊　＊

三木氏が録音保管

三木さんは屋良さんの「沖縄の運命打開には鈍角的態勢がいい」との言葉を挙げ、「県民生活からにじみ出る要望を（日米に）ぶつけた屋良さんの姿勢は、現在の基地問題にも求められる対応だ」と話している。

屋良さんは退任式のあいさつで沖縄戦を「祖国防衛の盾という手段」、米統治下の時代を「異民族支配に任されたのは敗戦の処理の手段」と、ともに「手段」という言葉を使って位置付け、日米に翻弄《ほんろう》されてきた沖縄の立場を鮮明に打ち出している。米統治や基地に派生する問題を「異民族支配、膨大なる基地の影響下にさらされてきた諸問題はあまりにも複雑にして怪奇、矛盾の塊に似たような問題」と振り返っている。

復帰前を「仮の社会」と呼び、復帰を求めた自身や県民の思いを「今は苦しくても正しい道を選ぶのが人間の生き方。本質を求めるのが県民の心だ」と強調。退任後も残る課題として米軍基地問題、渇水問題、基地経済からの脱却などを挙げ、任期中に「諸問題に対する基本的な方向付けができた」と述べている。

三木さんは「沖縄は大衆運動で自治権を獲得したが、復帰を経ても基地問題は未解決のまま残されたことが『心残りだ』と述べていた。次の世代に託すように語り掛けていたのが印象的だ」と振り返る。テープは沖縄県公文書館に寄贈した。

（宮城隆尋）

職員に退任あいさつ（抜粋）

一条の光となって導かねば――正しい者は生成発展する

7、8年はまったく夢のように過ぎた短い時間であったような気がいたします。あまりにも問題が多くて時間を意識することができなかった。戦争、異民族支配に服し、膨大なる基地の影響下にさらされてきたところの沖縄。その問題はあまりにも複雑にして怪奇、矛盾の塊に似たような問題を抱えている沖縄でございました。その沖縄問題を解決するには、私は無力でありました。私の無力を持ってしてはよくこれらは解明できなかった。

なぜ終戦30年も経《た》っているのにこのような基本的諸問題の解決が不十分であるか。これは沖縄の今日まで置かれている立場は、遺憾ながらあくまでも県民の福祉を第一とするところの立場ではなかった。戦争というのは祖国防衛の盾という手段であったし、異民族支配に任されたということは（日本の）敗戦の処理の手段として（米国に）委ねられたのであります。アメリカが基地の当事者と言うことは基地を造る手段でありましたし、全部、手段的立場に立っている沖縄は、正しい人間社会の姿ではない。人間普遍の姿でなくして仮の姿であると思うわけであります。

しかし皆さん、われわれは苦しみながらも、物の本質を求めて復帰の心を失わなかった。復帰の心は県民の心にあり、そしてそれが組織化され、そして中央に要求し、全国民の課題となり政治的要求を作る。政治家も外交はこれを避けて通れない。その根源的なところにある真実を求め本質を求める県民の心が復帰を勝ち取ったのであります。

だが沖縄は復帰したことによって正しい姿を回復したけれども物価が下がらない、生活が苦しい。この混乱の時代は正しい理念が貫き、一条の光となってわれわれを導かねばならないと考えております。正しい者の正しい胸には正しいものがあるばかりではなく、本当の正しい者は生成発展して参るところに価値があります。真善美においてもそうであります。そういう根本的な基本的な、至上の価値がありますでも本質を求めていくところの県民の立場、真剣な立場、これが本当の悔いのない沖縄ができるゆえんであると、こういうふうに考えておりまして、復帰には不満もあるけれども、できていることも多いはずであります。

どうかひとつ皆さん、われわれは正しい立場に立てば必ず発展する。残された問題に復帰を勝ち取ったごとく、課題一つ一つにきめ細かに地道に解決していくこと。われわれのために、われわれの子孫のために、一つ頑張っていただきたい。

退任記者会見（抜粋）

鈍角的態勢でおおらかに——困難は打開できる

沖縄の問題は復帰したとはいっても、基地も本土並み基地と、復帰も本土並み復帰といわれましたが、基地も決して本土並みではありません。社会資本、基盤の整備等々非常に遅れている面があるのであります。全国の基地の53％も沖縄にある以上、今後もこの基地問題を解決していかねばならないし、また基地関連から起こる諸問題に対応していかねばならんし、従って基地のある間は沖縄の復帰は完了したとは言えない。基地のない平和な島の回復といった合言葉に照らしてみたときに、沖縄の復帰問題は完全に解決したとは言えないわけであります。

教職員のときから言いましたように難局に遭遇すると、そのまま激しく突き当たっても刃もこぼれ、刀も折れるだけであるから。沖縄のいばらの道は、鉄筋コンクリートであると思いますよ。昔流の植物のいばらではない。それならば刃物で切り開かれますけれど、鉄筋コンクリートに取り囲まれた沖縄の運命打開にはむしろ鈍角的態勢がいいだろう。だからものの考え方も仕事の見方もおおらかな気持ちで相手の立場も考えながら何とかして乗り越えていかねばならない。

言うだけが勝ちではない。目的を達成せねば勝ちではない。許されない事態はあります。そういうものを認めるわけじゃないけれども、あるということを知ってそれを乗り越えるにはどうすればいいか。紆余《うよ》曲折、一進一退、一喜一憂ですね。時をかけるということだと思いますね。今日非常に沖縄は苦しいと、海洋博の後処理にも苦しいといわれるけれども、県民には希望を持っていただきたい。県民は簡単には環境には負けない、これは過去の歴史が教えています。海洋博後のインフレ環境にもし沖縄県が負けていくというのであれば、既にあの悲惨な戦争に負けて立ち上がれません。それから異民族の30年の支配にも、もみくちゃにも負けずに苦節を全うし貫いて復帰を勝ち取った。基地の影響にさらされながらも対応することができた。今残されている困難はあろうと思うが、必ず乗り越え、打開できるんだ、運命を変えられるんだという希望を持って努力していただきたい。

（音源はジャーナリスト三木健氏提供）

屋良朝苗関連年表

西暦	屋良朝苗関連	沖縄の動き	日米の動き
1902	12・13 読谷村瀬名波川平（カービラ）で、父屋良朝基、母マカトの4男として生まれる	1・30 那覇―名護間の電信開通	1・30 日英同盟調印
1903		3・15 当山久三、第2回ハワイ移民団結成し出発 3 人類館事件	
1904			日露戦争
1912		5・15 沖縄で初の国政参加選挙（衆院議員2人）実施	
1914		11・29 那覇―与那原間に軽便鉄道開通	第一次世界大戦（〜18）
1917	読谷尋常高等小学校卒業	6・18 男子師範学校本科生、教師排斥を叫び同盟休校。この月、一中で方言札使用	ロシア革命（18年、日本がシベリア出兵）
1919	6 母校、渡慶次小学校使丁		5・7 パリ講和会議、赤道以北旧ドイツ領の委任統治国を日本に決定
1920	沖縄県師範学校入学	4・1 市町村制・府県制特例を撤廃 10 初の国勢調査（人口59万1572人）	国際連盟発足、日本は常任理事国
1925	2 広島高等師範学校合格 4 宮崎県都城の歩兵第64連隊に入隊（8月31日除隊、渡慶次小学校	3・24 沖縄県財政経済の救済助長に関する建議案、沖縄県救済に関する建議案が衆院で可決	3・19 治安維持法成立 3・29 普通選挙法成立（5・5公布）

	に仮配置）	4・24 首里城正殿、国宝に指定	
1926	広島高等師範学校入学	3・14 広津和郎「さまよえる琉球人」に沖縄青年同盟が抗議 5 第51回帝国議会、沖縄救済に関する建議書可決	4・22 小学校令改正（日本史を国史と改める）
1929		2・6 教員、師範生の社会科学研究会弾圧	世界恐慌
1930	広島高等師範学校卒業 3 沖縄県女子師範学校・県立第一高等女学校教諭	6 農村疲弊により小学生の欠席や欠食および人身売買盛んになる 11 県内各地で教員の給料不払い	4・22 ロンドン海軍軍縮条例調印 10 台湾で高山族が蜂起（霧社事件）
1931			9・18 満州事変
1933			3・27 日本、国際連盟を脱退
1935	沖縄県立二中（現那覇高）教諭	1・27 首里市営バス、那覇—首里間で運行開始 6 ハンセン病療養所設置運動を続ける市民らに対し屋部焼き討ち事件発生	4・10 文部省、国体明徴を訓令
1936			2・26 2・26事件
1938	3 台湾・台南州台南二中赴任		7・7 盧溝橋事件（日中戦争） 12 南京虐殺事件
1941		11・10 国頭愛楽園開園	4・1 国家総動員法公布 12・8 日本軍、マレー半島上陸・ハワイ真珠湾空襲。日本、対米英宣戦布告
1943	3 台北師範学校赴任	7・1 早川知事解任、泉守紀知事就任 7・11 東条英機首相来県	2・1 ガダルカナル島撤退開始

西暦	屋良朝苗関連	沖縄の動き	日米の動き
1944		3・22　南西諸島に第32軍創設 8・22　疎開学童を乗せた対馬丸撃沈	6・15　米軍、サイパン島上陸（7・7　日本軍全滅）
1945	兵長の階級で召集。台北州北部山中で陣地構築 沖縄師範学校女子部に在学中の娘がひめゆり学徒として沖縄戦に動員され犠牲に	1・12　島田叡、知事に任命（1・31着任） 3・15　学童や一般老幼婦女子の県外疎開打ち切り。満15～45歳の男女、全員現地召集 3・23　沖縄師範学校女子部と県立第一高等女学校の生徒が戦場動員 3・24　県立第二高等女学校の生徒が戦場動員 3・26　米軍、慶良間諸島に上陸開始。座間味島、慶留間島で強制集団死。県内の師範学校や中学、高等女学校の学徒二千数百人戦場動員 3・27　渡嘉敷島で強制集団死 6・22　牛島満32軍司令官自決、組織的戦闘終結 8・20　沖縄諮詢会設置（委員長・志喜屋孝信） 9・7　沖縄の日本軍降伏調印	3・26　米軍、慶良間諸島に上陸　米軍政府設立 4・1　米軍、沖縄島中部の嘉手納・北谷海岸に上陸 8・15　昭和天皇、ポツダム宣言受諾を発表 9・2　日本、降伏調印 10・24　国際連合発足
1946	12　台湾から引き揚げ	4・22　沖縄の米軍政府、軍司令「沖縄民政府創設に関する件」発布。沖縄中央政府を設立、知事に	1・29　GHQ、北緯30度以南の諸島を日本の行政管轄権から分離 7・1　米国、ビキニ環礁で原爆

		志喜屋孝信を任命 12・1 沖縄中央政府を沖縄民政府と改称	実験
1947	2 田井等高校（現名護高）教官 4 知念高校校長	5・1 みなと村創設	5・3 日本国憲法施行 9・19 宮内庁御用掛の寺崎英成を通じてシーボルト連合国最高司令官政治顧問に天皇メッセージ伝える（米国による琉球諸島の軍事占領の継続を望み、占領は日本の主権を残したままで長期租借によるべきだという内容）
1948	7 知念高校、日本から届いた教科書を全島各地へ仕分け作業	4 沖縄に6・3・3制度導入 7・16 米軍政府、通貨を軍票B円に切り替え	11・11 極東軍事裁判所、25被告に有罪判決
1949	9 グロリア台風。知念高校、全校挙げ校舎復旧	11・28 米誌「タイム」、東京支局長フランク・ギブニー「沖縄—忘れられた島」掲載	5・6 トルーマン米大統領、沖縄の無期限保有を決定 10・1 中華人民共和国成立
1950	3 日本の教育指導者講習会アイフェル講習）で九州大学へ 11・4 沖縄群島政府文教部長に就任 11 日本から教科書・教材を輸入するため教職員が株主となり琉球文教図書設立	5・22 琉球大学開学 9・17 沖縄、宮古、八重山各群島で知事選挙（奄美群島は10・22実施） 10・30 沖縄社会大衆党結成（平良辰雄委員長） 11・4 沖縄群島政府発足	6・25 朝鮮戦争勃発 12・5 米極東軍総司令部「琉球列島米国民政府に関する指令」 12・8 極東軍司令官（マッカーサー元帥）が民政長官、琉球軍司令官（ビートラー少将）が民政副長官に就任 12・15 軍政府を民政府に改称
1951	2 天野文部大臣に戦災校舎復興、教職員養成、教育交流要望 6・28 沖縄教職員共済会設立	2・12 琉球大学創立式典 2・28 米国民政府、布令66号「琉球教育法」公布	1・24 日教組「教え子を戦場に送るな」運動決定 4・11 マッカーサー元帥罷免

西暦	屋良朝苗関連	沖縄の動き	日米の動き
1951		3・18　沖縄社会大衆、沖縄人民両党が党大会で復帰運動推進を決める 3・19　沖縄群島議会、日本復帰を決議 4・1　琉球臨時中央政府発足（行政主席は比嘉秀平） 4・29　日本復帰促進期成会結成（日本復帰促進青年同志会と共同で、沖縄群島有権者の72％の署名を8月までに集める） 11・14　ルイス米国民政府首席民政官「主席公選を来年中に行う」と言明	9・8　サンフランシスコ講和条約・日米安全保障条約調印
1952	1・19　第3回全島校長会開く（20日まで）。日本復帰早期実現を決議 4・1　沖縄教職員会発足、会長に就任 9・8　社団法人沖縄教職員共済会設立認可、会長就任 12　戦災校舎復興促進期成会結成、会長に就任	2・29　米国民政府、布令68号「琉球政府章典」公布。琉球政府設立を決める 3・31　琉球臨時中央政府廃止 4・1　琉球政府発足。初代主席に比嘉秀平 4・29　立法院、日本復帰請願決議可決 7・1　日本政府、那覇に南方連絡事務所を開設 11・8　立法院「琉球の即時母国復帰請願」を決議 12・13　平良辰雄立法院議員、参	4・28　GHQ廃止。対日講和条約発効、日米安保条約発効 7・26　日米行政協定に基づく施設区域協定調印 11・1　米、水爆実験成功 11・4　米大統領選でアイゼンハワー（共和党）当選

		院外務委で「米の施政権行使制限に日本政府の協力を。日本は冷たい母になるな」と陳述 12・17　米国民政府、政治的性質の集会を除き新年に日本国旗掲揚を許可	
1953	1・17　沖縄諸島祖国復帰期成会結成、会長に就任。同会主催の第1回祖国復帰県民総決起大会 1・20　戦災校舎復興と沖縄の実情を訴えるため、喜屋武真栄と共に東京へ 2・20　戦災校舎復興後援会結成 6・23　全国行脚を終え東京から帰任 9・1　沖縄教職員会本部「教育会館」着工 12・18　「子どもを守る会」結成、会長に就任	2・28　沖縄諸島祖国復帰国民大会（東京） 4・11　真和志村（現県立博物館・美術館周辺）で武装米兵出動して土地の強制収用 7・24　立法院、労働3法を可決（10・1施行） 8・18　米国民政府布令「琉球人被用者に対する労働基準および労働関係法」を公布 12・22　オグデン民政副長官、新年を迎えるに当たってのメッセージ。教育3原則を発表 12・25　奄美群島、日本へ復帰	2・28　吉田首相、衆院予算委員会で「バカヤロー」と暴言（3・14　国会解散） 7・27　朝鮮休戦協定調印 11・20　ニクソン米副大統領「共産主義の脅威がある限り沖縄を保持。沖縄の放棄は米のアジア撤退と同然」と沖縄で声明
1954	4・2　米国民政府に日本への渡航許可書発給拒否される 5　教職員会長と祖国復帰期成会会長を辞任 7・11　沖縄教職員会会長に再選 9・25　教育会館落成祝賀会	1・11　オグデン民政副長官「復帰運動は共産主義者を慰めるだけ」と声明 3・17　米国民政府、地代一括払いの方針発表。軍用地に対する無期限使用料支払い 4・15　オグデン民政副長官「共産主義侵略が皆無のとき主席公選	1・7　アイゼンハワー米大統領、年頭一般教書で「沖縄を無期限に管理する」と言明 1・12　ダレス、ニュールック戦略演説 3・1　米のビキニ水爆実験で第五福竜丸被災 3・8　日米相互防衛援助協定

西暦	屋良朝苗関連	沖縄の動き	日米の動き
1954		は実現」と言明 4・24 米国民政府「メーデーはマルクスの誕生日で、共産主義者が指導。非共産主義者は参加しないよう」勧告声明 4・30 立法院「軍用地処理に関する請願」を全会一致で採択、土地4原則を打ち出す（一括払い反対・適正補償・損害賠償・新規接収反対）	（MSA）調印 7・1 防衛庁、自衛隊発足
1955	1・17 第1回沖縄教育研究中央集会開く（19日まで） 10・7 「愛の教具」第一陣、沖縄に到着	3・11 宜野湾村（現宜野湾市）伊佐浜に米極東軍司令部命令で武装兵が出動、軍用地域の整地を開始（7・19強制収用） 4・22 米軍、伊江島で完全武装兵200人を動員して土地収用 5・19 立法院、土地問題4原則を全会一致で確認 9・2 ムーア米琉球軍司令官、沖縄にナイキ配置計画を発表 9・3 幼女暴行殺人死体遺棄事件	1・17 アイゼンハワー米大統領、予算教書で「琉球諸島の無期限占領」を言明。第一次沖縄教育研究中央集会開く（19日まで） 5 米国防省、岐阜県と山梨県に駐留していた在日米第3海兵師団の沖縄移駐計画を発表
1956	1・19 教職員会主催の第2回教育研究中央大会（3日間）で「究極の目的は子どもたちの福祉」とあいさつ 7・4 土地問題解決のため東京・日	1・30 立法院、全会一致で教育4法可決 6・8 プライス勧告発表（9日米国民政府、沖縄で発表）55年10	1・4 在日米軍削減発表 1・16 アイゼンハワー米大統領、予算教書で「沖縄の無期限確保」を三たび言明

	1957
比谷野外音楽堂で開かれた「沖縄問題解決国民総決起大会」に参加 7・18 「沖縄土地を守る協議会」結成、会長に就任	1・15 第3回教育研究中央集会開催。屋良は同大会に矢内原忠雄東京大学総長を招聘（矢内原総長は1・17に記念講演） 4・27 米国民政府により日本への渡航を再度拒否 11 屋良、共済会館「八汐荘」建
月沖縄を訪れた米下院軍委調査団の報告書で沖縄基地の保持・接収地補償の一括払い盛り込む 6・14 立法院、琉球政府、市町村長会、軍用土地連合会の4者協議会「プライス勧告阻止、領土権死守、鉄の団結」などを決議 6・20 プライス勧告反対・軍用地4原則貫徹住民大会。64全市町村のうち56市町村で開催 7・28 プライス勧告に反対する4原則貫徹県民大会 8・17 反米的言動を理由に琉球大学が学生7人を退学処分 11・1 レムニッツァー民政長官、当間重剛那覇市長を主席に任命 12・25 那覇市長選挙、瀬長亀次郎（人民党）当選 12・27（〜28）米国民政府、瀬長当選で那覇市の銀行預金を凍結、都市計画融資、補助を中止	1・4 レムニッツァー民政長官、軍用地問題に対する米国の最終方針（新規土地接収、一括払い実施など）発表 3・2 米国民政府、布令165号「教育法」を公布 5・7 当間主席、立法院の就任
7・4 沖縄問題解決促進国民総決起大会（東京） 12・18 日本、国際連合に加盟	5・18 衆院、沖縄及び小笠原諸島における施政権回復に関する決議を全会一致で採決 5・29 米国防省、沖縄にナイキ基地を建設中と発表 6・14 大浜信泉早大総長ら7人、岸首相に「沖縄の教育権返還

西暦	屋良朝苗関連	沖縄の動き	日米の動き
1957	設の資金協力要請（東京）	メッセージで「主席代行機関」説を表明 6・1　南方同胞援護会法成立（東京）（9・1発足） 6・5　アイゼンハワー米大統領「琉球列島の管理に関する行政命令」発表（民政長官廃止、高等弁務官を置く） 7・1　ムーア中将（米琉球軍司令官・民政副長官）、初代琉球列島高等弁務官に就任（4日就任式） 7・7　人民党と社大党那覇支部で、瀬長那覇市長擁護などを掲げた「民主主義擁護連絡協議会」（民連）を結成 8・16　在日米第3海兵師団沖縄に移駐開始 9・25　立法院、教育4法（教育基本、学校教育、社会教育、教育委員会）を三たび可決 11・25　那覇市議会、瀬長市長を不信任	要望書」を提出 6・21　岸・アイゼンハワー共同声明（日本「琉球施政権返還の希望強調」、米「現状維持。福祉増進を約束」） 8・1　米国防総省、在日米軍陸上戦闘部隊撤退を発表（1958・2・8完了） 10・1　日本、国連安保理非常任理事国に当選
1958	1・6　ムーア高等弁務官と会見。「八汐荘」建設の意向伝え、教育4法案の承認を要請 3・10　「八汐荘」建設で再度協力要	1・7　高等弁務官、教育4法を承認 1・10　「日本国民として」の教育をうたった教育基本法など教育	9・12　藤山・ダレス共同声明（安保改定で意見一致、米国は日本の沖縄に対する関心を理解） 10・4　安保条約改定交渉開始

	請（東京） 6　大蔵省、「八汐荘」建設支援承認	4法成立公布 1・12　那覇市長選、兼次佐一（民連）当選、民連ブーム 4・11　ムーア高等弁務官、立法院本会議で「軍用地代の一括払いを中止。土地問題は米政府で再検討中」と言明 7・30　ブース高等弁務官、軍用地一括払い取りやめ表明（11・3に交渉妥結） 9・16　通貨（軍票B円）のドル切り替え実施	
1959	3・20　沖縄教職員共済会館「八汐荘」着工 6・30　米軍ジェット機が墜落した宮森小学校に駆け付ける 8・20　国際人権連盟のボールドウィン議長と懇談 10・31　ナイキ発射実験視察	6・30　石川市宮森小学校に米軍ジェット機墜落 9・1　国際自由労連、沖縄に連絡員常駐決定。沖縄記者会発足 10・5　沖縄自由民主党結成 10・21　新主席に大田政作（自民、就任は11月）	1・19　アイゼンハワー米大統領、予算教書で沖縄保持を確認 11・1　米上院外交委員会、コンロン報告発表（沖縄の施政権返還を究極的に認め、主席公選など勧告） 11・10　米上院外交委員会、シラキューズ報告発表（沖縄から他国への米軍移駐勧告）
1960	2・26　ソニー訪問、沖縄の理科教育振興のため援助申し入れ 4・2　「八汐荘」落成 6・19　アイゼンハワー米大統領迎え後、姫百合塔慰霊（屋良はひめゆり会会長） 6・26　「八汐荘」落成式	4・28　沖縄県祖国復帰協議会（復帰協）結成 6・19　アイゼンハワー大統領、沖縄訪問 11・18　ブース高等弁務官、第一党方式により大田主席を再任	1・19　日米新安保条約調印 5・19　日米新安保条約、衆院で強行採決 6・23　日米新安保条約発効

西暦	屋良朝苗関連	沖縄の動き	日米の動き
1961	2・16　キャラウェイ高等弁務官就任式に出席 3・9　公務員、教職員給与引き上げ総決起大会で、教職員の大幅賃上げを要求 4・4　沖縄人権協会設立総会参加（屋良は発起人） 5・6　沖縄精和病院開設	2・16　キャラウェイ高等弁務官就任 6・13　国会沖縄訪問議員団と立法院議員の懇談の席上、平良幸市（社大）が「施政権の返還決議もせずに、何のかんばせあって、民政府の招きに応じてこられたか」と発言 6・24　キャラウェイ高等弁務官「日本、沖縄の祝祭日に公共建物に日本国旗掲揚を許可」と発表 12・7　具志川村の民家に米軍ジェット機墜落。2人死亡 12・17　那覇市長選、西銘順治（自民）当選	6・22　池田首相・ケネディ大統領会談。「日米パートナーシップ」をうたう共同声明発表
1962	1・27　非民主的教公2法阻止教職員大会で「自由を制約することは愚か」とあいさつ	1・27　川島長官、高等弁務官と会談 2・1　立法院、米国の植民地的統治を批判し施政権返還を要求する決議。国連加盟104カ国に送付	2・4　ケネディ米司法長官来日（10日まで）「日本の沖縄への関心は想像以上に強い」と大統領に報告 3・19　ケネディ大統領、「主席は、立法院の指名により任命」など決めた沖縄新政策を発表 6・15　初の日本政府沖縄調査団来沖（団長、小平総理府総務長官）
1963	5　子どもを守る会、「少年会館」建設決定	2・28　那覇市の軍用道路1号（現国道58号）で米軍トラックが横断歩道横断中の男子中学生をれ	11・1　米国防総省、在沖縄米軍の一部の南ベトナム移動を命令

年			
	7・9 沖縄教職員会、沖縄訪問中の荒木文相に教育権返還の請願書を渡す 10 屋良、「少年会館建設」で募金活動（東京）	き殺 3・5 キャラウェイ高等弁務官、金門クラブで「自治神話論」演説 4・28 祖国復帰県民総決起大会。北緯27度線上の海上で本土、沖縄が初の海上交流	
1964	3 教職員会、教公2法案の立法阻止へ「条件闘争」から「無条件闘争」へ方針転換 7・7 教職員会、高等弁務官の教育への直接介入に抗議	2・1 立法院、沖縄住民代表の国会参加要請を全会一致で決議 4・27 復帰協、国頭村辺戸岬でたきび大会 6・13 沖縄自民党分裂。長嶺立法院議長、西銘那覇市長ら、大田主席の退陣を求めて脱党 8・1 ワトソン高等弁務官就任 9・25 沖縄県労働組合協議会（県労協）結成 10・31 ワトソン高等弁務官、松岡政保主席を任命 12・26 沖縄民主党結成	4・25 日米両国、日米協議委員会（東京）、日米琉技術委員会（那覇）設置の交換公文を取り交わす 8・2 トンキン湾事件。ベトナム戦争拡大 10・10 東京オリンピック開会式 11・9 池田内閣総辞職 11・27 自民総裁選で、佐藤栄作が3選 12・1 佐藤改造内閣が発足
1965	5・15 義務教育国庫負担県民大会 5・17 義務教育国庫負担陳情団団長として東京へ（首相、文部相、国会など） 6・16 沖縄教育費獲得期成会結成、会長に就任（7月、文部相、総務長官に陳情） 8・19 佐藤首相出迎え 8・20 義務教育費国庫負担について佐藤首相に陳情	4・9 米軍のベトナム戦争介入抗議集会 5・14 全軍労、南ベトナム行きタグボートへの乗組み拒否決定 6・11 読谷村で米軍トレーラー落下、少女死亡 7・29 ベトナム空爆のため嘉手納から初出撃 8・10 復帰協、佐藤首相の沖縄	1・13 佐藤首相・ジョンソン大統領共同声明。「沖縄基地は重要。日米協議委の拡大」など表明 2・7 米軍、北爆開始 2・8 沖縄米海兵隊、南ベトナム・ダナン上陸 8・27 沖縄問題閣僚協議会の設置を閣議で正式決定 9・7 第2回沖縄問題閣僚協議

西暦	屋良朝苗関連	沖縄の動き	日米の動き
1965	9・24 屋良朝苗沖縄教職員会長ら有志五人、行政主席の公選を訴える声明発表 10・14 5人有志の会の一員として佐藤首相へ主席公選の実現を訴え	訪問に抗議声明を発表 8・19 佐藤首相、沖縄を訪問。那覇空港で「沖縄の祖国復帰が実現しないかぎり、日本の戦後は終わらない」と声明。佐藤総理に対する祖国復帰要求県民大会開く。首相宿舎を米軍司令部迎賓館に変更 11・5 主席公選要求県民大会開く 12・27 主席公選貫徹・間接選挙阻止県民大会開く	会、沖縄の法的地位などで統一見解まとめる（①日本国憲法は具体的には適用されない②沖縄は信託統治地域ではない③施政権返還は友好的話し合いにより、国連提訴しない――など） 12・20 ジョンソン米大統領、琉球列島の管理に関する行政命令の一部を改正、「行政主席は立法院で選挙（間接選挙）とする」と発表。従来は立法院の指名に基づき高等弁務官が任命
1966	2・25 沖縄少年会館落成 6・3 教公2法阻止教職員会総決起大会で「断固阻止」と決意 7 衆参両院、自民などに教育予算獲得要請 8・17 来沖した森清総務長官に陳情	3・16 立法院、与党単独で松岡政保を行政主席に選出（初の主席間接選挙） 3・29 福地曠昭・教公2法阻止共闘事務局長、那覇市内でテロにあい、重傷 8・16 森総理府総務長官、沖縄訪問。教育権の分離返還を非公式に提案 9・28 アンガー高等弁務官任命 11・2 新高等弁務官の就任式で、平良修牧師が「最後の高等弁務官になり、沖縄が祖国復帰するように」と祈る	9・1 沖縄問題懇談会（総理府総務長官の諮問機関、大浜信泉座長）発足

1967	1・5　教職員会、教公2法阻止に向け非常事態宣言 1・25　教公2法廃案を訴え断食行動 2・24　屋良ら阻止共闘会議代表、立法院議長室で長嶺秋夫議長に教公2法の廃案申し入れ。6月に意見調整し調整がつかない場合廃案とする与野党協定書交わされる	2・24　教公2法の審議で、沖縄民主党が立法院本会議を開こうとするが、阻止共闘会議が実力行使で中止させる（11月に廃案）	1・19　佐藤首相、大津市で記者会見し、沖縄の施政権返還について「教育権の分離返還より施政権一括返還が望ましい」と発言 8・1　沖縄問題等懇談会（首相の諮問機関、大浜信泉座長）発足 11・15　日米首脳会談終わり、「沖縄返還は継続協議。日米琉諮問委設置」などの共同声明発表 11・21　帰国した佐藤首相「沖縄は3年以内をメドに返還」と語る
1968	4・3　主席公選に出馬表明 5・13　高等弁務官と会談 11・10　主席・立法院議員選挙投票。屋良、主席に初当選（開票結果は11日）	2・1　アンガー高等弁務官「年内の主席公選実施」を言明 11・19　嘉手納基地にB52墜落、爆発 12・1　革新政権発足、那覇市長選、平良良松当選 12・7　B52撤去などを要求した「生命を守る県民共闘会議」発足	3・1　日米琉諮問委初会合 6・26　小笠原諸島、日本復帰
1969	1・7　佐藤首相にB52撤去求める 1・29　B52撤去を求め佐藤首相、愛知外相らと会談 1・30　木村官房副長官宅を訪問 1・31　帰任。ゼネスト回避を呼びかけた声明を発表 5・8　米国務省フィン日本部長と会談 7・5　来沖したマイヤー駐日大使に即時無条件全面返還要請	1・6　「生命を守る県民共闘」、B52撤去を要求して2月4日にゼネストを行うと決定 1・11　米国民政府「総合労働布令」を公布 1・23　米国民政府、総合労働布令の施行を延期 2・2　「生命を守る県民共闘」、ゼネストを中止	3・10　佐藤首相、参院予算委で「本土並み」の沖縄返還方式で対米折衝すると示唆 4・28　全国で「沖縄デー」。社、共両党主催の東京中央集会。ベトナムに平和を！市民連合（ベ平連）も集会 6・2　愛知外相、ニクソン大統領と会談

西暦	屋良朝苗関連	沖縄の動き	日米の動き
1969	8・15　佐藤首相と会談 8・18　東京でマイヤー大使と会談 8・20　愛知外相と会談 11・8　愛知外相と会談 11・10　日米首脳会談前に佐藤首相へ最後の訴え 11・28　日米首脳会談後帰国した佐藤首相、愛知外相と会談	2・4　生命を守る県民総決起大会開く 3・8　沖縄基地問題研究会（久住忠男座長）の報告書をまとめる 5・28　愛知訪米に向けて即時無条件全面返還・安保破棄県民総決起大会開く 6・5　全軍労スト。安里社大党委員長負傷 7・5　マイヤー新駐日大使、沖縄訪問 7・18　米紙『ウォール・ストリート・ジャーナル』が「沖縄の米軍基地で致死性の毒ガスがもれて、米軍人ら25人が中毒」と報道（日本では19日） 12・15　在沖米軍、核ミサイル・メースBの撤去を公表	7・30　日米貿易経済合同委員会に出席のため来日したロジャーズ米国務長官が愛知外相と会談 9・12　訪米中の愛知外相、ロジャーズ米国務長官と会談 10・14　自民党、日米安保条約の自動延長方針を正式決定 11・17　佐藤首相、厳戒の中を日米首脳会談に向け出発 11・21　日米首脳会談終わり、「安保堅持、沖縄の72年返還」をうたう日米共同声明発表
1970	10・23　国政参加選挙告示。喜屋武真栄、上原康助、瀬長亀次郎、安里積千代の革新統一各候補を激励。喜屋武氏の出陣式に臨む 11・20　施政権返還後、沖縄の教育委員会公選制を任命制に変更する日本政府決定に再考求める 11・27　国政参加選挙で当選した上原氏の代表質問傍聴	1・8　全軍労、第1波48時間スト突入 1・19　全軍労、第2波5日間（120時間）スト突入 3・3　沖縄復帰準備委員会発足 10・23　国政参加選挙告示 11・15　国政参加選挙投票。革新側が勝利 11・27　上原康助（社会）、衆院	1・1　佐藤首相、年頭記者会見で「沖縄の国政参加実現」を言明 4・24　沖縄代表の国政参加特別措置法が成立 4・28　「沖縄デー」。全国449カ所で約30万人が集会、デモ 5・1　総理府・沖縄北方対策庁発足 6・5　愛知、マイヤー日米両代

	1971
12・8　ハワイ視察 12・20　コザ騒動の現場視察 12・21　ランパート高等弁務官と会談。主席の立場を話し弁務官の言い分を聞く 12・28　マイヤー駐日米大使と会談。コザ騒動、毒ガス撤去、軍雇用者の解雇問題など議題に 12・29　予算確保の件で山中貞則総務長官に会う	1・9　毒ガス移送で高等弁務官と会談 1・10　高等弁務官に毒ガス移送延期を申し入れ 1・13　毒ガス移送で高等弁務官に情勢報告。キャンプ・ヘーグ前本部に出掛け、沿道視察。天願桟橋まで見てまわる 2・8　山中長官、愛知外相と会談（全軍労問題、毒ガス移送ルート変更の件） 4・11　支持団体と琉球政府首脳とのあつれきに悩み、ひそかに革新三党に辞意表明。慰留される 4・26　毒ガス移送経費について山中長官に要請 5・21　佐藤首相に要請（核問題、米軍自由使用制限、請求権、琉球政府の
で戦後議会史上初の沖縄選出議員としての代表質問 12・11　米軍事法廷、糸満町の主婦をれき殺した（9月18日）被告の2等軍曹に無罪判決 12・19　美里村（現沖縄市）で復帰協主催の「毒ガス即時完全撤去を要求する県民大会」開催 12・20　コザ騒動起きる 12・21　米軍、基地従業員3千人の解雇通告 12・31　米海兵隊の国頭村実弾射撃演習を地元民が実力阻止	1・1　ランパート高等弁務官、毒ガスの第1次移送は1月10日から12日の間に行うと屋良主席に通告 1・8　琉球警察、コザ騒動に騒乱罪を適用、10人逮捕 1・13　第1次毒ガス移送開始。住民5千人が避難 1・14　マスタードガスを積んだロビンソン号がジョンストン島へ向け出港 1・16　主席の諮問機関の復帰対策県民会議（安里源秀会長）発足 2・10　全軍労、3千人解雇に反対して第1波48時間ストに突入
表が沖縄返還協定作成のため初会合 7・10　沖縄訪問中のウェストセーランド米陸軍参謀総長が「韓国、台湾の基地を縮小、沖縄の中枢機能を重視」と演説 9・24　米、沖縄のB52撤去を発表 10・7　中曽根防衛庁長官、沖縄訪問。「自衛隊配備」を言明 10・11　愛知外相、沖縄訪問 11・20　政府、第1次沖縄復帰対策要綱を決定。教育委員会の任命制移行盛り込む	3・23　政府、第2次沖縄復帰対策要綱を決定 5・15　愛知外相が、国会で返還協定交渉の中間報告。「核ぬき、本土並み」が日本の方針と述べる 5・27　佐藤首相、社会、公明の委員長、民社党書記長と、沖縄返還協定で個別に会談 6・17　沖縄返還協定調印式。東京で返還協定実力阻止のデモ 8・16　（ワシントン時間15日）ニクソン大統領、ドル防衛策を発表 8・27　政府、28日からの変動相場制移行を決定 9・1　政府、円の変動相場制移

西暦	屋良朝苗関連	沖縄の動き	日米の動き
1971	赤字問題など） 5・22　山中総務長官に要請（毒ガス移送コースの建設費、その他必要経費の捻出） 6・16　高瀬大使に返還協定調印式欠席を伝える 6・17　返還協定署名の実況中継見る 7・10　毒ガス撤去の件で山中長官に要請 7・12　毒ガス移送の件で高等弁務官、高瀬大使、ヘイズ少将に会う 7・15　毒ガス移送。現地本部へ 8・4　宮里松正副主席を任命。また与党首脳に11月の任期切れで辞任を表明 8・16　全国知事会の席上、「ニクソン・ショック」伝えられる 8・28　福岡で山中長官と会談。1ドル＝360円の通貨交換要請 9・9　毒ガス移送最終日。現地東恩納本部へ。完了後、ヘリコプターで知花の毒ガス倉庫地へ行き、高等弁務官、高瀬大使らと貯蔵庫を点検 10・8　全ての金融機関に業務停止命じる 10・9　金融機関を視察 10・15　宮里松正副主席を本部長とす	3・2　全軍労、第2波48時間スト突入。コザ市の基地業者、主席応接室に乱入 3・5　立法院、主席と立法院議員の任期を本土復帰まで延長と決議 4・15　県労協、返還協定粉砕で24時間スト 5・19　復帰協、返還協定に反対して24時間スト（5・19ゼネスト） 7・15　第2次毒ガス移送始まる 8・2　知念副主席辞表提出 9・9　毒ガス移送完了 10・9　沖縄住民の手持ち通貨確認 11・10　復帰協など返還協定反対で24時間ゼネスト。火炎びんで警官1人死亡 12・15　全軍労、48時間スト	行に伴う沖縄緊急対策として11億円の支出決定 9・3　政府、沖縄復帰対策要綱第3次分決定 10・8　政府、10月9日現在の沖縄住民の手持ちドルを復帰時に1ドル＝360円で交換と決定 10・16　第67回臨時国会「沖縄国会」招集 10・19　佐藤首相の衆院本会議での所信表明中に、議場内傍聴席で爆竹破裂 11・10　米上院、沖縄返還協定を承認 11・11　返還協定と関連法案が、衆院の沖縄返還協定特別委、沖縄・北方問題特別委（12日から）で審議開始 11・14　全国32都道府県で、沖縄返還協定批准反対の集会、デモ。東京・渋谷で機動隊員が火炎びんで焼死 11・17　自民党、衆院沖縄返還協定特別委で返還協定を強行採決 11・19　全国883カ所で強行採決に抗議行動。東京・日比谷公園でレストラン全焼

	1972	1973
る「復帰措置総点検プロジェクトチーム」発足。建議書作成へ 11・16　建議書の推敲完了 11・17　「復帰措置に関する建議書」持参し東京へ 11・18　佐藤首相と会談、沖縄返還協定強行採決に抗議。河野参院議長に慎重審議を要請、船田衆院議長に抗議	1・1　聖火見送り 1・5　日米首脳会談へ出発する佐藤首相と会談 1・10　佐藤首相を羽田空港で迎え 1・19　知事選立候補を決意 1・20　植樹祭で天皇来沖要請 6・25　沖縄県知事選・県議選挙投票。屋良、知事に初当選（開票結果は26日） 7・1　佐藤首相と最後の会見	1・12　73年度予算の大臣折衝を前に
	3・7　全軍労長期スト突入 4・9　全軍労スト中止を緊急指令。スト35日間におよぶ（10日スト中止） 5・15　沖縄の施政権返還、沖縄県発足 5・31　沖縄県知事選挙告示 8・19　沖縄革新21市町村長会、軍用地再契約と自衛官募集業務の拒否を確認 10・2　自衛官70人、沖縄移駐開始 11・26　復帰記念植樹祭 12・18　沖縄振興開発計画（「1次振計」）決定	4・24　米海兵隊、実弾砲撃訓練
11・24　衆院本会議、議長職権で開会。社会、共産欠席のまま、返還協定を承認 12・14　公用地暫定使用法案など沖縄関連4法案衆院通過 12・22　参院本会議、返還協定を承認 12・27　臨時国会閉幕 12・29　通常国会開幕。参院、沖縄関連法案を可決。会期不継続の原則で再び衆院へ送付 12・30　衆院、沖縄関連法案を可決、成立	1・5　佐藤首相、福田外務、田中通産、水田大蔵の3相を伴って日米首脳会談へ出発 1・8　サンクレメンテの日米首脳会談で、沖縄返還は5月15日と決定 3・15　首相官邸で沖縄返還協定批准書交換式 4・17　政府、国防会議で沖縄への自衛隊配備計画決める 6・17　佐藤首相、退陣を表明 7・7　田中角栄氏、首相に就任	1・27　ベトナム和平協定調印

西暦	屋良朝苗関連	沖縄の動き	日米の動き
1973	沖縄開発庁に要請	のため県道104号を封鎖 5・3　復帰記念特別国体「若夏国体」開催 5・4　若夏国体で、労組員ら自衛隊野球チームの出場に抗議 9・25　原油貯蔵基地（CTS）に反対する「金武湾を守る会」結成	（パリ） 2・10　ドル売り殺到で東京外国為替市場閉鎖 2・14　市場再開、円は変動相場制に移行、円急騰 8・8　金大中氏拉致事件
1974	1・19　CTS誘致の方針を撤回、CTS誘致反対を表明	3・2　那覇市小禄で不発弾爆発、幼稚園児ら4人死亡 7・10　伊江島射爆撃場で米兵が地元青年狙撃 9・5　金武湾を守る会、公有水面埋立免許無効を求め提訴 10・17　県道104号越え米軍実弾砲撃演習、阻止団の着弾地潜入で中止（喜瀬武原闘争）	8・9　ニクソン米大統領辞任 12・9　三木武夫氏、首相に就任
1975	4　宇佐美毅宮内庁長官が屋良に「昭和天皇が『訪米前に沖縄に行くことはできないか』と尋ねた」と伝える（「昭和天皇実録」）	2・5　CTS建設阻止県民総決起大会 7・17　皇太子夫妻、沖縄訪問。ひめゆりの塔前で火炎びんを投げられる 7・19　沖縄国際海洋博覧会、開幕 10・4　那覇地裁、CTS訴訟却下	4・30　ベトナム戦争終わる 6・3　元首相佐藤栄作死去 11・15　第1回先進国首脳会議（ランブイエ）開催
1976	6・13　沖縄県知事選投票。社会、共産、公明、沖縄社会大衆の4党が推す平良幸市沖縄社大党委員長が当選	1・18　沖縄海洋博閉幕。期間中の入場者348万人 2・16　公用地法違憲訴訟支援県	4・5　中国、天安門事件 7・2　ベトナム社会主義共和国成立

	6・22　CTSタンク設置許可 6・24　屋良知事退任	民共闘会議（違憲共闘）結成 3・8　公用地法違憲訴訟提訴 10・10　具志堅用高、世界ジュニア・フライ級チャンピオンに	7・27　東京地検、田中前首相をロッキード事件で逮捕
1997	2・14　心不全のため沖縄赤十字病院で死去。享年94 4・2　沖縄コンベンションセンターで初の県民葬	12・21　名護市住民投票。米軍普天間飛行場の名護市辺野古海上移設に反対過半数。比嘉市長、移設受け入れ表明し辞職	4・1　消費税、3％から5％に引き上げ 7・1　香港が英国から中国に返還 8・31　英国元皇太子妃ダイアナがパリで事故死 9・6　ノーベル平和賞受賞のマザー・テレサ死去

ラ

事柄索引

ア

カ

サ

タ

ナ

ハ

マ

ヤ

ラ

仲吉良新（なかよし・りょうしん） 80、98、122、136、162、277
ニクソン（Richard Milhous Nixon） 15、22、24、25、30、31、130、177、188、209、210、213、304、313、315 ～ 317
西銘順治（にしめ・じゅんじ） 39、40、46、47、239、289

ハ

比嘉良篤（ひが・りょうとく） 20、86
フィアリー（Robert A. Fearey） 74、88、164、265、323、324
福田赳夫（ふくだ・たけお） 149、158、159、166、178、282、284、292、300、308、313、315 ～ 317
福地曠昭（ふくち・ひろあき） 16、80、113、123、128、136、200
ヘイズ（John J. Hayes） 57、76、79、80、82、85、86、89、162 ～ 164、167
星　克（ほし・かつ） 290、304、324、327

マ

マイヤー（Armin Henry Meyer） 60、65 ～ 67、106
三島由紀夫（みしま・ゆきお） 41
水田三喜男（みずた・みきお） 177、180、182、184、187、188、190、202、203、208、234、302、311
美濃部亮吉（みのべ・りょうきち） 229、238、309
宮里松正（みやざと・まつしょう） 97、117、123 ～ 125、129、142、184、190、200、205、208、216、242、243、251、254、264 ～ 266、268、272、273、277、305
ムーア（James E. Moore） 333
森戸辰男（もりと・たつお） 137、143

ヤ

山中貞則（やまなか・さだのり） 40、41、43、62、97、100 ～ 102、106、116、142、146、158、159、161、164、166、167、172、174、176 ～ 178、181 ～ 188、190、191、199、200、202 ～ 208、214、234、236、238、244、245、247、251、254、255、259、263、281、282、284、303、304、307、324、325、327、328
山野幸吉（やまの・こうきち） 20、21、40、48、230、257
湯川秀樹（ゆかわ・ひでき） 339
吉田嗣延（よしだ・しえん） 19、39、143、146、161、305、306

佐藤栄作（さとう・えいさく） 15、20、21、24 ～ 26、30、31、43、121、130、137、138、143、147、149、177、181、183、188、199、202、203、208 ～ 210、284、285、292、295、303、304、310、313 ～ 317、327、335
サンキー（ジョージ・K・サンキー） 78、323
島田　豊（しまだ・ゆたか） 242、255、257、309
下田武三（しもだ・たけぞう） 28
ジューリック（Anthony J. Jurich） 149、152
スナイダー（Richard Lee Sneider） 45、46、49、50、154、210
末次一郎（すえつぐ・いちろう） 18、19、137、262、294
瀬長亀次郎（せなが・かめじろう） 36、38 ～ 40、44、47、57、97、125、199、224、286、289、290、293
瀬長　浩（せなが・ひろし） 40、97、124、130、143 ～ 145、184、190、202、242、254、272、276、277、305
瀬長良直（せなが・りょうちょく） 20

タ

平良幸市（たいら・こういち） 113、117、123、142、143
平良辰雄（たいら・たつお） 263
高瀬侍朗（たかせ・じろう） 80、89、92、93、97、98、101、114、115、117、119、128、129、136、141、142、145、157、161、163、164、167、171、172、200、230、291、294、297、298、324、325
田中角栄（たなか・かくえい） 40、42、244、302
知念朝功（ちねん・ちょうこう） 15、18、19、35、40、86、96、97、101、112、114、116、120、122、125、128、129、142、143、162、208、223、225、226、233
千葉一夫（ちば・かずお） 14、15、18、35、78、86、96、97、112、117、130、134、180、182、199、200
知花英夫 （ちばな・ひでお） 123、142、164、249
東郷文彦（とうごう・ふみひこ） 45、46、49
当間重剛（とうま・じゅうごう） 263
床次徳二（とこなみ・とくじ） 19 ～ 21、40、42、231、232、286、288、327

ナ

長浜真徳（ながはま・しんとく） 98、199
長嶺秋夫（ながみね・あきお） 161
仲吉良光（なかよし・りょうこう） 20

人物索引

ア

アイゼンハワー（Dwight David Eisenhower） 15、23
愛知揆一（あいち・きいち） 14、15、17、20 ～ 24、26、35、59、66、67、97、121、128、140、141、147 ～ 149、304
アグニュー（Spiro Theodore Agnew）335
安里源秀（あさと・げんしゅう） 142
安里積千代（あさと・つみちよ） 36、38 ～ 40、44、47、281、286、289、290、293
飛鳥田一雄（あすかた・いちお） 18、229、230、238、251
アンガー（Ferdinand Thomas Unger） 338
池宮城秀意（いけみやぎ・しゅうい） 200
稲嶺一郎（いなみね・いちろう） 39、40、47
上地一史（うえち・かずふみ） 200
上原康助（うえはら・こうすけ） 35、36、38 ～ 40、43、44、47、96、99、292
大田政作（おおた・せいさく） 307、308
大浜信泉（おおはま・のぶもと） 19、137、143、146、161、303、305、306
大山朝常（おおやま・ちょうじょう） 43、101、110
岡部秀一（おかべ・しゅういち） 116、181、183、200、288

カ

柏木雄介（かしわぎ・ゆうすけ） 149、150、152
神山政良（かみやま・せいりょう） 20
亀甲康吉（かめこう・こうきち） 123、124
茅　誠司（かや・せいじ） 137、339
岸　信介（きし・のぶすけ） 15、23
木村俊夫（きむら・としお） 19 ～ 21、46、140、180、182、190、203、228
喜屋武真栄（きゃん・しんえい） 16、18、36 ～ 38、40、41、44、47、60、249
鯨岡兵輔（くじらおか・ひょうすけ） 19 ～ 21、227
ケネディ（David M. Kennedy） 28、29
国場幸昌（こくば・こうしょう） 39、40、47、60

サ

桜内義雄（さくらうち・よしお） 281、288、289、293

退任会見に臨む屋良知事「これでもう8年間の苦労や心配ごとからも、解放されるものだとほっとする」＝1976年6月24日（『沖縄県知事在職記念写真集』屋良朝夫氏提供）

あとがき

今年（２０１７年）は、米国が日本に沖縄の施政権を返還してから45年、そして屋良朝苗さんが亡くなってから20年になる。

私は屋良さんが亡くなった日（１９９７年2月14日）、那覇市松川の自宅で、喜屋武真栄さんら弔問客の談話取りをしていた。屋良さんのご遺体に妻ヨシさんが「お父さん長い間お疲れさまでした」と声を掛けた場面が忘れられない。

私は当時「お疲れさま」の意味をまったく理解していなかった。今回、屋良さんが残した日記を読む機会に恵まれ、いかに激動の日々を送っていたのかを知り「お疲れさま」の意味の一端に触れた気がする。

沖縄の将来に対する屋良さんの考えは一貫していた。１９７２年5月15日、政府主催の沖縄復帰記念式典で「沖縄がその歴史上、常に手段として利用されてきたことを排除」すると発言した。これは、半年前に琉球政府が日本政府に提出した「復帰措置に関する建議書」の精神に通じる。

下巻の日記に屋良さんが建議書の「はじめに」を執筆する場面がある。施政権返還後の沖縄の在るべき姿として屋良さんは「従来の沖縄は余りにも国家権力や基地権力の犠牲となり手段となって利用され過ぎてきました。復帰という歴史の一大転換期にあたって、このような地位からも沖縄は脱却していかなければなりません」と書いた。

大本営が沖縄戦を本土決戦の準備が整うまで米軍を一日でも長く引きつける「出血持久戦」と位置付け、沖縄が「捨て石」として利用されたことや、日本の独立と引き換えに沖縄が米統治下に置かれ軍事拠点として利用されたことなどを指すとみられる。それで新生沖縄県は自己決定権が必要だと考えたのではないだろうか。

屋良さんは政治家というより、真の教育者であった。最後の赴任校の知念高校校長時代をこう振り返っている。

「知念高校は水が不便だった。毎晩生徒が当番制で四、五百メートルもある泉から飲料水を運び上げていたが、朝の勉強前、特に考査期間など汗びっしょりになって水を運んでいる生徒たちを見ていると私は気の毒でならなかった。くみ上げ水道を敷く予算はない。生徒の水くみを手伝ってやる道はないか、考えたあげく私がその時になし得ることは私が水をくみ入れてやることだけである。それで私は夜おそく自分で水を運びドラムかん二つに満たしておくことにした。しかし二週間ほどたったある晩、不審に思って待ち伏せしていたバレー部員につかまってしまった。彼らは『私たちで解決します』とひきとめて、もはや私の水くみを許さなかった。（中略）そのときの生徒たちの私に対してとったあの美しい人間的な場面は忘れられない。私はそれを思い出しかつ語る時は今でも心が洗われるようで涙が出るくらいである」（『私の履歴書』）

この文章に登場する「バレー部員」は新垣雄久さんである。『私の歩んだ道』に書いている。新垣さんは知念高校４期生で後に沖縄県副知事に就任する「先生は、私が在学中（1947～49年）に日本復帰を訴えていたのが印象的だった」と振り返る。沖縄が戦後の廃墟の中から再建する途上で、生徒たちに志を立て創意工夫することを訴えた。その熱血校長は65歳で施政権返還に向けて沖縄の舵取りを任される。重圧に押しつぶされそうになりながら、矛盾を抱えた沖縄問題の解決に懸命に取り組んだ。間違いなく「一条の光」として時代が求めた人物であった。

琉球新報の連載は当時文化部に在籍していた私と与那嶺松一郎記者が担当した。戦後史研究家の仲本和彦さんには貴重な米国の一次資料を紹介していただいた。上巻に続き新星出版の坂本菜津子さんにお世話になった。内容を細かくチェックしていただき深謝申し上げたい。ご協力をいただいた多くの方々に心から御礼申し上げたい。

二〇一七年一〇月

琉球新報論説委員会副委員長
宮城　修

解説者略歴

仲本和彦（なかもと・かずひこ）
一九六四年生まれ。佐敷町（現南城市）出身。琉球大学卒、米国メリーランド大学大学院歴史学、図書館情報学修士課程修了。（公財）沖縄県文化振興会資料公開班班長。著書に「研究者のためのアメリカ国立公文書館徹底ガイド」（凱風社、二〇〇八年）。

宮城　修（みやぎ・おさむ）
一九六三年生まれ。明治大学卒、琉球大学大学院修士課程修了。一九八七年、琉球新報社入社。文化部長、ニュース編成センター副センター長、経済部長、社会部長を経て現在論説副委員長。

与那嶺松一郎（よなみね・しょういちろう）
一九七七年那覇市生まれ。琉球大学法文学部卒。二〇〇〇年琉球新報社入社、中部報道部、政治部などを経て、二〇一一～一三年に文化部。現在経済部。

日記部分の関連年表、図表担当
立津淑人、相弓子、新里圭蔵

一条の光　屋良朝苗日記・下

２０１７年10月15日　初版発行

編　著　琉球新報社
発行者　富田詢一
発行所　琉球新報社
〒９００―８５２５
沖縄県那覇市天久９０５
問合せ　琉球新報社読者事業局出版事業部
電　話（０９８）８６５―５１００
発　売　琉球プロジェクト
印刷所　新星出版株式会社
製本所　仲本製本

ISBN978-4-89742-226-8　C0095
定価はカバーに表示してあります。
万一、落丁・乱丁の場合はお取り替えいたします。